KB151884

스마트한 컴퓨터
오피스 활용

박일선 · 임동균 지음

저자 소개

박일선 isparkbobae@gmail.com
한양사이버대학교 컴퓨터공학과 교수

임동균 eiger07@hycu.ac.kr
한양사이버대학교 컴퓨터공학과 교수

스마트한 컴퓨터 오피스 활용

발행일 2023년 8월 25일 초판 1쇄
지은이 박일선, 임동균
펴낸이 김준호
펴낸곳 한티미디어 | **주소** 서울시 마포구 동교로 23길 67 Y빌딩 3층
등 록 제15-571호 2006년 5월 15일
전 화 02)332-7993~4 | **팩스** 02)332-7995
ISBN 978-89-6421-471-8
가 격 27,000원

마케팅 김택성 노호근 박재인 최상욱 김원국
편 집 김은수 유채원
관 리 김지영 문지희
디자인 **내지** 디자인드림 | **표지** 유채원

이 책에 대한 의견이나 잘못된 내용에 대한 수정 정보는 한티미디어 홈페이지나 이메일로 알려주십시오.
독자님의 의견을 충분히 반영하도록 늘 노력하겠습니다.
홈페이지 www.hanteemedia.co.kr | 이메일 hantee@hanteemedia.co.kr

머리말

20년에 걸쳐서 문서 작성 프로그램 수업을 진행해오면서 드디어 올 것이 왔다는 느낌이다. M365로 교재 편집을 하면서 이제 더 이상 버전의 차이를 극복하기 위한 노력을 하지 않아도 되고 언제 어디서나 심지어 모바일에서도 같은 문서를 열고 PC에서처럼 똑같이 문서 편집을 할 수 있다는 것이 신세계라는 느낌이다.

그동안 무던히도 편집 프로그램 버전과 싸우면서 공통의 메뉴를 찾고 공통의 작업을 해야 했고 호환성검사는 필수였다. 매번 문서 편집 과목을 학기마다 운영하면서 반복해 온 이런 일들을 이제는 더 이상 하지 않고 문서 편집에만 집중할 수 있게 되었다.

M365는 일반적으로 잘 사용하지 않던 메뉴들이 대거 빠져서 프로그램이 가벼워졌다는 느낌이다. 그럴 수밖에 없던 것이 웹에서도 쉽게 편집 프로그램을 열려면 프로그램이 가벼워야 하는 건 당연한 결과이었으리라 생각한다.

문제는 기존에 본인이 사용하고 있는 MS office 버전과 M365가 많이 다르다고 생각하는 경우이다. 프로그램 초기 사용사들은 조금만 메뉴가 다른 카테고리에 옮겨 있어도 당황하기 때문이다. 그럴 때마다 "자신감을 갖고 내가 하고 싶은 작업만 할 수 있으면 된다."라고 말하고 싶다.

프로그램에 종속되지 말고 프로그램을 나에게 맞추자.

본 교재에서는 통일된 M365로 진행되지만 이 역시 다른 버전들과의 공통의 메뉴들을 중심으로 설명하여 버전의 차이를 통감하지 않아도 된다. 여기에 인터넷 연결을 염두에 두고 월드와이드로 문서 편집을 하기 위해서 M365를 웹에서 어떻게 사용하는지에 대한 내용이 추가되었다.

또한 팀을 이루어 문서를 공유하면서 공동의 작업을 하고 변경된 내용을 추적하고 프리젠테이션 하면서 음성 인식을 통해 자막을 활용하고 엑셀과 연동하여 데이터를 다루는 문서 작업이 모두 M365 하나의 프로그램에서 이루어진다.

본 교재는 워드 3장, 파워포인트 5장, 엑셀 5장 모두 13장으로 구성되었고 하나의 장이 끝날 때마다 내용을 복습할 수 있도록 약 10문항씩 연습문제를 수록하였다. 또한 매번 문서 작업하는 화면을 화면 캡처하여 이미지로 삽입하여 실제 프로그램 실습하는 효과가 있도록 하였다.

차례

CHAPTER 3   Word의 비주얼 문서 및 클라우드 활용하기

CHAPTER 4 PowerPoint의 슬라이드 활용하기

CHAPTER 7 멀티미디어 프리젠테이션

CHAPTER 8 프레젠테이션 실행과 클라우드 활용하기

CHAPTER 9 엑셀의 통합문서 및 데이터 활용하기

CHAPTER 12 엑셀의 함수 활용

CHAPTER 13 엑셀의 차트 및 웹용 엑셀 활용하기

CHAPTER 01

Word 시작하기
_글꼴/단락

학습목차

1. Word 시작하기
2. 새 문서 작성/저장/내보내기
3. Word 글꼴 활용하기
4. 문장의 단락 지정하기
5. 스타일 활용하기
6. 복사와 서식 복사 활용하기

학습목표

- 문서 편집의 기본이 되는 글꼴과 단락의 활용에 대해 익힐 수 있다.
- 글꼴과 단락을 스타일로 지정해 한 번의 클릭으로 문단을 꾸밀 수 있다.
- 서식 복사를 활용해 반복적인 서식에 활용할 수 있다.

① Word 시작하기

- **Word 정보 확인**

본인이 사용하고 있는 Word의 정보를 보기 위해서는 아래와 같이 [파일] – [계정]에서 확인할 수 있다.

이제 프로그램을 사용하려면 로그인이 필수이고 그런 이후에 문서를 함께 공유할 수 있는 기능을 사용할 수 있다.

1) Word 레이아웃 익히기

Word는 크게 상단의 [제목 표시줄], [리본 메뉴], [상태 표시줄]로 구분할 수 있다.

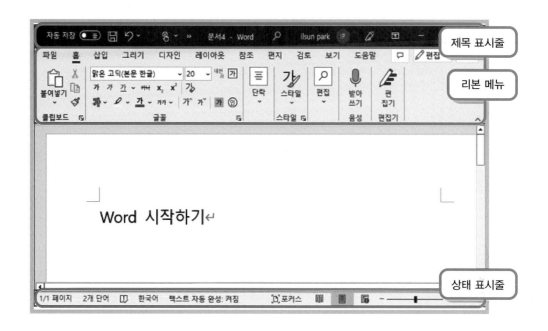

● **제목 표시줄**

❶ **자동 저장** : 일정 시간 간격으로 문서를 자동으로 저장한다. 이곳을 클릭해서 자동 저
　 장 기능을 끌 수도 켤 수도 있다.

❷ **문서 제목** : 문서를 저장할 때 입력한 파일명이 나타난다.

❸ **문서 사용자** : 프로그램 사용 시 로그인을 하였다면 로그인한 사용자 이름이 나타난다.

❹ **문서 창 사이즈 조절 버튼** : 최소화, 최대화, 종료 등의 버튼이 있다.

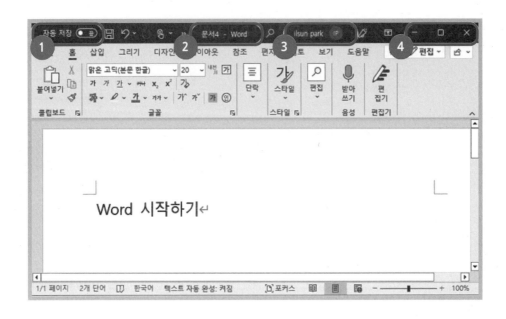

● **자동 저장**

이 기능은 Word에서 기본적으로 클라우드에 저장된 파일을 자동 저장하는 기능이다.

[파일] – [옵션] – [저장]에서 설정을 지정할 수 있다.

보통의 경우 이 기능을 그냥 사용할 경우 기본으로 지정된 10분 간격으로 자동 저장이 된다. 그러나 이 기능을 사용하다 보면 저장하지 않고 싶을 때에도 저장을 해서 문서를 원치 않는 문서로 변경시킬 때가 있다. 즉, 이 기능을 켜고 사용을 할 경우 문서 편집 시 문서 파일명을 바꿔서 다른 문서로 만들어야 하는지 그냥 계속 변경하면서 문서 작성을 해야 하는지에 대한 선택이 필요하다. 편리하기는 하나 때로는 문서를 원치 않는 다른 문서로 overwrite 시킬 때가 있기 때문이다.

● 상태 표시줄 사용자 지정

상태 표시줄은 문서 창 맨 하단에 문서 정보를 나타낼 수 있는 표시줄이다.

[상태 표시줄]의 오른쪽 마우스 버튼 클릭 – [상태 표시줄 사용자 지정]에서 체크한다.

문서작성 시 내가 필요로 하는 정보를 선택해서 표시할 수 있다.

페이지 번호 : 작성 중인 문서의 페이지/ 총 문서의 총 페이지

단어 개수 : 문서에 입력된 총 단어 개수

텍스트 자동 완성 : 텍스트 자동 완성 기능을 클릭하여 '켜짐/꺼짐'으로 변경 가능하다.

보기 바로 가기 : 읽기/인쇄/웹 모양의 보기 모드를 클릭하여 선택할 수 있다.

확대/축소 슬라이더 : 화면 보기 창의 크기를 확대/축소할 수 있다.

● 리본 메뉴 사용하기

이전에 프로그램의 메뉴들이 텍스트로만 메뉴가 구성되었다가 GUI 프로그램들이 출시되면서 텍스트와 GUI 아이콘으로 메뉴를 구성하게 되었는데 이것이 바로 리본 메뉴이다.

하나의 리본 메뉴 이름을 클릭할 때마다 그 메뉴에서 작업할 수 있는 여러 종류의 부메뉴들이 나타났다 사라진다.

리본 메뉴를 고정하기 위해서는 창 오른쪽 리본 메뉴 하단에 [리본 메뉴 고정 (Ctrl + F1)] 버튼을 클릭하면 된다.

리본 메뉴를 다시 사라지게 하기 위해서는 다시 리본 창 오른쪽 버튼을 클릭한다. 그러면 문서를 편집할 수 있는 공간이 넓어진다는 장점이 있다.

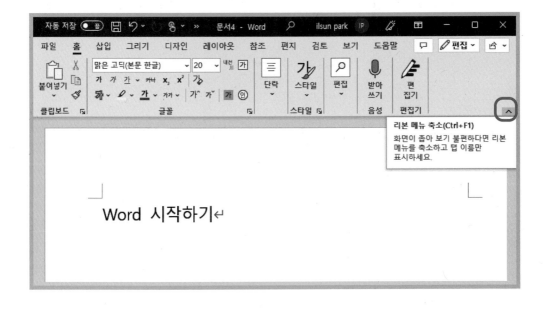

● **문서 보기 모드**

읽기 모드 : 읽기 모드는 읽기 전용으로 일부의 도구만을 포함하고 있어 문서를 읽을 때 유용한 모드이다.

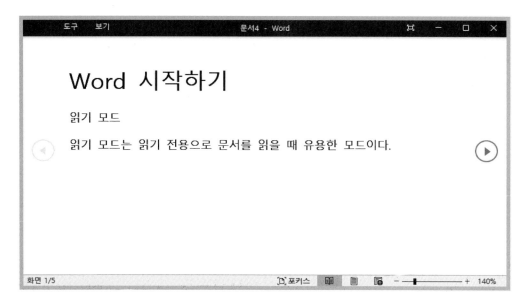

인쇄 모드 : 인쇄 모드는 문서를 인쇄할 경우 예상되는 모양을 확인할 수 있다. 주로 문서를 편집할 때 사용하는 모드로 머리글, 바닥글, 여백, 눈금자, 페이지 번호 등을 표시할 수 있다.

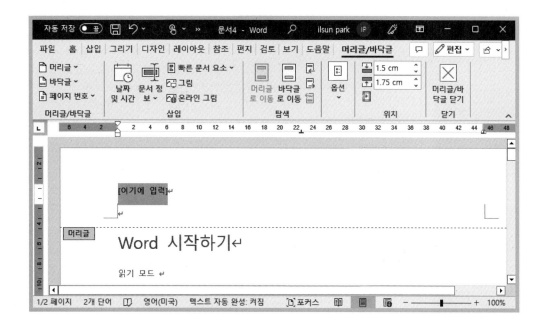

웹 모양 : 웹페이지에 나타나는 대로 문서를 표시한다. Word에서 글을 작성한 후 바로 웹에 올려야 되는 경우 유용하다.

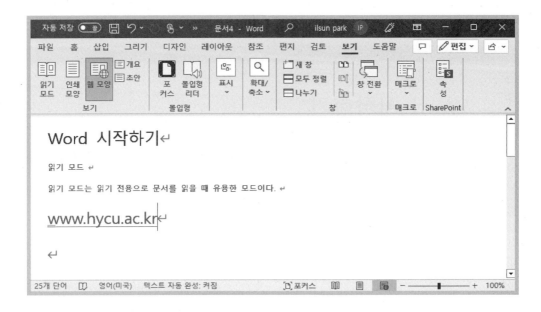

② 새 문서 작성/저장/내보내기

1) 새 문서 작성하기

● **빈 문서 열기**

[홈] – [새 문서]를 클릭해서 새 문서를 연다.

● **서식 파일 열기**

간편하게 기존에 서식이 이미 만들어진 [서식 파일]을 이용하려면 [새로 만들기] 하단에 있는 서식 파일들 중에서 선택해서 작업하면 수월하게 멋진 문서를 만들 수도 있다.

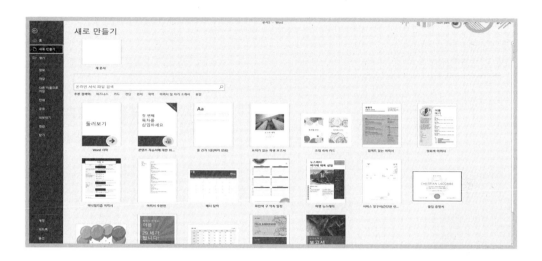

🐭 **예) 뉴스레터 서식 파일**

[만들기]를 클릭하면 서식 파일이 다운로드된다.

이런 식으로 프레임이 모두 잡혀 있고 각각의 프레임에 나의 이야기를 써넣기만 하면 된다.

2) 문서 저장하기

● [파일] – [다른 이름으로 저장]

문서를 편집한 후 새로운 다른 이름으로 문서 파일을 하나 더 만들 경우에 사용한다.

편집한 문서의 파일명을 변경하고자 할 때에도 사용한다.

Word 문서는 docx 포맷으로 저장이 된다.

Word 문서의 다양한 저장 포맷

docx, doc, txt, pdf, htm, hwp 등의 포맷으로도 저장이 가능하다.

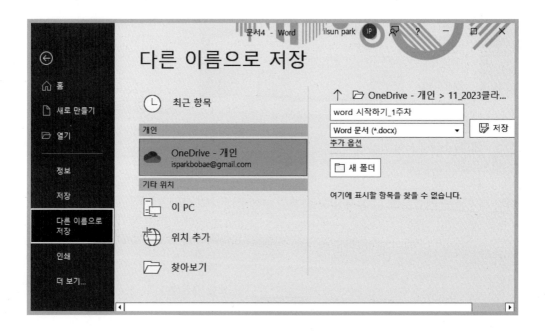

● [파일] – [저장]

'저장'을 하면 기존에 저장했던 파일명으로 변경된 내용을 덮어쓰기 하면서 저장한다.

새로운 파일명을 입력하지 않는다.

그러나, 한 번도 저장하지 않은 문서를 [저장] 메뉴를 사용하면 파일명을 묻는 창이 나오고 처음으로 저장을 하게 된다.

3) 문서 내보내기_PDF 문서 만들기

Word에서는 docx 문서 형식 외에도 다양한 문서 형식으로 변환하여 저장이 가능하다.

PDF 문서는 편집이 되는 Word 문서를 레이아웃, 서식, 글꼴, 이미지를 그대로 유지한 채 변환한 문서이다.

문서를 주고 받을 때 쉽게 수정이나 편집이 되는 것을 방지할 수 있어 서류를 주고받을 때 많이 사용하는 포맷으로 웹에서 무료 뷰어를 구할 수 있다.

가장 많이 사용하는 무료 뷰어로는 Adobe Acrobat Reader, 알PDF가 있다.

❶ [파일] – [문서 내보내기] – [PDF/XPS 문서 만들기]를 클릭한다.

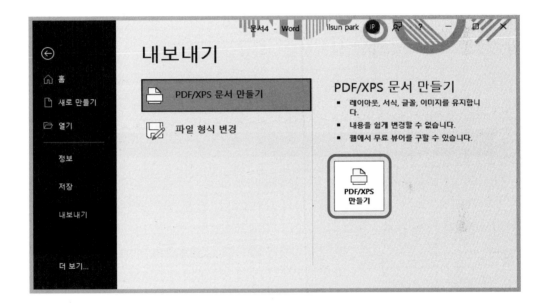

❷ 파일 형식 PDF를 확인하고 [게시] 버튼을 클릭한다.

❸ 알PDF에서 pdf 문서를 확인한 화면이다.

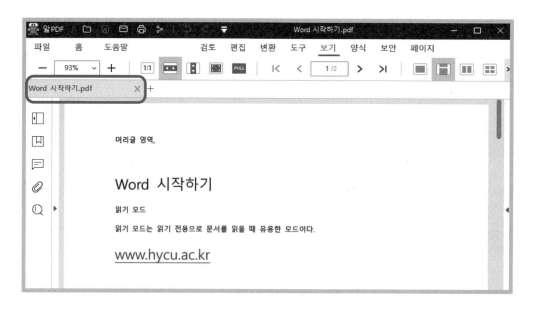

③ Word 글꼴 활용하기

맑은 고딕, HY 견고딕, 명조체, 궁서체, 돋움체, 바탕체 등 다양한 글꼴 중 문서에 맞는 글꼴을 먼저 선택한다. 글꼴을 지정할 때 글자를 입력하기 전에 먼저 글꼴을 설정하고 글자를 입력하거나 이미 글자를 입력 후 임의의 글자만 부분적으로 글꼴을 변경하려면, 설정하기를 원하는 글자들을 먼저 블록으로 지정한 후 글꼴 설정을 해야 한다.

● 글꼴 대화상자 활용하기

글꼴, 글꼴 스타일, 크기, 색, 효과 등을 간단하게 리본 메뉴에서도 변경이 가능하나 한꺼번에 설정하려면 글꼴 대화상자를 이용한다.

변경하고자 하는 텍스트를 먼저 블록으로 지정한 후 [홈] – [글꼴] 탭 오른쪽 화살표를 클릭한다.

글꼴 대화상자가 열리면 변경하고자 글꼴의 형태를 모두 선택한 후 [확인]을 누른다.

| 글꼴 | | ? | × |

| 글꼴(N) | 고급(V) |

한글 글꼴(T):	글꼴 스타일(Y):	크기(S):
+본문 한글 ▼	보통	10
글꼴(F):	보통 ^	8 ^
+본문 ▼	기울임꼴	9
	굵게 ▼	10 ▼

모든 텍스트

| 글꼴 색(C): | 밑줄 스타일(U): | 밑줄 색(I): | 강조점: |
| 자동 ▼ | (없음) ▼ | 자동 ▼ | (없음) ▼ |

효과

☐ 취소선(K)   ☐ 소문자를 작은 대문자로(M)
☐ 이중 취소선(L)   ☐ 모두 대문자로(A)
☐ 위 첨자(P)   ☐ 숨김(H)
☐ 아래 첨자(B)

미리 보기

| _____ 글꼴 대화상자 활용 _____ |

한글 글꼴용 본문 테마 글꼴입니다. 현재 문서 테마에 따라 사용될 글꼴이 정의됩니다.

| 기본값으로 설정(D) | 텍스트 효과(E)... | | 확인 | 취소 |

글꼴 대화상자에서는 글꼴, 글꼴 스타일, 크기, 색, 외에도 텍스트 효과, 위 첨자, 아래 첨자, 취소선 등도 표시할 수 있다.

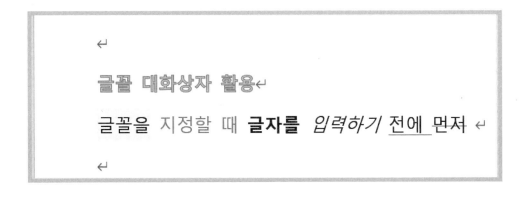

④ 문장의 단락 지정하기

문장의 단락을 지정하기 위해 [홈] 탭의 [단락] 그룹에서 선택한다.

글꼴에 비해 단락은 특정 텍스트에만 적용되는 것이 아니라 문장 단위로 적용을 시킨다. 문서 편집 프로그램에서 '문장'이라 함은 물리적으로 '엔터(Enter)'를 눌렀을 때를 의미한다. 그래서 단락의 형태를 지정하기 위해서 문장 안에 있는 텍스트를 모두 블록으로 지정하지 않고 해당 문장에 커서만 놓아도 단락 전체로 형태가 지정된다.

1) 문단 정렬하기

[홈] – [단락]을 클릭한다.

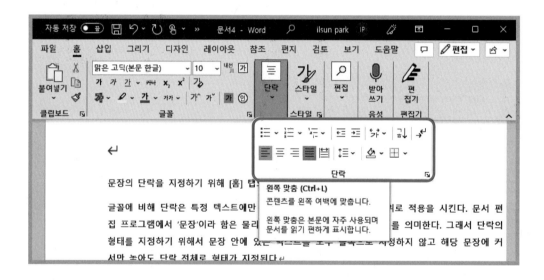

● **왼쪽 맞춤**

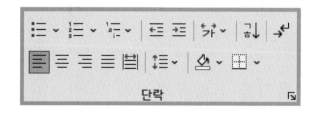

콘텐츠를 왼쪽 여백에 맞춘다.

문서를 읽기 편하게 표시한다.

오른쪽은 텍스트가 들쭉날쭉 하게 보일 수 있다.

> 문장의 단락을 지정하기 위해 [홈] 탭의 [단락] 그룹에서 선택한다.
>
> 글꼴에 비해 단락은 특정 텍스트에만 적용되는 것이 아니라 문장 단위로 적용을 시킨다. 문서 편집 프로그램에서 '문장'이라 함은 물리적으로 '엔터(Enter)'를 눌렀을 때를 의미한다. 그래서 단락의 형태를 지정하기 위해서 문장 안에 있는 텍스트를 모두 블록으로 지정하지 않고 해당 문장에 커서만 놓아도 단락 전체로 형태가 지정된다.

● **가운데 맞춤**

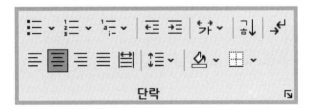

내용을 페이지 가운데에 맞춘다.

공식적인 문서에 많이 쓰이고 주로 표지, 인용 및 보고서 제목에 사용된다.

> 글꼴에 비해 단락은 특정 텍스트에만 적용되는 것이 아니라 문장 단위로 적용을 시킨다. 문서 편집 프로그램에서 '문장'이라 함은 물리적으로 '엔터(Enter)'를 눌렀을 때를 의미한다.
>
> 그래서 단락의 형태를 지정하기 위해서 문장 안에 있는 텍스트를 모두 블록으로 지정하지 않고 해당 문장에 커서만 놓아도 단락 전체로 형태가 지정된다.

● **오른쪽 맞춤**

내용을 오른쪽 여백에 맞춘다.

머리글이나 바닥글처럼 작은 구역에 사용된다.

> 글꼴에 비해 단락은 특정 텍스트에만 적용되는 것이 아니라 문장 단위로 적용을 시킨다. 문서 편
> 집 프로그램에서 '문장'이라 함은 물리적으로 '엔터(Enter)'를 눌렀을 때를 의미한다.
>
> 그래서 단락의 형태를 지정하기 위해서 문장 안에 있는 텍스트를 모두 블록으로
> 지정하지 않고 해당 문장에 커서만 놓아도 단락 전체로 형태가 지정된다.

● **양쪽 맞춤**

양쪽 여백 사이에 텍스트를 균일하게 배분한다.

> 글꼴에 비해 단락은 특정 텍스트에만 적용되는 것이 아니라 문장 단위로 적용을 시킨다. 문서 편
> 집 프로그램에서 '문장'이라 함은 물리적으로 '엔터(Enter)'를 눌렀을 때를 의미한다. 그래서 단락의
> 형태를 지정하기 위해서 문장 안에 있는 텍스트를 모두 블록으로 지정하지 않고 해당 문장에 커
> 서만 놓아도 단락 전체로 형태가 지정된다.

2) 단락 들여쓰기/내어쓰기

단락이라 함은 여러 문장을 치고 키보드에서 마지막으로 한번 [enter]를 쳤을 때까지의 전체 문장을 말한다.

[내어쓰기]는 단락과 여백의 거리를 좁힌다. 내어쓰기를 한번 클릭할 때마다 단락의 들여쓰기 수준이 한 단계씩 점차 줄어든다. 즉, 단락이 전체적으로 왼쪽으로 이동한다.

[들여쓰기]는 단락이 여백에서 멀어지도록 한다. 들여쓰기를 한번 클릭할 때마다 단락의 들여쓰기 수준이 한 단계씩 점차 높아진다. 즉, 단락의 전체 문장이 오른쪽으로 한 단계씩 점차 이동한다.

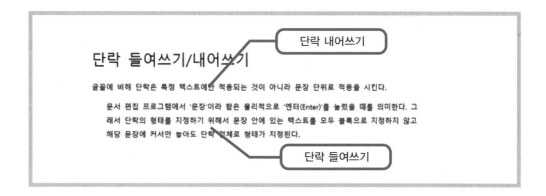

3) 들여쓰기/내어쓰기

WORD에서 일반적인 들여쓰기는 [단락 들여쓰기]와는 다르다. 단락 들여쓰기는 단락 전체가 같이 움직이는 것이고 일반적인 들여쓰기는 단락의 첫 줄만 들여쓰기가 되는 것이다.

❶ [홈] – [단락] 탭을 클릭한다. [들여쓰기] – 첫 줄 – 값 : 3글자로 설정한다.

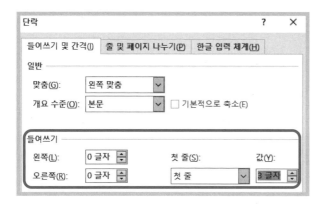

❷ 아래 미리 보기와 같이 첫 줄에만 3글자 들여쓰기가 설정된다.

들여쓰기/내어쓰기

글꼴에 비해 단락은 특정 텍스트에만 적용되는 것이 아니라 문장 단위로 적용을 시킨다.

　　　　문서 편집 프로그램에서 '문장'이라 함은 물리적으로 '엔터(Enter)'를 눌렀을 때를 의미한다. 그래서 단락의 형태를 지정하기 위해서 문장 안에 있는 텍스트를 모두 블록으로 지정하지 않고 해당 문장에 커서만 놓아도 단락 전체로 형태가 지정된다.

● **[단락 들여쓰기]와 [들여쓰기] 비교**

[단락 들여쓰기]는 문단 전체가 들여쓰기가 되었고 [들여쓰기]는 첫 줄에만 들여쓰기가
되었다.

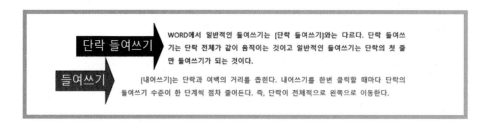

4) 글머리 기호 사용하기

글머리 기호는 순서가 없는 목록에 사용된다.

목록을 만들려는 문장을 선택한 후 [홈] – [단락] – [글머리 기호]를 클릭한다.

[글머리 기호 라이브러리]에서 원하는 글머리 기호를 선택한다.

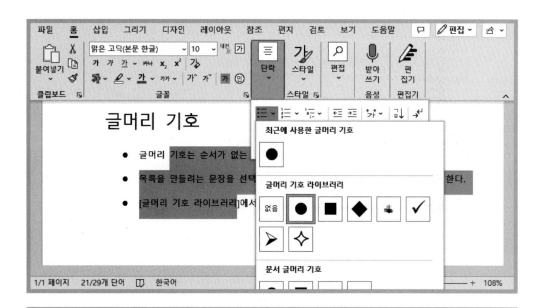

5) 번호 매기기

[번호 매기기]는 순서가 있는 목록에 사용된다.

목록을 만들려는 문장을 선택한 후 [홈] – [단락] – [번호 매기기]를 클릭한다.

번호 매기기 목록으로는 "1, 2, 3", "가, 나, 다", "ㄱ, ㄴ, ㄷ", "A, B, C", "I, II, III" 등이 많이 사용된다.

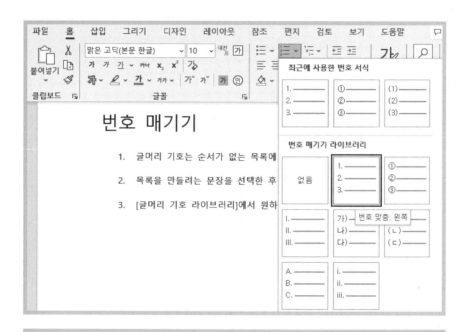

6) 사용자 지정 글머리 기호 만들기

글머리 기호 라이브러리에 있는 글머리 기호 외에 사용자가 글머리 기호를 직접 지정할 수도 있다.

❶ 지정한 문단을 선택한 후 [홈] – [단락] – [글머리 기호] 콤보 박스를 선택한다.

❷ '새 글머리 기호 정의'를 클릭한다.

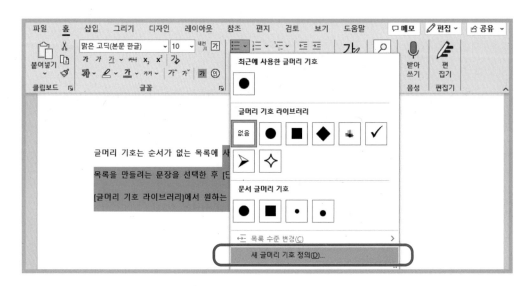

❸ [새 글머리 기호 정의] 창에서 '기호', '그림' 그리고 '글꼴' 등으로 사용자가 직접 글머리 기호를 지정할 수 있다.

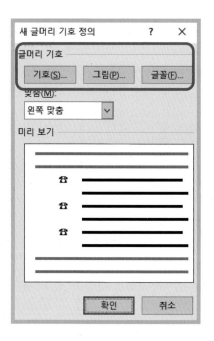

❹ [기호] 창이 열리고 원하는 기호를 선택한 후 [확인] 버튼을 클릭한다.

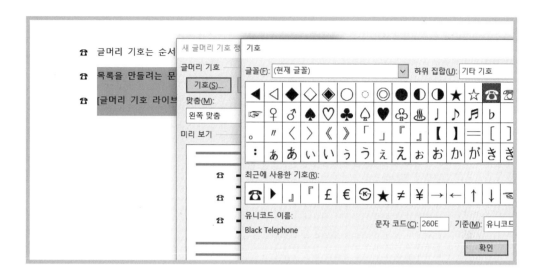

❺ 선택한 기호로 글머리 기호가 설정되었다.

☎ 글머리 기호는 순서가 없는 목록에 사용된다.

☎ 목록을 만들려는 문장을 선택한 후 [단락] – [글머리 기호] 콤보 버튼을 클릭한다.

☎ [글머리 기호 라이브러리]에서 원하는 글머리 기호를 선택한다.

⑤ 스타일 활용하기

문자나 단락에 서식을 하나하나 직접 지정하지 않고 대신 미리 여러 개의 서식을 한꺼번에 지정해 놓은 스타일을 사용하면 문서를 일관성 있고 빠르게 작성할 수 있다.

스타일은 클릭 한번으로 서식을 지정하는 기능이다.

가령, 단락에 "맑은 고딕, 17포인트, 빨강색, 들여쓰기, 가운데 정렬" 등과 같은 글꼴과 단락 설정을 하나의 스타일로 만들어 놓으면 다음에 똑같은 서식을 반복할 때 한 번의 클릭만으로 같은 모양의 글꼴과 단락을 적용시킬 수 있다.

● 스타일을 적용시킬 때 주의할 점

스타일을 단어에 적용했을 때와 단락에 적용했을 때가 각각 다르게 적용된다는 것이다. 즉, 단락 안의 임의의 위치에 마우스를 위치시키거나 단락 전체를 선택한 다음 글꼴과 단락이 한꺼번에 지정된 스타일을 적용하면 해당 스타일이 단락 전체에 적용된다. 그러나 단락 안에 있는 일부의 단어나 구절만을 블록으로 선택한 경우에는 글꼴과 단락이 한꺼번에 지정된 스타일을 적용하더라도 해당 스타일이 단락 전체에 영향을 미치지 않고 문자에만 글꼴이 적용된다.

1) 나만의 스타일 만들기

내가 원하는 다양한 글꼴과 단락 설정을 서식으로 지정한 후 이 서식을 계속해서 재사용하기 위해서 스타일 갤러리에 저장할 수 있다.

❶ 단락에 "굵게, 밑줄, 글자색 – 파랑, 가운데 정렬" 서식을 지정한다. 이렇게 서식이 적용된 문장을 블록으로 선택한다.

❷ [홈] – [스타일] 탭의 '자세히' 버튼을 클릭한 후 [스타일 만들기]를 클릭한다.

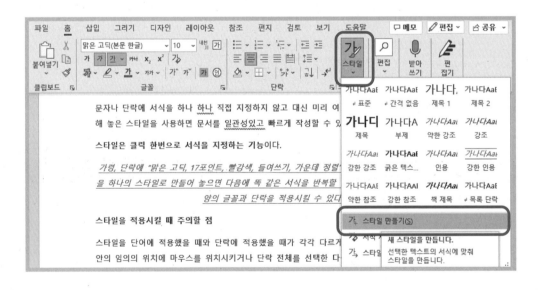

❸ 스타일 이름(bob_sty)을 작성한 후 [확인]을 누른다.

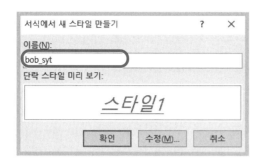

새로 지정할 단락에 커서를 옮기고 [스타일] – [bob_syt] 이름의 스타일을 클릭하면 단락 전체에 bob_syt 스타일이 적용된다.

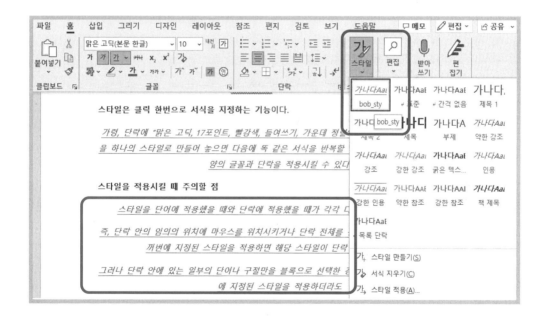

2) 스타일 갤러리 이용하기

Word 프로그램에서 기본적으로 제공되는 여러 가지 스타일을 원 클릭으로 단락에 적용할 수 있다.

❶ 지정하고자 하는 단락에 커서를 옮겨 놓는다.

❷ [홈] 탭의 [스타일]의 '자세히' 버튼을 클릭해서 스타일 갤러리를 연다.

❸ 스타일 갤러리에서 원하는 스타일을 선택한다. 마우스를 스타일 갤러리에 포인팅만

해도 단락 전체에 스타일이 적용되는 것을 미리 보기로 볼 수 있다.

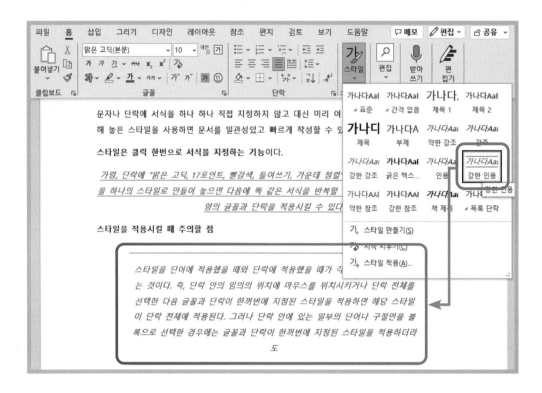

---

⑥ 복사와 서식 복사 활용하기

'복사'는 블록으로 선택한 내용을 내용뿐만 아니라 서식까지 모두 포함하여 그대로 하나 더 복제해주는 것을 의미하고 '서식 복사'는 내용을 제외한 서식만 복사하는 것을 의미한다.

1) 복사 활용하기

❶ 복사를 위해서는 복사하고자 하는 텍스트나 콘텐츠를 마우스로 선택 또는 드래그하여 블록으로 지정한다.

❷ [홈] – [클립보드] – [복사]를 선택한다. (단축키 : Ctrl+C)

❸ 내용을 복사하고자 하는 위치에 커서를 클릭한다.

❹ [홈] – [클립보드] – [붙여 넣기]를 클릭한다.

이때 '대상 테마 사용', '원본 서식 유지', '서식 병합', '텍스트만 유지'라는 옵션 중 하나를 선택한다. 옵션을 선택하지 않으면 기본값으로 적용된다.

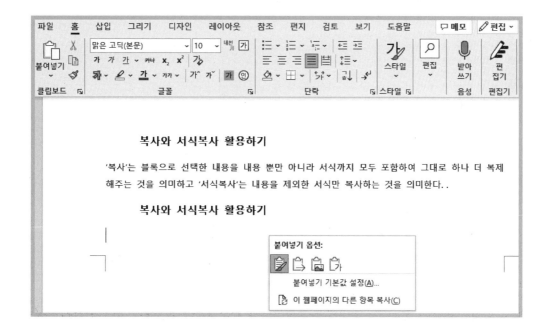

● **붙여 넣기 옵션**

붙여 넣기 옵션 목록은 복사할 내용이 텍스트인지 텍스트가 아닌 개체인지에 따라 다르게 나타난다. 만일 옵션을 선택하지 않고 붙여 넣기를 실행하는 경우는 기본적인 붙여 넣기 옵션이 적용된다.

옵션 이름	설명
대상 테마 사용	붙여 넣기 할 장소에 테마가 있을 경우 그 테마의 적용을 받아 변환되어 붙여 넣기가 된다.
원본 서식 유지	복사할 당시의 서식을 그대로 유지한다.
그림	붙여 넣기 할 개체를 그림으로 변환해서 가져온다.
서식 병합	붙여 넣기 할 장소에 있는 서식과 병합되어 들어온다
텍스트만 유지	서식은 제외하고 텍스트 형태로 가져온다.

2) 서식 복사 활용하기

서식 복사는 복사와는 다르게 개체는 복제하지 않고 개체에 적용된 서식만을 복제한다.

텍스트 내용은 바뀌지만 서식을 동일하게 적용해야 하는 경우에 사용한다.

❶ 서식을 복사하고자 하는 내용을 마우스로 드래그하여 블록으로 선택한다.

❷ [홈] 탭의 [클립보드] 그룹의 '서식 복사'를 클릭한다.

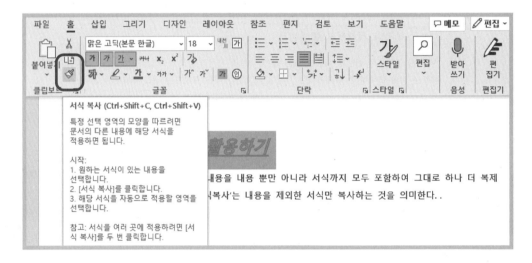

❸ 커서가 페인트브러시 모양으로 바뀐다.

❹ 서식을 적용시키고자 하는 내용 만큼을 브러시로 색칠하듯이 '클릭&드래그'하면 된다. (서식 복사의 경우 특별히 '붙여 넣기' 메뉴를 실행시키지 않고 바로 '클릭&드래그'로 서식이 복사된다).

● 서식 복사의 주의할 점

일반 복사의 경우는 한번 복사를 해 놓으면 복사한 내용이 클립보드에 남아있어 계속해서 같은 내용을 반복해서 붙여 넣기 할 수 있다.

그러나 서식 복사는 복사한 내용이 클립보드에 남지 않는다.

일반 복사와 다르게 한 번의 '클릭&드래그'가 적용되어 붙여 넣기가 된 이후로는 바로 서식 복사되었던 내용이 해제되어 반복적으로 서식을 복사할 수 없고 계속해서 처음부터 [서식 복사-클릭&드래그] 단계를 반복해야 한다.

**학습
정리**

❖ 문서 보기 모드

읽기모드 : 읽기 전용으로 일부의 도구만을 포함하고 있어 문서를 읽을 때 유용한 모드이다.

인쇄모드 : 문서를 인쇄할 경우 예상되는 모양을 확인할 수 있다. 주로 문서를 편집할 때 사용하는 모드로 머리글, 바닥글, 여백, 눈금자, 페이지 번호 등을 표시할 수 있다.

웹 모양 : 웹페이지에 나타나는 대로 문서를 표시한다.

❖ 스타일

여러 개의 글꼴과 단락에 대한 서식을 한꺼번에 지정해 놓은 스타일을 사용하면 문서를 일관성 있고 빠르게 작성할 수 있다.

❖ 서식 복사

복사한 내용이 클립보드에 남지 않는다.

반복적으로 서식을 복사할 수 없고 계속해서 처음부터 [서식 복사−클릭&드래그] 단계를 반복해야 한다.

❖ 단락 들여쓰기/내어쓰기

[단락 내어쓰기]는 단락과 여백의 거리를 좁힌다. 단락이 전체적으로 왼쪽으로 이동한다.

[단락 들여쓰기]는 단락이 여백에서 멀어지도록 한다. 단락의 전체 문장이 오른쪽으로 한 단계씩 점차 이동한다.

❖ 글머리 기호

순서가 없는 목록에 사용된다.

❖ 번호 매기기

순서가 있는 목록에 사용된다.

**연습
문제**

1. 다음 Word 프로그램의 레이아웃 사용법에 대한 설명이 바르지 않은 것은 무엇인가?

① 상태 표시줄에서 문서 전체의 단어 개수를 확인할 수 있다.

② 제목 표시줄에는 로그인되어 있는 사용자의 정보가 나타난다.

③ 상태 표시줄에 나타낼 정보 등을 사용자가 설정할 수 있다.

④ 제목 표시줄에서 텍스트 자동 완성 여부를 확인할 수 있다.

| 해설 | 텍스트 자동 완성 여부는 '상태 표시줄'에 표시할 수 있다.

2. Word에서 문서 저장하기에 대한 설명이 바르지 못한 것은?

① 클라우드 저장소에 바로 저장할 수 있다.

② 한번 저장된 문서는 변경된 내용을 덮어쓰기 해야 할 경우 '다른 이름으로의 저장'으로
저장해야만 한다.

③ 한번 저장한 문서의 이름을 바꿔서 저장하고자 하면 반드시 '다름 이름으로의 저장'으
로 해야 한다.

④ 한번 저장한 문서의 형식을 바꿔 저장하고자 한다면 '다른 이름으로의 저장'으로 해야
한다.

| 해설 | 변경된 내용을 덮어쓰기 해야 할 경우 '저장'으로 저장한다.

3. 한 단락 안의 일부 텍스트를 블록으로 설정한 후 아래의 보기와 같은 지정을 했을 때
블록으로 설정한 일부 텍스트에만 효과가 적용이 되었다면 어떤 지정을 하였겠는가?

① 단락 들여쓰기

② 가운데 정렬

③ 텍스트 효과

④ 글머리 기호

| 해설 | 나머지 지정들은 모두 단락 전체에 적용된다.

4. 다음 중 문장 첫 줄의 첫 문자 3 만큼만 여백에서 멀어지게 단락을 지정하려고 한다. 어떤 메뉴를 사용해야 하는가?

① 단락 들여쓰기, 첫 줄, 첫 문자 3

② 들여쓰기, 첫 줄, 첫 문자 3

③ 단락 내어쓰기, 첫 줄, 첫 문자 3

④ 내어쓰기, 첫 줄, 첫 문자 3

5. '글꼴:맑은고딕, 크기:12, 색깔:파랑색, 가운데 정렬' 등의 서식을 한 번의 클릭으로 반복해서 지정하기 위한 방법 중 가장 효율적인 방법은 무엇인가?

① 서식 복사하기

② 복사 하기

③ 스타일 지정하기

④ 클립보드 사용하기

6. Word 문서의 보기 모드에 대한 설명이 바르지 않은 것은 무엇인가?

① 읽기모드에서는 텍스트 편집이 가능하다.

② 인쇄모양에서는 머리글, 바닥글, 여백, 눈금자 등 페이지 번호까지도 표시할 수 있다.

③ 웹 모양은 웹페이지에 나타나는 대로 문서를 표시해서 표 너비가 넓은 경우 유리하다.

④ 읽기모드는 문서를 읽을 때 유용한 방법이다.

7. 복사와 서식 복사에 대한 설명이 바르지 않은 것은 무엇인가?

① 복사한 내용은 클립보드에 저장되어 반복적으로 붙여 넣기 할 수 있다.

② 서식 복사한 내용은 클립보드에 저장되어 반복적으로 붙여 넣기 할 수 있다.

③ 복사를 하면 내용뿐 아니라 서식까지도 함께 복사된다.

④ 서식 복사는 내용은 복사되지 않고 서식만 복사할 수 있다.

8. 다음 중 워드 문서에서 내보내기 할 수 있는 포맷과 거리가 먼 것은 무엇인가?

① pdf   ② txt

③ html   ④ xls

9. 워드의 단락 활용에 대한 방법이 잘못 설명된 것은 무엇인가?

① 글머리 기호는 순서가 없는 목록에 사용한다.

② 글머리 기호는 사용자가 직접 글머리 기호를 지정할 수 있다.

③ 번호 매기기는 기호로 그림을 지정할 수 있다.

④ 번호 매기기는 순서가 있는 목록에 사용한다.

| 해설 | 글머리 기호는 기호로 그림을 지정할 수 있다.

10. 워드에서 들여쓰기와 단락 들여쓰기를 활용하는 방법이 잘못된 것은 무엇인가?

① 들여쓰기는 첫 줄에만 들여쓰기가 적용될 수 있다.

② 단락 들여쓰기는 단락 전체가 들여쓰기가 적용된다.

③ 들여쓰기는 단락이 여백에서 멀어지도록 한다.

④ 단락이 여백에서 가까워지면 단락 내어쓰기가 된다.

| 해설 | 들여쓰기는 단락의 첫 줄이 여백에서 멀어진다.

정답 ___ 1. ④   2. ②   3. ③   4. ②   5. ③   6. ①   7. ②   8. ④   9. ③   10. ③

CHAPTER 02

WORD의
그래픽 요소 활용

학습목차

1. 표 활용하기
2. 그림 활용하기
3. 워터마크 활용하기
4. 워드아트 활용하기

학습목표

- 그림이나 도형을 삽입하여 직관적인 문서를 작성할 수 있다.
- 표를 삽입하여 데이터를 조직화된 형태로 제공할 수 있다.
- 워드아트를 활용하여 텍스트에 그래픽 효과를 줄 수 있다.

① 표 활용하기

Word에서 표는 복잡한 내용을 한 눈에 볼 수 있도록 규격화시켜 놓은 것이다. 표를 만드는 방법은 아주 다양하다. 표의 서식이 미리 지정되어 있는 특정 유형의 표들 중에서 선택하여 표를 만들거나 또는 메뉴를 이용하여 원하는 행 및 열 수를 직접 만들어 이용할 수도 있다. 직접 표를 만드는 경우 여러 가지 다양한 옵션 – 고정된 열 너비, 내용에 자동으로 맞춤, 창에 자동으로 맞춤 – 을 이용할 수 있다.

1) 메뉴 사용하여 표 만들기

[삽입] – [표] – 원하는 행 및 열 수를 드래그하여 표를 만든다.

표의 사이즈는 기본값으로 정해진 크기로 표가 삽입되기 때문에 표를 삽입한 후에 원하는 사이즈로 변경해야 한다.

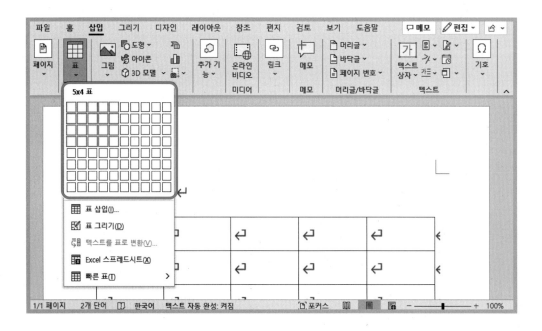

2) 서식 파일을 사용한 [빠른 표] 이용하여 표 만들기

❶ 표를 삽입할 위치를 클릭한다.

❷ [삽입] – [표] – [빠른표]에서 원하는 서식 파일을 클릭한다.

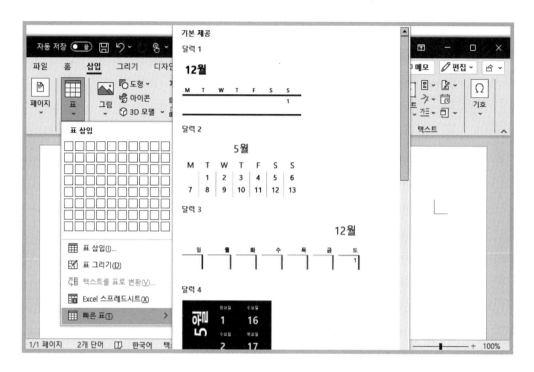

❸ 서식 파일에 있는 데이터를 원하는 데이터로 바꾼다.

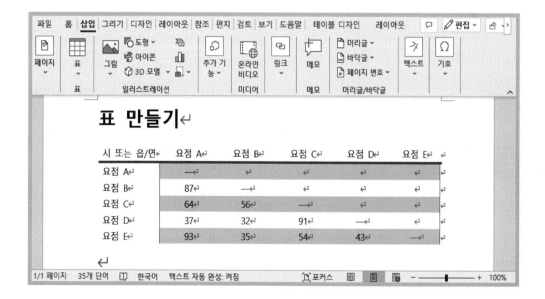

3) [표 삽입] 대화상자 이용하여 표 만들기

[삽입] – [표] – [표 삽입] 메뉴를 클릭한다.

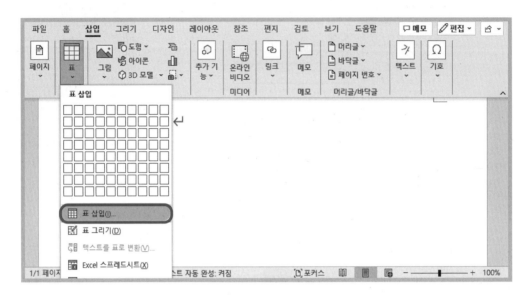

[표 삽입] 대화상자에서 행과 열의 수를 입력한다. 이때 옵션을 선택해서 표의 사이즈를 정할 수 있다.

● 고정된 열 너비

원하는 너비 사이즈를 직접 입력하거나 자동으로 표를 작성한다.

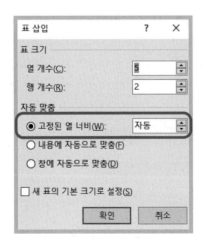

표의 셀 너비가 자동으로 만들어졌다. 이렇게 텍스트 사이즈와 상관없이 강제적으로 셀의 크기가 정해지면 셀 안에 들어갈 텍스트가 적은 경우 여백이 생겨 문단 정렬이 필요할 수

있다.

또한 텍스트가 셀 너비에 비해 좁을 경우 열 너비는 변하지 않고 텍스트가 다음 줄로 내려간다.

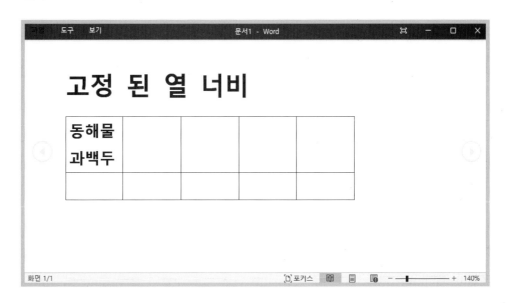

- **내용에 자동으로 맞춤**

❶ 정확히 너비 사이즈를 모를 경우 표의 셀 안에 들어갈 내용에 자동으로 셀의 크기가 맞춰지도록 한다.

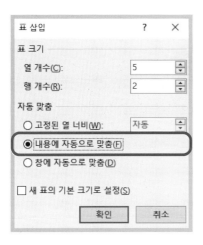

❷ 처음에는 표가 아주 작게 만들어진다.

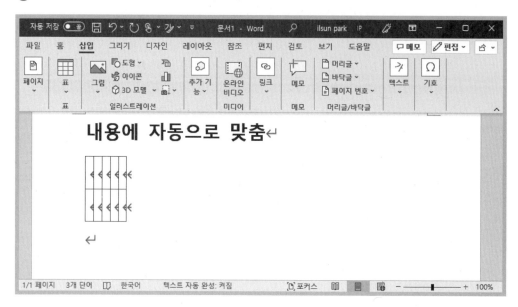

❸ 텍스트가 모두 입력될 수 있도록 자동으로 셀의 크기가 늘어나 텍스트에 맞게 표의 사이즈가 형성된다. 텍스트에 맞게 셀의 크기가 늘어나므로 셀 안에 여백이 없어 문단 정렬을 따로 할 필요가 없다. 입력된 텍스트의 길이에 맞춰졌기 때문에 셀의 너비는 동일하지 않을 수 있다.

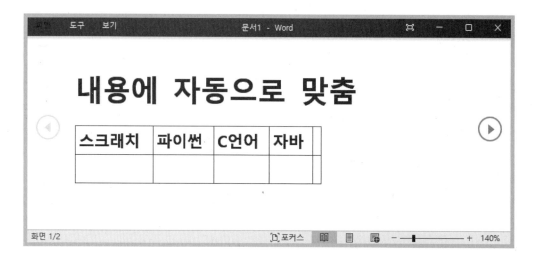

● **창에 자동으로 맞춤**

❶ 문서의 여백을 기준으로 창에 맞게 표를 작성한다.

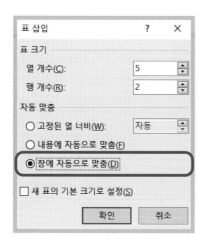

② 표가 문서의 문서 가로 사이즈에 맞게 길게 늘어져서 생성된다. 이 경우 셀의 사이즈 보다 텍스트가 작은 경우 텍스트가 셀의 한쪽으로 치우치기 때문에 문단 정렬을 할 필요가 있다.

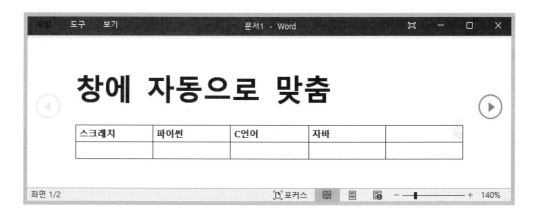

4) Excel 스프레드시트 이용하여 표 만들기

Excel 스프레드시트는 마이크로소프트사의 오피스 프로그램 중 계산을 위주로 하는 문서 편집 프로그램으로써 마이크로소프트사의 오피스 프로그램에 엑셀이 서로 연동되어 사용할 수 있게 되어 있다. 이처럼 워드 프로그램에서도 엑셀을 연동해서 사용할 수 있다.

엑셀 스프레드시트를 이용하여 표를 만들면 미리 행과 열이 준비된 상태에서 원하는 만큼 텍스트를 삽입해 작성할 수 있어 편리하다.

❶ [삽입] – [표] – [Excel 스프레드시트]를 선택한다.

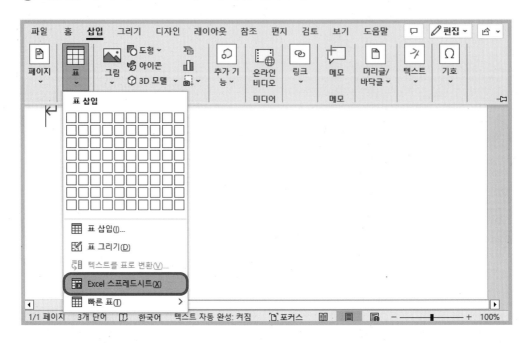

❷ 워드 프로그램 창에 엑셀 프로그램이 연동되어 열리고 리본 메뉴에도 엑셀의 리본 메뉴가 열려 있는 것을 볼 수 있다.

엑셀 스프레드시트 창은 마우스로 드래그하여 사이즈를 쉽게 조절할 수 있다.

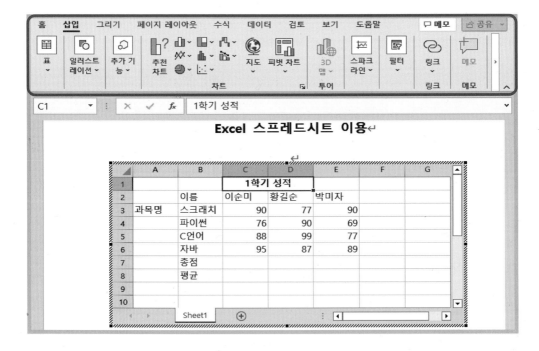

❸ 표 안의 내용 입력이 다 끝난 후 표 밖의 Word 문서 빈 공간을 클릭하면 다시 원래의 Word 모드로 되돌아온다.

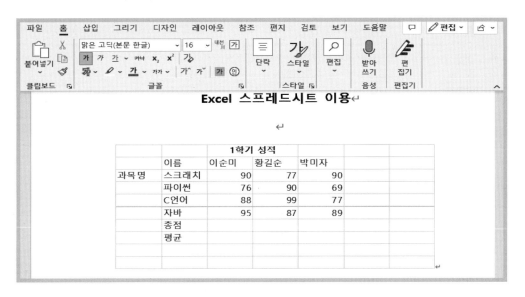

❹ 표의 내용을 수정할 경우 표 내부를 더블 클릭하면 엑셀 스프레드시트 상태로 돌아간다.

이때 엑셀의 계산 기능을 함께 사용할 수 있다.

[홈] – [편집] – [자동합계] – [합계]를 클릭한다.

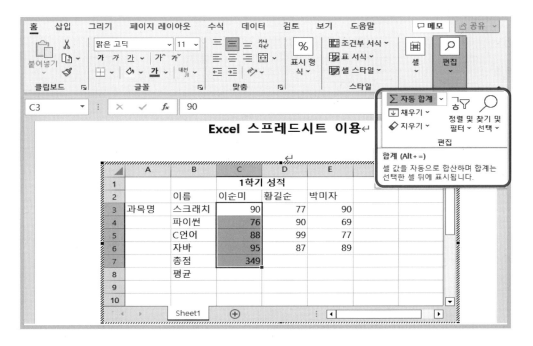

❺ 총점, 평균, 필터, 정렬, 함수값 등을 사용하여 간단하게 계산하면서 표를 완성할 수 있는 장점이 있다. (엑셀 사용법은 '엑셀' 파트에서 자세히 배울 수 있다.)

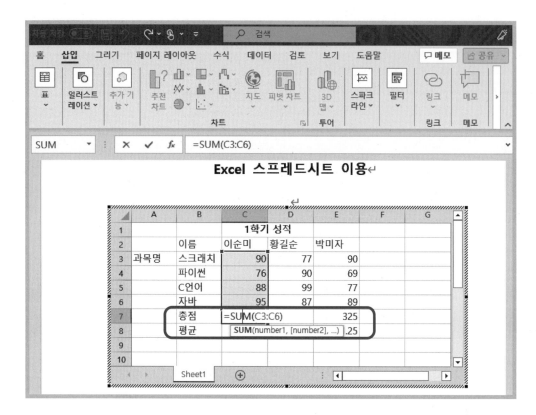

5) [테이블 디자인] - [표 스타일] 활용하기

❶ 표가 만들어진 후에는 표 내부를 클릭하면 리본 메뉴에 [테이블 디자인] 메뉴가 자동 생성된다.

[테이블 디자인] – [표 스타일] – [자세히] 버튼을 클릭한다.

❷ 다양한 표 스타일이 열리고 하나를 선택한다.

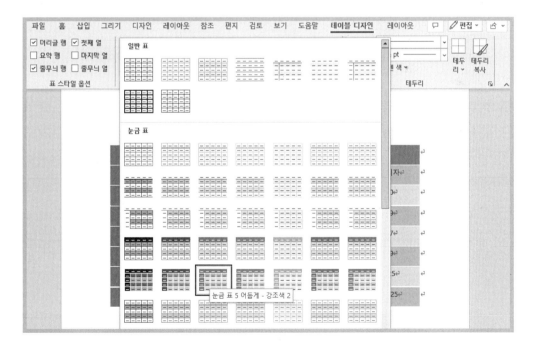

❸ 선택한 표 스타일이 적용되었다.

6) [표 스타일] – [레이아웃] 활용하기

[레이아웃]에서는 표나 셀의 형태를 변경할 수 있다.

[행 및 열] 그룹에서 임의의 셀 옆이나 아래로 행과 열을 삽입할 수 있다.

[병합] 그룹에서는 표를 분할하거나 셀을 분할하거나 병합할 수 있다.

[셀 크기] 그룹에서는 표의 사이즈를 정확하게 수치로 입력하여 수정하거나 불규칙하게 나뉘어진 행의 높이나 열의 너비를 같게 할 수도 있다.

[맞춤] 그룹에서는 셀 안에서 텍스트를 어떻게 배치할 것인가를 지정할 수 있다. 즉, 셀 안에서 텍스트를 위쪽 가운데 맞춤으로 할 것인지, 정가운데로 텍스트를 맞출 것인지 등을 설정할 수 있다.

7) 텍스트를 표로 변환하기

텍스트를 간단하게 표로 만들 수 있다.

① 텍스트를 표로 만들기 위해서는 텍스트를 쉼표 등과 같은 구분 기호로 구분하여 항목을 일관성 있게 입력한다.

② 표로 만들고자 하는 내용을 모두 블록으로 설정한다.

[삽입] – [표] – [텍스트를 표로 변환]을 선택한다.

이때 만일 텍스트를 블록으로 설정하지 않았다면 '텍스트를 표로 변환' 메뉴는 활성화되지 않는다.

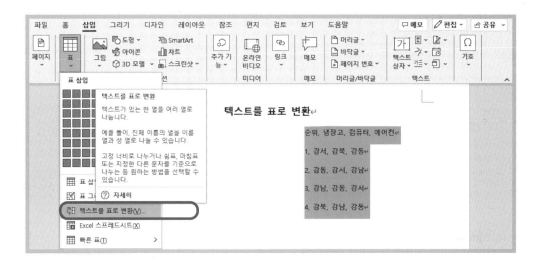

③ [텍스트를 표로 변환] 대화 창에서 만들고자 하는 표의 사이즈에 맞게 옵션을 선택한 후 [텍스트 구분 기호]에서 데이터에 구분 기호로 텍스트에 삽입되어 있는 '쉼표'를 선택해야 한다.

텍스트를 표로 변환하기 위해 구분할 수 있는 구분 기호로는 쉼표, 단락, 탭 등이 주로 사용된다.

❹ '쉼표'를 기준으로 각 셀에 내용이 입력되어 표가 완성되었다.

텍스트를 표로 변환

순위	냉장고	컴퓨터	에어컨
1	강서	강북	강동
2	강동	강서	강남
3	강남	강동	강서
4	강북	강남	강동

8) 표를 텍스트로 변환하기

이번에는 만들어진 표를 다시 텍스트로 변환할 수 있다.

❶ [삽입] – [레이아웃] – [데이터] – [텍스트로 변환]을 선택한다. 이때 마우스 커서가 표 안에 있어야 [레이아웃] 메뉴가 나타난다.

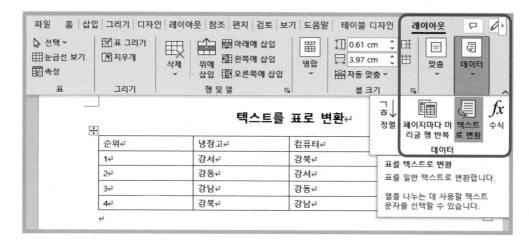

❷ 표를 일반 텍스트로 바꾸었을 때 각 셀에 들어있는 항목들을 구분할 수 있는 구분 기호를 선택한다.

선택한 구분 기호에 따라 텍스트 정렬 방식이 다르게 변환된다.

이번에는 구분 기호를 '기타'에서 "/"를 사용했다.

❸ 변환된 텍스트에 슬래시("/")가 사용된 것을 볼 수 있다.

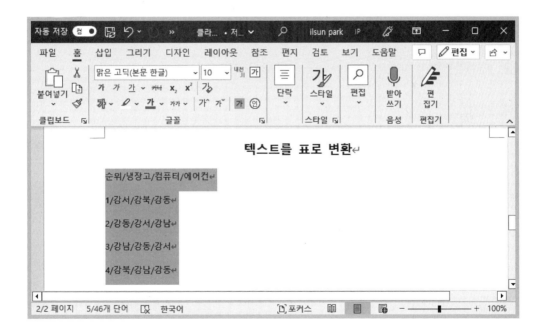

② 그림 활용하기

1) 그림 삽입_이 디바이스

내 컴퓨터에 저장된 그림을 삽입한다.

❶ [삽입] – [그림] – [이 디바이스에서]를 클릭한다.

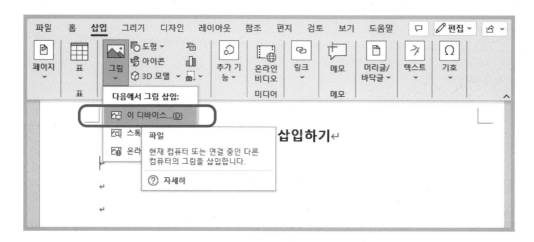

❷ 내 컴퓨터에서 사진이 있는 폴더를 선택해 사진을 선택한다.

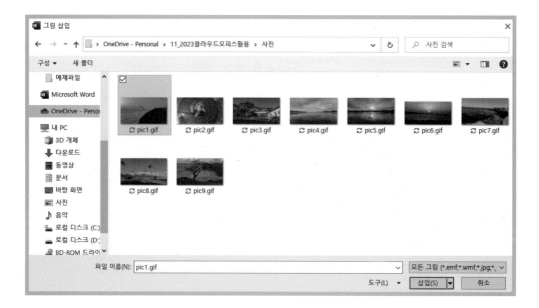

2) 그림 삽입_스톡 이미지

저장된 이미지 라이브러리의 프리미엄 콘텐츠를 활용할 수 있다.

❶ [삽입] – [그림] – [스톡 이미지]를 클릭한다.

❷ 다양한 종류의 스톡이미지가 열리고 원하는 사진을 선택한 후 [삽입]을 클릭한다.

❸ 스톡 이미지가 삽입되었다.

3) 이미지 포맷의 특성

이미지 포맷 종류	특성
JPEG(*.jpg, *.jgeg)	가장 뛰어난 압축률을 갖고 있지만 '컬러 손실 압축'을 하기 때문에 이미지의 질이 다소 떨어진다. 알파 채널을 지원하지 않고 투명 효과도 낼 수 없다.
GIF(*.gif)	색상수를 적게 하여 이미지 용량을 줄이는 방식을 사용한다. 최대 256 색상을 지원하고 움직이는 애니에이션을 만들 수 있다. 용량이 적어 전송 속도가 빨라 주로 '웹 전용 이미지 형식'으로 사용된다.
PNG(*.png)	GIF와 JPG의 장점을 합친 파일 형식으로 비손실 압축을 하며 투명 이미지와 알파 채널을 지원한다.
TIF(*.tif, *.tiff)	매킨토시 용 이미지 파일로 최대 4GB까지 지원하며 알파 채널을 지원한다.
BMP(*.bmp)	압축을 거의 하지 않아 용량이 크다는 단점이 있지만, 이미지를 손상시키지 않는다는 장점이 있다.

4) 그림 서식 활용하기

워드 문서에서 텍스트와 함께 그림을 삽입해 사용할 때 그림을 다양하게 수정하면서 삽입할 수 있다. 그림을 선택해보면 리본 메뉴에 [그림 서식] 메뉴가 활성화된다.

그림 서식 메뉴에는 색 조정, 투명도 조정, 그림 스타일, 그림 정렬, 그림 자르기 등의 다양한 메뉴가 있다.

● **밝기/대비 조절하기**

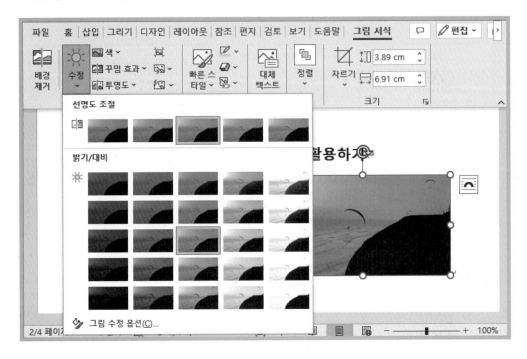

1번 그림을 선택한 후 [그림 서식] – [조정] – [수정] – [밝기/대비]/[선명도]를 선택했다.

2번 그림이 밝고 선명해진 걸 볼 수 있다.

● **꾸밈 효과**

그림에 스케치나 회화적인 느낌을 줄 수 있다.

왼쪽 그림은 원본이고 오른쪽 그림을 선택한 후 [그림 서식] – [조정] – [꾸밈 효과]에서
[강조]를 선택했다.

원본   꾸밈효과/강조

● 그림 스타일

그림 외곽선에 스타일을 입히는 기능이다. 단, 몇몇 스타일은 그림의 선명도를 흐리게 하
는 기능이 있어 유의해야 한다. 그림을 선택한 후 미리 정의된 스타일 중 하나를 선택한다.
갤러리 스타일에 마우스 커서를 올리면 스타일 변화를 미리 보기 할 수 있다.

❶ [그림 서식] – [그림 스타일] – [자세히] 버튼을 클릭한다.

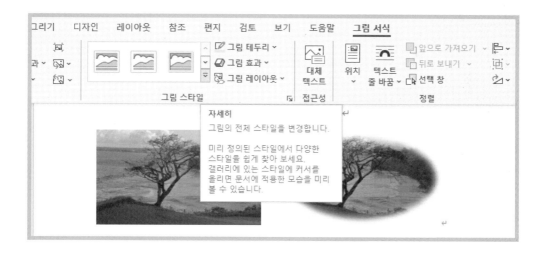

❷ [자세히] 버튼을 클릭하면 갤러리에 있는 스타일 중 하나를 선택한다.

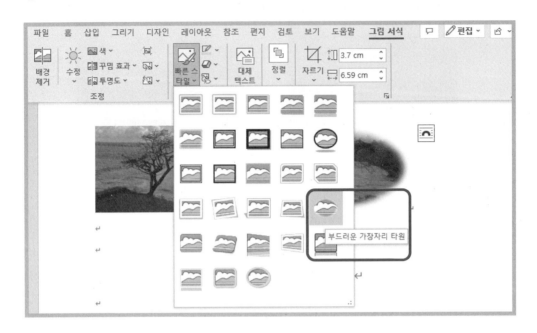

❸ 왼쪽 그림은 원본이고 오른쪽 그림은 [부드러운 가장자리 타원] 스타일이 적용되었다.

● **그림 효과**

이미지에 그림, 네온, 반사 등의 효과를 적용할 수 있다.

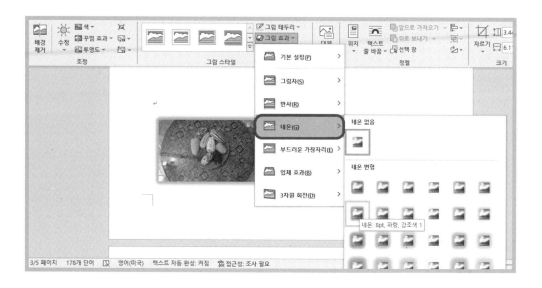

5) 그림 레이아웃 옵션

그림과 텍스트가 함께 배치되는 방법을 선택할 수 있다.

❶ 그림을 선택한 후 [레이아웃 옵션] – [더보기]를 선택한다.

② 그림과 텍스트 배치 옵션이 열린다.

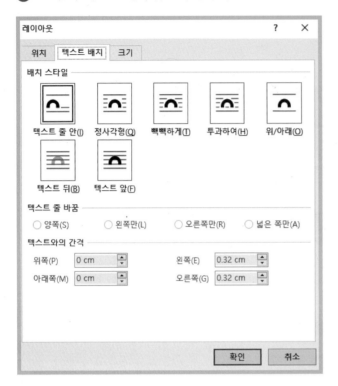

● **텍스트 줄 안**

첫 한 줄만 텍스트가 그림과 함께 배치된다.

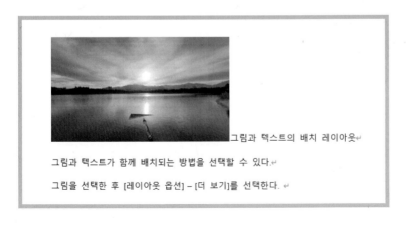

● **정사각형**

그림 옆으로 텍스트가 배치된다.

그림을 가운데로 옮기면 텍스트가 양쪽으로 배치된다.

● **텍스트 뒤**

그림이 텍스트 뒤 배경으로 배치된다.

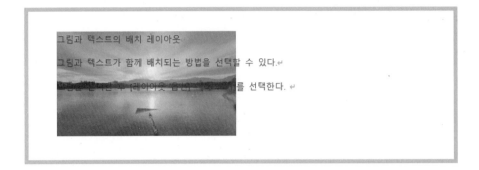

● **위 아래**

텍스트가 그림의 위 또는 아래에 배치된다.

③ 워터마크 만들기

1) 텍스트 워터마크 만들기

워터마크는 페이지의 내용 뒤에 '긴급'과 같은 회색 텍스트를 추가할 때 주로 이용한다. 희미한 워터마크 덕분에 내용을 읽는데 방해되지 않으면서 문서를 특별히 취급해야 한다는 사실을 알릴 수 있다.

문서 안에 그림이나 사진 등을 워터마크로 사용할 수 있다.

❶ [디자인] – [페이지 배경] – [워터마크] – [사용자 지정 워터마크]를 클릭한다.

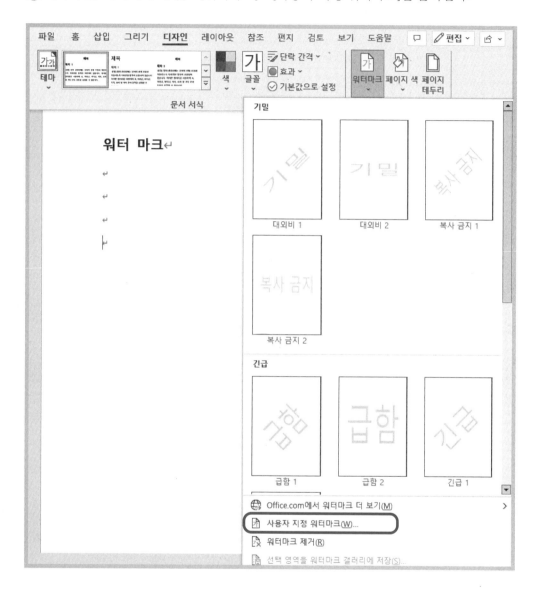

❷ 텍스트 워터마크를 선택한 후 내용을 텍스트 옵션에서 선택하거나 직접 입력할 수도 있다.

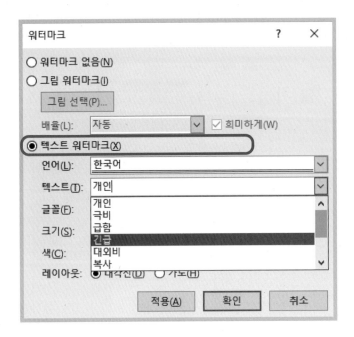

❸ '긴급'이라는 워터마크 글자가 찍혔다. 워터마크는 마우스로 선택이 안된다.

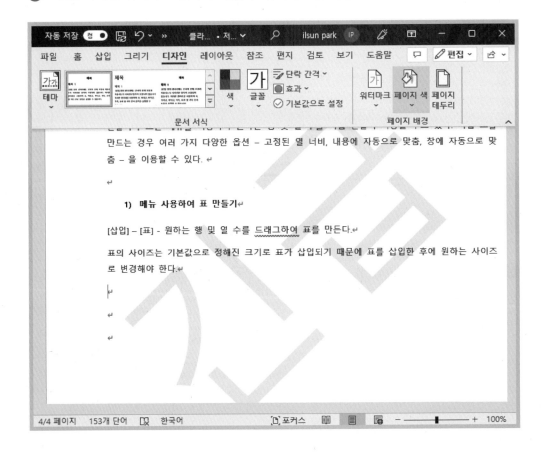

④ 워터마크를 삭제하려면 [디자인] – [페이지 배경] – [워터마크] – [워터마크 제거]를
클릭해야만 삭제할 수 있다.

2) 그림 워터마크 만들기

❶ [디자인] – [페이지 배경] – [워터마크] – [사용자 지정 워터마크]를 클릭한다.

❷ [그림 워터마크] – [그림 선택] 단추를 클릭한다.

❸ 그림을 특정 크기로 삽입하려면 배율에서 원하는 백분율을 선택한다.

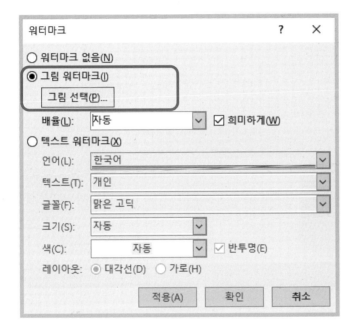

원하는 그림을 선택하고 삽입을 클릭한다.

❹ 워터마크로 삽입된 이미지는 문서 안에서 마우스로 선택이 되지 않는다.

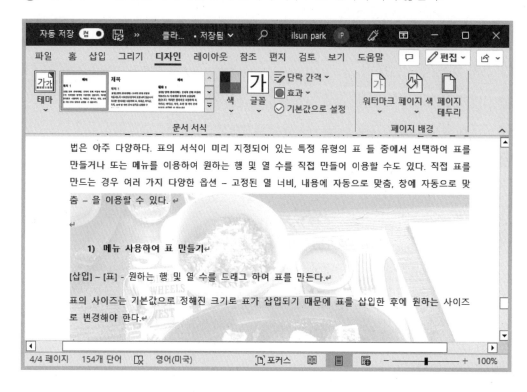

④ 워드아트 활용하기

WordArt 텍스트 상자를 사용하여 문서의 텍스트에 장식 또는 강조 효과, 그라데이션 채우기 등을 적용하여 특수한 텍스트 효과를 줄 수 있다.

주로 제목 텍스트에 활용한다.

1) 워드아트 삽입하기

❶ [삽입] – [텍스트] – [WordArt]를 선택해 원하는 워드아트 스타일을 선택한다.

❷ 원하는 워드아트 스타일을 선택하게 되면 텍스트 상자가 만들어지면서 "필요한 내용을 적으십시오"라는 문구가 나오는데 그 자리에 텍스트를 입력한다.

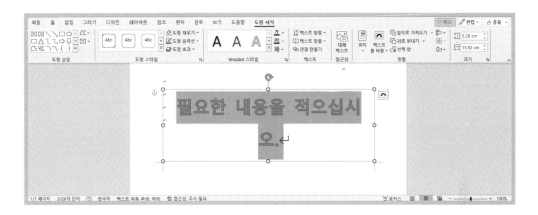

❸ 텍스트를 입력한 후 박스 바깥쪽 빈 공간을 클릭하면 선택한 워드아트가 완성된다.

워드아트는 일반 텍스트로 입력되는 것이 아니라 글 상자 방식으로 입력되므로 워드아트 글 상자를 드래그하면서 원하는 위치로 이동시킬 수 있다.

2) 워드아트에 텍스트 효과 주기

❶ 생성된 워드아트를 선택하면 리본 메뉴에 [도형 서식]이 다시 활성화되고 [워드아트 스타일]에서 다양한 스타일 변환이 가능하다.

> **주의** : 생성된 워드아트 텍스트를 한번 선택하면 텍스트 글상자 테두리가 점선이 되고 테두리를 한번 더 선택해야 실선이 되어 워드아트 텍스트 전체에 효과가 적용된다.

❷ 추가적인 효과를 주기 위해서 [WordArt 스타일] 자세히 버튼을 클릭하면 오른쪽에 [도형 서식] 창이 생성되고 그림자, 반사, 네온 효과 등을 보면서 지정할 수 있다.

오른쪽에 [도형 서식] 창을 이용하는 방법은 전문적으로 디테일한 변화를 줄 때 사용하고 일반적으로는 준비되어 있는 프리셋을 이용한다.

❸ [WordArt 스타일] – [텍스트 효과]를 선택한 후 준비된 프리셋에서 마우스를 포인팅하는 것만으로 바로 스타일을 변경할 수 있다.

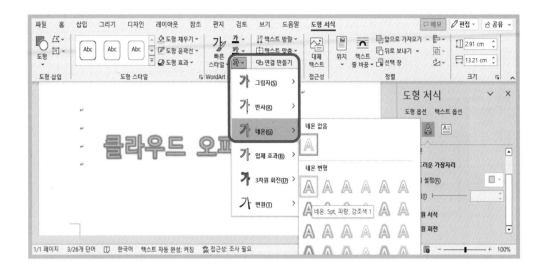

④ 만일, 워드아트 글상자의 텍스트 일부분만 변화를 주기위해서는 해당 텍스트만 부분적으로 블록으로 지정한 후 명령을 수행하면 된다.

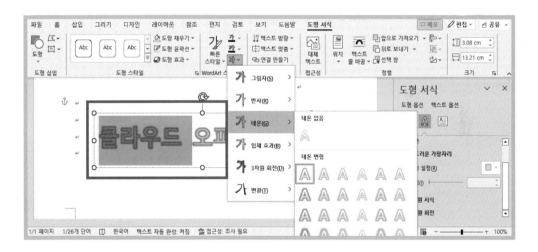

주의 : 워드아트를 삽입할 때에는 [삽입] – [텍스트] – [WordArt] 메뉴를 이용하지만 일단 워드아트가 생성된 후에는 워드아트를 선택하면 나타나는 [도형 서식] 메뉴를 이용해서 변경한다.

❺ 블록으로 지정한 텍스트만 텍스트 효과가 적용된다.

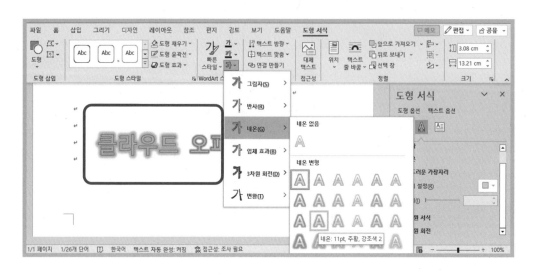

❻ [텍스트 효과] – [변환]을 클릭하면 삽입된 워드아트 텍스트에 다양한 '휘기' 효과를 추가로 적용할 수 있다.

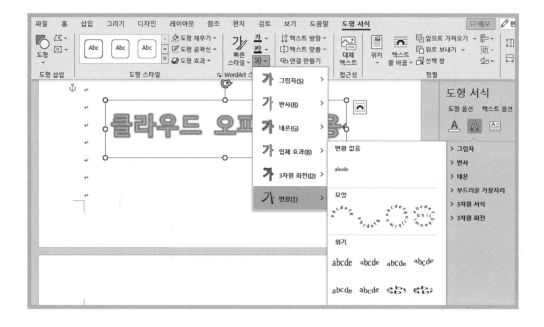

❼ 워드아트 글상자 전체에 [텍스트 효과] – [변환] 효과가 적용되었다.

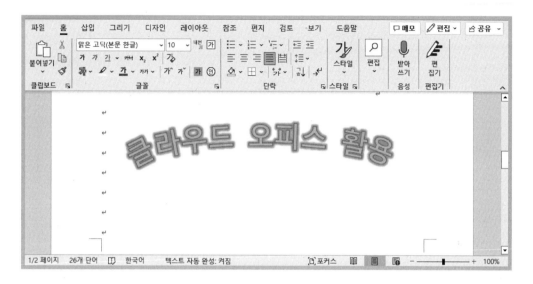

❖ 표 활용하기

표 삽입 : 자동 맞춤(고정된 열너비, 내용에 자동으로 맞춤, 창에 자동으로 맞춤)

텍스트를 표로 변환 : 일반 텍스트를 표로 변환하기 위해서는 구분자(예: 쉼표, 단락, 탭)가 필요하다.

Excel 스프레드시트 활용

❖ 그림 활용하기

꾸밈효과 : 스케치나 회화적인 느낌

그림 효과 : 그림, 네온, 반사 등의 효과

그림 레이아웃 : 텍스트 줄 안, 정사각형, 텍스트 뒤, 위아래

❖ 워터마크 활용하기

그림이나 일반 텍스트를 워터마크로 활용할 수 있다.

❖ 워드아트 활용하기

일반 텍스트에 프로그램에서 제공하는 프리셋에서 마우스를 포인팅 하는 것만으로 바로 텍스트의 스타일을 변경할 수 있다.

연습문제

1. 다음 중 표 삽입 대화상자를 이용하여 표를 만들었을 때 사용하는 옵션 중에서 셀의 크기를 주지 않아도 셀 안에 텍스트를 입력하는 대로 자동으로 셀의 크기가 맞춰지도록 하는 옵션은 무엇인가?

   ① 고정된 열 너비 지정

   ② 내용에 자동으로 맞춤

   ③ 창에 자동으로 맞춤

   ④ 새 표의 기본 크기로 설정

2. 표를 만들 때 입력할 내용과 관계없이 표의 크기가 문서의 너비에 맞춰 나타나게 하려면 어떤 옵션을 사용해야 하는가?

   ① 고정된 열 너비 지정

   ② 내용에 자동으로 맞춤

   ③ 창에 자동으로 맞춤

   ④ 새 표의 기본 크기로 설정

3. 워드아트 편집 방법이 바르지 않은 것은?

   ① 도형 서식 메뉴에서 수정할 수 있다.

   ② 텍스트 상자 안에 입력된다.

   ③ 주로 제목에 많이 쓰인다.

   ④ 회사의 기밀 문서를 만들 때 유용하다.

4. 워드에서 텍스트를 표로 변환할 때 사용하는 구분 기호에 속하지 않는 것은 무엇인가?

   ① 탭   ② Shift 키

   ③ 쉼표   ④ 단락

5. 다음 중 표를 만드는 방법 중 스타일이 있는 표를 간단하게 만들 수 있는 방법은 무엇인가?

① Excel 스프레드시트 사용하기

② 표 삽입 대화상자 사용하기

③ 오른쪽 마우스 버튼 메뉴 사용하기

④ 빠른 표 사용하기

6. 그림과 텍스트의 배치를 원활하게 하기 위해서 사용할 수 있는 메뉴는 무엇인가?

① 그림 효과

② 그림 스타일

③ 그림 레이아웃 옵션

④ 꾸밈 효과

7. 워드에서 글꼴을 활용하는 방법에 대한 설명이 잘못된 것은 무엇인가?

① 워드아트를 활용해 제목에 주로 사용한다.

② 한번 작성된 워드아트는 다시 수정이 안되어 삭제 후 다시 작성해야 한다.

③ 워터마크로 활용된 텍스트는 본문 편집에서 선택이 안된다.

④ 워터마크는 주로 문서의 제목에 사용하고 다양한 효과를 줄 수 있다.

8. 다음과 같이 그림이 텍스트의 배경처럼 배치되도록 하기 위해서 그림 레이아웃 옵션을 어떻게 지정해야 하는가?

① 텍스트 뒤

② 정사각형

③ 빽빽하게

④ 텍스트 줄 안

9. 워드에서 그림서식 메뉴에서 할 수 있는 작업이 아닌 것은 무엇인가?

① 워터마크 삽입

② 밝기/대비 조절하기

③ 그림 스타일

④ 그림 자르기

10. 다음 중 표의 셀 안에 텍스트를 입력한 후 텍스트의 문단 정렬을 하지 않아도 되는 경우는 어떤 경우인가?

① 창에 자동으로 맞춤

② 내용에 자동으로 맞춤

③ 고정된 열 너비

④ 텍스트를 표로 변환

CHAPTER **03**

Word의 비주얼 문서 및
클라우드 활용하기

학습목표

- 작성한 문서를 출판하기 위해 필요한 기능들을 학습할 수 있다.
- 문서를 인쇄할 때 필요한 머리글, 바닥글을 편집할 수 있다.
- 문서에 미주/각주 등을 삽입하는 방법을 익힐 수 있다.
- 이동 중에도 클라우드에서 워드 문서를 활용하는 방법을 익힐 수 있다.

① 머리글/바닥글 삽입하기

머리글이란 인쇄된 페이지의 맨 위 상단에 표시되는 글을 의미하고 바닥글이란 인쇄된 페이지의 맨 아래 하단에 표시되는 글을 말한다.

머리글/바닥글은 한번 지정하면 열려있는 파일의 전체 페이지에 동일하게 설정된다.

단, [옵션]에서 짝수 페이지와 홀수 페이지를 다르게 지정할 수 있다.

1) 머리글 편집하기

❶ [삽입] – [머리글/바닥글]에서 [머리글] – [머리글 편집]을 클릭하여 머리글 편집 모드로 들어간다.

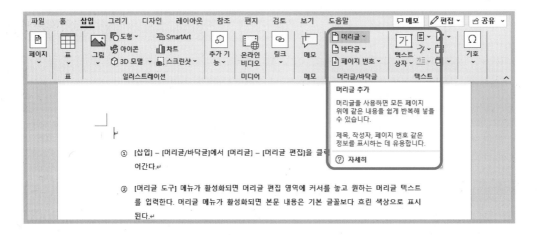

❷ [머리글 도구] 메뉴가 활성화되고 문서의 위에는 머리글, 하단에는 바닥글 영역이 활성화된다. 머리글 또는 바닥글 편집 영역에 커서를 놓고 원하는 텍스트를 입력한다. 머리글 메뉴가 활성화되면 본문 내용은 기본 글꼴보다 흐린 색상으로 표시된다.

❸ 머리글/바닥글 편집 영역은 본문 영역이 아니므로 편집이 끝난 후 반드시 [머리글/바닥글 닫기]를 클릭해서 본문 영역으로 돌아와야 한다.

❹ 본문으로 돌아오기 위해서는 본문 영역을 더블 클릭해도 돌아올 수 있고 반대로, 머리글/바닥글 영역을 더블 클릭하면 머리글/바닥글 편집 모드로 커서가 움직인다.

[머리글 영역]

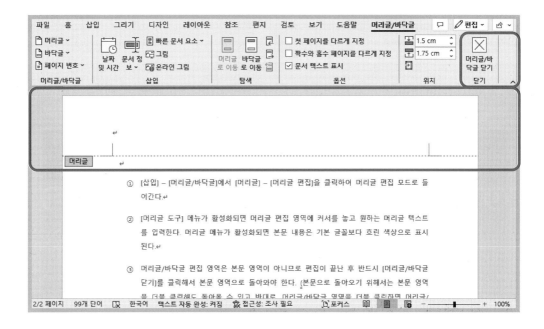

① [삽입] – [머리글/바닥글]에서 [머리글] – [머리글 편집]을 클릭하여 머리글 편집 모드로 들어간다.

② [머리글 도구] 메뉴가 활성화되면 머리글 편집 영역에 커서를 놓고 원하는 머리글 텍스트를 입력한다. 머리글 메뉴가 활성화되면 본문 내용은 기본 글꼴보다 흐린 색상으로 표시된다.

③ 머리글/바닥글 편집 영역은 본문 영역이 아니므로 편집이 끝난 후 반드시 [머리글/바닥글 닫기]를 클릭해서 본문 영역으로 돌아와야 한다. (본문으로 돌아오기 위해서는 본문 영역을 더블 클릭해도 돌아올 수 있고 반대로, 머리글/바닥글 영역을 더블 클릭하면 머리글/

[바닥글 영역]

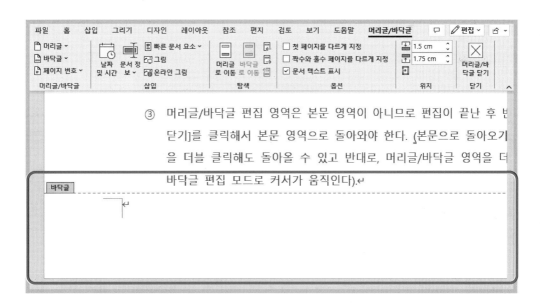

2) 머리글/바닥글에 삽입 가능한 객체

머리글/바닥글에는 텍스트 외에도 날짜 및 시간, 그림, 클립아트, 만든 이, 제목, 키워드, 메모 등을 삽입할 수 있다.

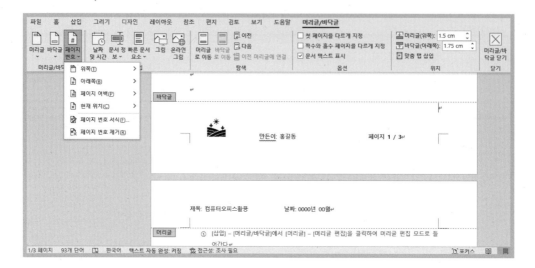

● 페이지 번호 삽입하기

[머리글/바닥글]이 활성화되어 있는 상태에서 [페이지 번호]에서 원하는 위치를 선택한다.

페이지 번호가 입력될 위치에 커서를 놓고 [현재 위치]를 선택한 후 원하는 페이지 번호 서식을 선택하면 해당 위치에 번호가 입력된다.

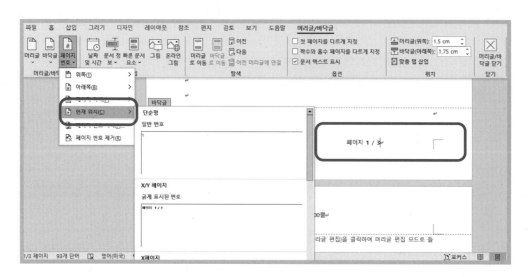

● **빠른 문서 요소 삽입하기**

문서 속성(게시 날짜, 메모, 제목, 요약, 전자메일 등)을 선택해서 삽입할 수 있다.

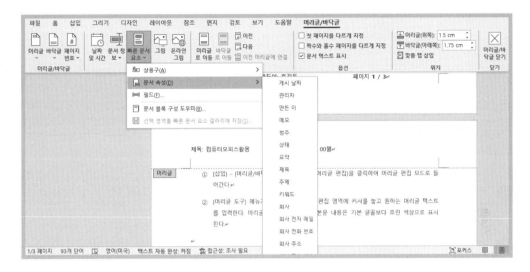

---

(2) **미주, 각주 편집하기**

1) 각주 편집하기

● **각주란 무엇인가?**

각주는 각 페이지별로 한 페이지 내에서 임의의 단어에 부연 설명을 달고자 할 때 주로 사용한다.

각주 번호는 각주 설명이 달려야 할 단어의 오른쪽 상단에 위 첨자 상태로 자동 입력된다.

각주의 번호는 자동으로 카운팅되어 중간에 각주 번호가 삭제되더라도 자동으로 다시 번호가 재정렬된다.

● **각주 삽입하기**

❶ 각주를 삽입하고자 하는 단어 뒤에 커서를 옮긴다.

❷ [참조] – [각주] – [각주 삽입]을 클릭한다.

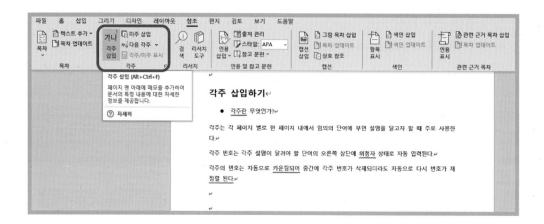

❸ 페이지 하단에 줄이 그어지고 그 밑에 번호가 생성되고 원하는 텍스트를 입력하면 된다.

❹ 각주의 번호는 구역마다 새로 시작할 수도 있고 페이지마다 새로 시작할 수도 있다.

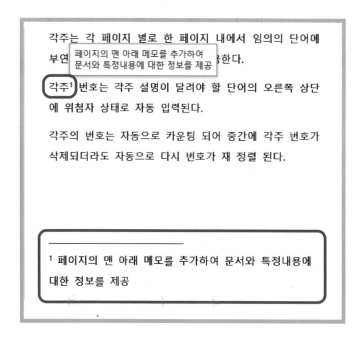

● **각주 편집**

각주 내용을 편집할 때는 페이지 하단 각주 내용에서 바로 편집을 하면 된다.

정확한 편집을 위해서는 페이지 내의 각주 번호를 '더블 클릭'하면 커서가 페이지 하단의 각주 내용으로 이동한다. 그곳에서 바로 편집이 가능하다.

- **각주 삭제**

페이지 내의 각주 번호를 삭제하면 자동으로 페이지 하단에 있는 각주 설명도 한꺼번에 삭제된다.

- **각주와 바닥글 혼동하지 않기**

각주와 바닥글은 모두 문서 하단에 나타난다.

그러나 각주는 본문의 일부이고 바닥글은 본문 편집 영역 외의 영역에 있다.

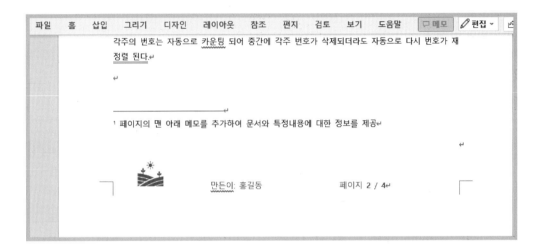

2) 미주 편집하기

미주는 문서의 특정 내용에 대한 추가 정보를 제공하는 메모 또는 인용 등의 메모이다.

미주의 번호는 자동으로 매겨지고 사용자가 번호를 이동시키면 다시 자동으로 재정리된다.

미주는 문서의 맨 뒤 또는 구역의 맨 뒤에 위치한다.

미주가 삽입될 단어에 커서를 옮긴다.

[참조] – [각주] – [미주 삽입]을 클릭한다.

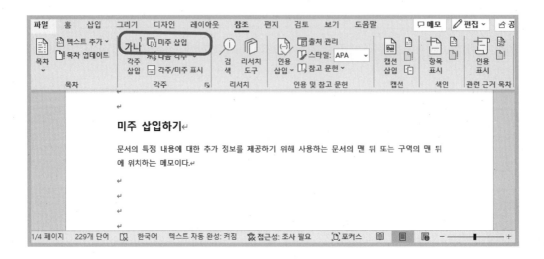

문서의 마지막 페이지 하단으로 커서가 이동한다.

이곳에 미주 관련 내용을 입력한다.

아래 그림의 맨 왼쪽 하단을 보면 '미주 삽입' 버튼을 클릭했을 때 문서의 마지막 페이지 (4/4 페이지)에 미주가 삽입되는 것을 볼 수 있다.

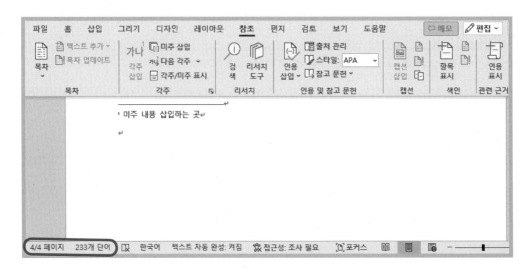

❸ Word의 비주얼 문서만들기

Word는 더 이상 텍스트 위주의 문서 편집 프로그램이 아니다. Word는 PowerPoint, Excel 과의 경계를 넘나들면서 Word에서 그래픽도 그리고 계산도 할 수 있게 되었다.

[디자인]과 [레이아웃] 메뉴를 활용하여 더 이상 하얀 백지가 아닌 비주얼적인 문서를 만들 수 있다.

1) 페이지 배경 바꾸기

● 페이지 색 바꾸기

[디자인] – [페이지 배경] – [페이지색]에서 원하는 색상을 선택하면 바로 페이지의 색상이 변경된다.

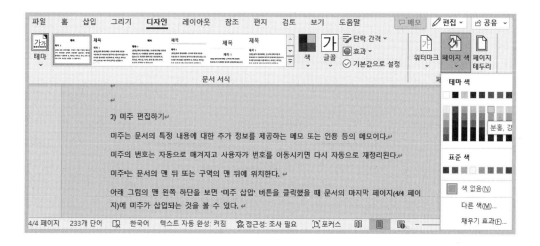

● 페이지에 채우기 효과 사용하기

[디자인] – [페이지 배경] – [페이지색] – [채우기 효과]를 클릭하면 대화상자가 열린다.

채우기 효과에서는 그라데이션, 질감, 무늬, 그림 등 다양하게 페이지 배경을 채울 수 있다.

그라데이션 채우기

① 두 가지 색을 선택한 후

② 각각의 색상을 지정한다.

③ 투명도와 음영 스타일을 선택한 후 적용에서 원하는 그라데이션 스타일을 선택한다.

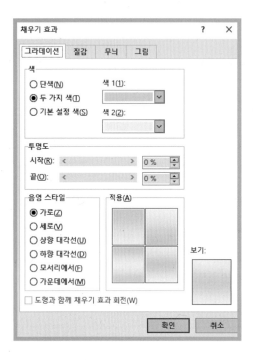

❹ 두 가지 색, 가로 스타일이 페이지 전체에 적용되었다.

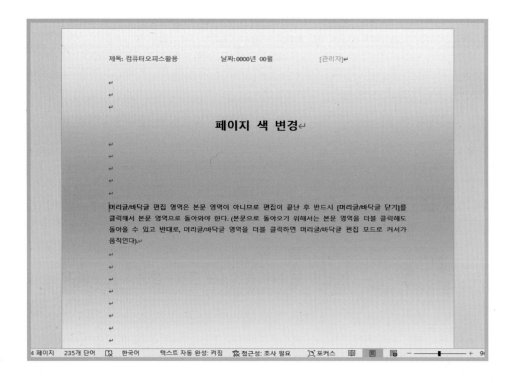

❺ [디자인] – [페이지 배경] – [페이지색] – [색 없음]을 선택하면 페이지 배경을 다시 취소할 수 있다.

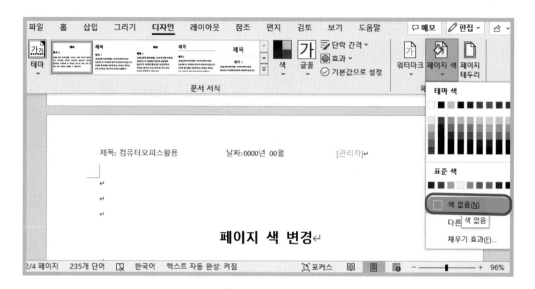

2) 페이지 테두리 장식하기

[디자인] – [페이지 배경] – [페이지 테두리]를 선택한다.

테두리는 문서의 4면을 선택해서 테두리를 만들 수 있다.

테두리는 문서 전체 또는 페이지별로 적용할 수 있다.

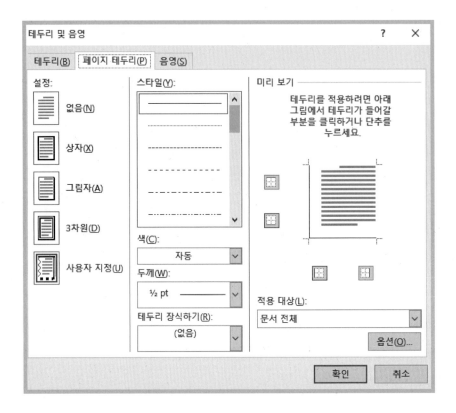

테두리 선은 실선, 점선 등, 다양한 스타일로 적용할 수 있다.

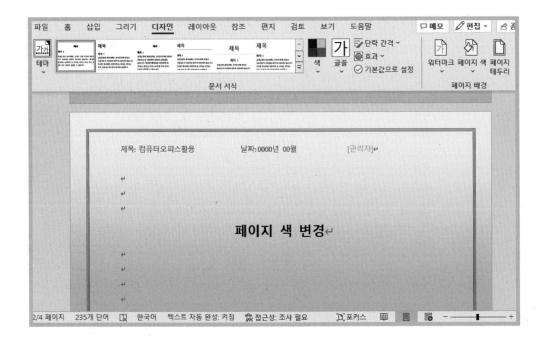

3) 페이지 커버 만들기

[삽입] – [페이지] – [표지]를 선택해서 원하는 표지 스타일을 지정할 수 있다.

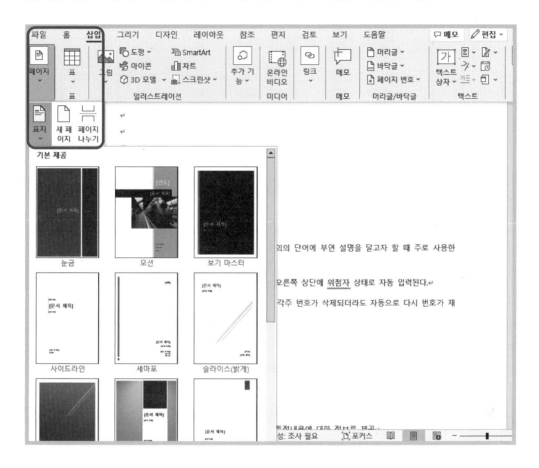

'표지 스타일'을 선택하면 문서의 맨 앞에 책의 표지로 사용될 표지가 문서 맨 앞에 새로 생성된다. 텍스트 영역에 알맞은 내용을 입력하기만 하면 된다.

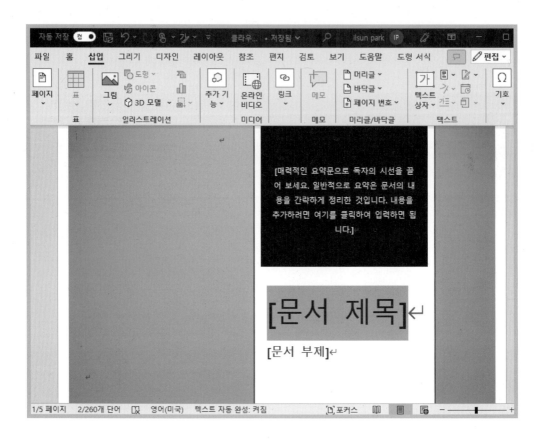

4) 몰입형 리더

❶ [보기] – [몰입형] – [몰입형 리더] – [소리 내어 읽기]를 클릭하면 화면이 '몰입형 리더'로 바뀌면서 텍스트를 읽어준다.

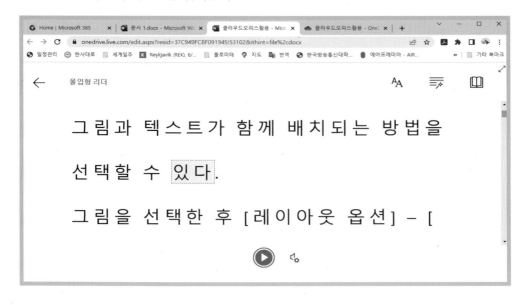

[보기] – [몰입형] – [몰입형 리더] – [라인 포커스]를 클릭하면 특정 줄 안의 내용만 볼 수 있도록 화면이 바뀐다.

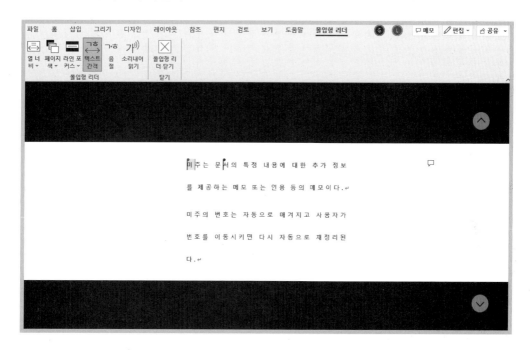

④ 클라우드에서 워드 활용하기

MS 오피스가 Microsoft365로 통합되면서 로그인만 하면 언제 어디서나 웹에서도 PC에서 작업했던 내용을 그대로 이어서 편집할 수 있다.

웹용 Word는 Word 프로그램과 거의 같은 작업 방식을 이용한다.

웹용 Word를 연동해서 사용하기 위해서는 반드시 Microsoft에 계정이 있어야 한다.

모바일에서도 PC에서 하던 문서 편집 작업을 이어서 할 수 있다.

1) 웹용 Word의 특징

❶ office.com 에 접속한 후 로그인하면 내 계정으로 [Microsoft 365]가 열린다.

❷ 왼쪽의 'Word'를 클릭하여 웹용 Word를 연다.

❸ 웹용 Word에서는 문서가 OneDrive에 자동으로 저장된다.

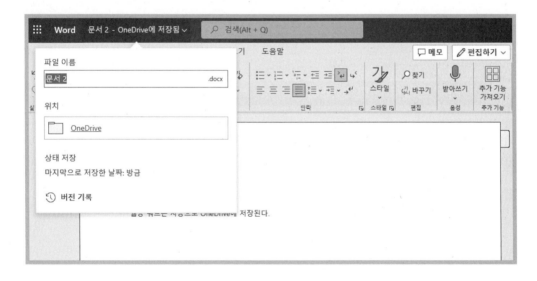

❹ 사용하는 메뉴가 간략화되었다.

Word 메뉴 중 디자인, 참조, 그리기 등의 메뉴가 생략되었고 이들 메뉴 중 일부는 다른 메뉴에 편입된 메뉴도 있다.

리본 메뉴의 오른쪽 하단 버튼을 클릭해서 리본 메뉴를 '클래식 리본'과 '간소화된 리본' 중에서 하나를 선택해 사용할 수 있다.

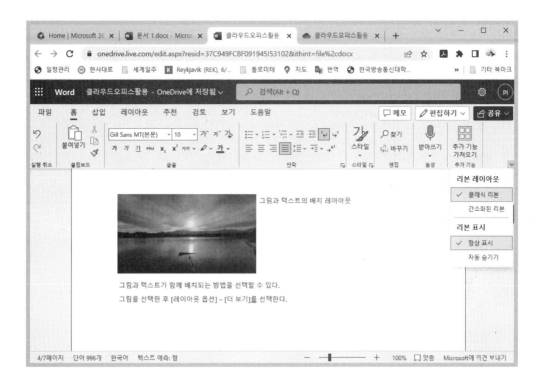

❺ 머리글/바닥글 보기 방식이 문서 오른쪽에 생성된 [머리글] 버튼을 클릭하면 머리
글/바닥글을 편집할 수 있다.

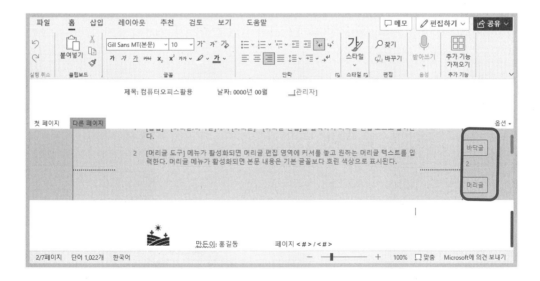

2) 다른 사용자와 공유

다른 사용자를 초대하여 함께 문서를 편집할 수 있다. 이때 공유 초대를 받은 사람은 로그인이 되어 있지 않더라도 문서 수정이 가능하다. 수정된 문서는 원래 저장되어 있던 OneDrive 위치에 원래의 파일명으로 그대로 다시 저장된다. 한 문서를 여러 사람이 공유하면 공유한 사람들이 각자의 명칭으로 수정한 부분과 누가 수정했는지가 나타난다.

❶ [파일] – [더보기] – [공유] – [다른 사용자와 공유]를 선택한다.

❷ 공유하기를 원하는 사용자에게 문서를 열수 있는 링크와 함께 이메일 또는 메시지를 보낸다.

❸ 공유 링크를 받은 사람(Guest User)이 링크를 클릭해서 문서를 열어서 수정 후 수정한 곳에 커서를 두고 [새 메모]를 입력한다.

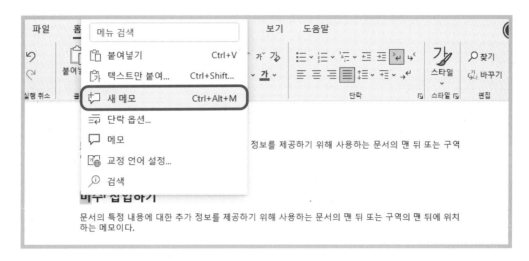

❹ 문서 오른쪽으로 comments 박스가 나타난다. 수정한 내용과 관련된 메모를 입력한 후 [보내기] 버튼을 클릭한다.

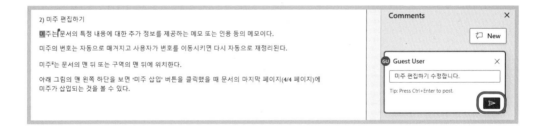

❺ 실시간으로 게스트가 보낸 메모가 문서에 나타난다.

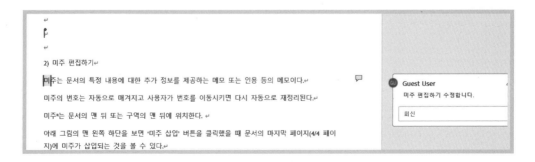

3) 변경 내용 추적

문서를 공유한 사람들끼리 서로 변경한 내용을 추적 관찰한다.

[검토] – [추적] – [변경 내용 추적]에서 '모든 사용자 변경 내용' 또는 '내 변경 내용만' 등을 선택해서 추적할 수 있다.

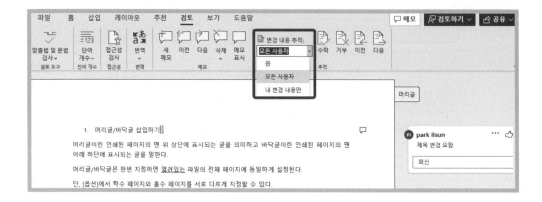

**학습
정리**

❖ 머리글, 바닥글 활용하기

머리글/바닥글은 한번 지정하면 파일의 전체 페이지에 동일하게 설정된다.

단, [옵션]에서 짝수 페이지와 홀수 페이지를 다르게 지정할 수는 있다.

❖ 미주, 각주 편집하기

각주

각주는 한 페이지 내에서 임의의 단어에 부연 설명을 달고자 할 때 사용한다.

각주 번호는 각주 설명이 달려야 할 단어의 오른쪽 상단에 위 첨자 상태로 자동 입력된다.

각주의 번호는 자동으로 재정렬된다.

미주

미주는 문서의 추가 정보를 문서의 맨 뒤에서 제공하는 메모 또는 인용이다.

번호는 자동으로 매겨지고 자동으로 재정리된다.

❖ Word의 비주얼 문서만들기

페이지 테두리 장식하기

테두리는 문서의 4면을 선택해서 테두리를 만들 수 있다.

테두리는 문서 전체 또는 페이지별로 적용할 수 있다.

페이지 배경 채우기

채우기 효과에서는 그라데이션, 질감, 무늬, 그림 등 다양하게 페이지 배경을 채울 수 있다.

객체와 텍스트 배치하기

텍스트 줄 안, 정사각형, 빽빽하게, 텍스트 뒤 등으로 배치 가능하다.

❖ 클라우드에서 워드 활용하기

웹용 Word는 OneDrive에 자동 저장되므로 계정에 로그인하고 사용한다.

웹용 Word는 Word 프로그램이 없는 PC에서도 모바일에서도 편리하게 이동 중에도 편집과 동시 저장 및 공유가 가능하다.

**연습
문제**

1. word 문서의 레이아웃 사용에 대한 설명 중 틀린 것은 무엇인가?

① 용지 방향을 가로로 지정할 수 있다.

② 한번 정한 여백은 문서 전체로 사용해야 한다.

③ 신문이나 잡지 등에서 자주 볼 수 있는 스타일로 텍스트를 세로로 여러 개의 열로 나누는 것을 '단'이라 한다.

④ 페이지에 별도로 테두리를 만들 수 있다.

2. 인쇄 시 사용하는 문구로 문서의 맨 상단에 문서와 관련된 게시 날짜, 만든 이, 제목 등을 입력하는 영역은 무엇인가?

① 각주   ② 미주

③ 머리글   ④ 바닥글

3. 다음 중 각주나 미주의 사용 방법에 대한 설명이 아닌 것은 무엇인가?

① 중간에 각주를 삭제하면 다시 자동으로 각주 번호가 연이어서 매겨진다.

② 문서나 구역의 맨 뒤에 위치하는 주석이 각주이다.

③ 각주 번호는 설명이 달려야 할 단어의 오른쪽 상단에 위 첨자 상태로 자동 입력된다.

④ 각주나 미주 번호는 구역마다 새로 번호 매기기를 할 수 있다.

4. 워드 문서에 미주를 삽입하고자 한다. 설명이 잘못된 것은 무엇인가?

① 미주는 문서의 맨 뒤에 들어가는 부연 설명이다.

② 미주에는 일반 텍스트 외에 그림을 삽입할 수 없다.

③ 미주 번호를 삭제하면 내용도 함께 삭제된다.

④ 미주 번호는 자동으로 정렬된다.

5. 워드로 작성한 문서를 출판하려고 한다. 출판 기능으로 적절하지 않은 것은 무엇인가?

① 문서에 페이지 테두리를 지정한다.

② 문서에 배경색을 적용한다.

③ 문서에 머리글/바닥글을 삽입한다.

④ 문서에 이미지를 삽입한다.

6. 다음 워드의 출판 기능 중 설명이 바르지 못한 것은 무엇인가?

① 머리글은 짝수 홀수 페이지를 다르게 지정할 수 있다.

② 입력된 머리글은 본문 편집모드에서는 회색으로 보인다.

③ 머리글에는 날짜, 시간, 쪽 번호 등을 삽입할 수 있다.

④ 문서의 테두리를 적용하면 문서 전체에 적용된다.

7. 머리글/바닥글에 삽입할 수 있는 개체가 아닌 것은 무엇인가?

① 게시 날짜   ② 지은이

③ 제목   ④ 각주

8. 웹용 워드에서 문서를 작성하는 방법에 대한 설명이 바르지 않은 것은?

① 문서를 공유받은 사람은 오로지 읽기만 가능하다.

② 반드시 로그인을 해야 한다.

③ 문서는 원드라이브에 자동 저장된다.

④ 문서를 여러 사람과 공유할 수 있다.

9. 워드에서 공유한 문서를 활용하는 방법이 바르지 못한 것은?

① 문서를 공유할 사람들에게 문서의 링크를 이메일로 보내준다.

② 공유 초대를 받은 사람은 문서에 메모를 남길 수 있다.

③ 공유를 받은 사람은 문서를 각각 다운받아 편집한다.

④ 공유받은 사람이 문서를 수정한 경우 변경 내용 추적에서 확인할 수 있다.

10. 워드의 몰입형 리더의 기능에 해당하지 않은 것은?

① 텍스트의 간격을 조절할 수 있다.

② 텍스트 읽기를 들을 수 있다.

③ 라인 포커스를 이용해 텍스트 한 줄씩 라인을 그려준다.

④ 문서를 읽기 쉽도록 페이지 색을 변경할 수 있다.

정답 __ 1.② 　2.③ 　3.② 　4.② 　5.④ 　6.④ 　7.④ 　8.① 　9.③ 　10.③

CHAPTER 04

PowerPoint의
슬라이드 활용하기

학습목표

- 프리젠테이션 프로그램으로서의 파워포인트의 활용도를 이해할 수 있다.
- 슬라이드 레이아웃의 종류에 따른 다양한 프리젠테이션을 만들 수 있다.
- 다양한 디자인 테마를 활용하여 손쉽게 슬라이드를 작성할 수 있다.

① 파워포인트 기본 작업 환경

1) 프레젠테이션 프로그램

파워포인트는 청중들에게 다양한 종류의 메시지를 전달하기 위해 사용하는 프리젠테이션(Presentation) 프로그램이다.

파워포인트는 마이크로소프트사에서 제작한 대표적인 프리젠테이션 프로그램으로 본 교재에서 사용하는 Microsoft 365에 들어있는 Powerpoint이다.

● **파워포인트의 활용도**

파워포인트 프로그램은 고객에게 제품에 대한 설명이나 아이디어를 전달하는 데 사용할 수 있다.

직장에서는 직원들에게 회사의 프로시저나 개념 등을 설명하기 위해서 사용할 수 있다.

학교에서 수업할 때 학생들의 이해력을 높이기 위해 텍스트 외에 이미지, 오디오, 동영상 등을 사용한다.

연구소의 프로젝트나 제안서, 연구 결과 발표, 사업 계획서 등에서도 사용할 수 있다.

2) 파워포인트 [기본 보기]

파워포인트에는 여러 종류의 프리젠테이션 보기가 있는데 그중 가장 많이 사용하는 것이 [기본 보기]이다.

[기본 보기]는 리본 메뉴 영역, 슬라이드 편집 영역, 미리 보기 영역, 슬라이드 노트 영역 등 4 개의 영역으로 구분된다.

❶ **리본 메뉴 영역**

MS 워드의 리본메뉴 방식과 똑같이 메인 메뉴 안에 부메뉴가 아이콘 방식으로 나열되어 있다.

❷ **슬라이드 편집 영역**

슬라이드 본문을 편집할 수 있는 영역으로 문서에 필요한 만큼 슬라이드를 삽입하여 슬라이드 단위로 작성한다.

❸ 미리 보기 영역

여러 장의 슬라이드를 작은 화면으로 모두 보여주는 패널이다.

미리 보기 영역에서는 슬라이드 본문 편집은 할 수 없고 슬라이드 내용을 미리 보면서 슬라이드 이동, 복제, 삭제, 레이아웃 변경 등의 편집은 할 수 있다.

❹ 슬라이드 노트 영역

슬라이드 본문에는 들어가지 않지만 해당 슬라이드에 관한 간단한 추가 설명을 입력할 수 있다.

프리젠테이션 발표 시 부연 설명 자료로 활용되고 인쇄하여 유인물 방식으로도 활용할 수 있다.

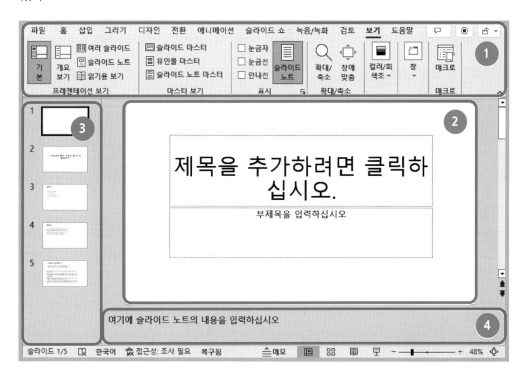

3) 슬라이드 이해하기

● **슬라이드란**

프리젠테이션을 위한 장면 하나하나를 슬라이드라 칭한다.

슬라이드는 워드 프로그램의 페이지에 해당하며 복사, 복제, 이동, 삭제가 자유롭게 이루어진다.

- **슬라이드 작성 요령**

파워포인트는 워드 문서처럼 페이지에 연속해서 내용을 작성하는 것이 아니라 '슬라이드' 단위로 작성한다.

즉, 한 슬라이드의 내용이 넘친다고 해서 자동으로 다음 슬라이드로 넘어가지 않는다.

슬라이드에 들어갈 수 있는 내용만 넣고 넘치는 내용은 임의로 새 슬라이드를 추가하여 작성해야 한다. 따라서 문서를 작성할 때에는 한 슬라이드 안에서 내용이 정리되도록 해야 한다.

슬라이드에 작성할 내용은 워드 문서처럼 서술문 형식으로 나열하는 것보다는 '글머리 기호'나 '번호 매기기'를 주로 많이 사용하면서 목록으로 표현하는 방식을 사용한다.

파워포인트 문서는 워드 문서에 비해 비주얼한 문서로 읽는 문서라기보다는 크게 화면을 띄우고 영상처럼 보는 문서이므로 다양한 멀티미디어 콘텐츠를 삽입하여 활용한다.

- **슬라이드 방향 설정**

❶ 슬라이드를 작성하기 전에 먼저 반드시 슬라이드의 방향(가로, 세로)을 먼저 설정해야 한다. 작업을 한 후 슬라이드 방향을 변경할 수는 있으나 단락이나 도형 정렬 등이 깨질 수 있다.

❷ [디자인] – [사용자 지정] – [슬라이드 크기] – [표준(4:3)], [와이드스크린(16:9)] 중 하나를 클릭한다.

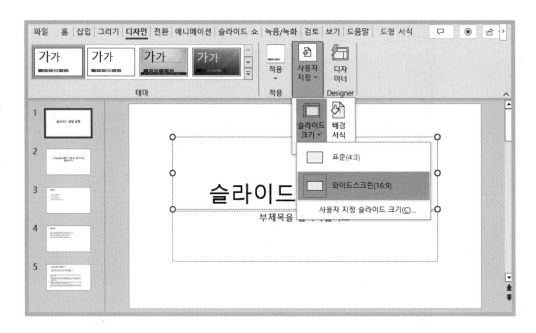

4) 슬라이드 레이아웃 이해하기

● 슬라이드 레이아웃이란

슬라이드 레이아웃이란 슬라이드에는 다양한 개체들이 삽입되는데 이 개체들의 배열을 어떻게 할 것인지에 대한 다양한 개체 틀에 대한 배치 포맷을 말한다.

개체 틀이란 텍스트를 포함하여 표, 차트, SmartArt 그래픽, 동영상, 소리, 그림 및 클립 아트와 같은 내용을 유지하는 컨테이너를 의미한다.

파워포인트에서는 텍스트를 입력할 때에도 '텍스트 상자'라는 개체 틀을 삽입하고 그 안에 텍스트를 입력하게 된다.

처음 슬라이드를 삽입할 때부터 반드시 레이아웃이 지정되기 때문에 슬라이드 삽입 시 레이아웃 종류를 잘 선택해야 원활한 작업을 할 수 있다.

일단 슬라이드를 추가한 후에 나중에 레이아웃을 변경할 수도 있다. 그러나 레이아웃을 변경하게 되면 역시 구성이 완전히 달라지기 때문에 처음에 신중히 선택해야 한다.

레이아웃 설정은 '슬라이드 마스터' 작업을 할 때 기준이 되기도 하고 디자인 테마를 지정할 때도 레이아웃별로 디자인이 다르기 때문에 아주 중요하다.

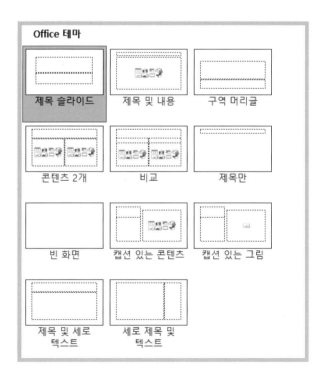

제목 슬라이드

문서의 겉 표지로 제목과 부제목만 입력한다.

제목 슬라이드에는 슬라이드 번호나 기타 머리글, 바닥글에 해당하는 내용을 표시하지 않도록 하는 기능이 있다.

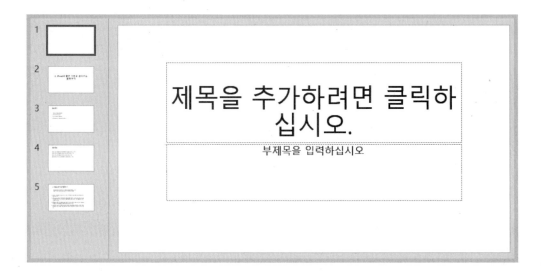

제목 및 내용

슬라이드에서 가장 많이 사용하는 레이아웃으로 제목 아래 글머리 기호나 번호 매기기 방식의 텍스트를 입력하던가 다른 종류의 개체를 삽입한다.

일반적으로 가장 많이 사용하는 레이아웃이다.

콘텐츠 2개

텍스트 입력과 함께 다양한 종류의 개체를 양쪽 2단으로 나누어 입력한다.

제목 및 세로 텍스트

제목을 입력한 후 내용 텍스트를 세로로 입력할 수 있다.

제목만

제목 개체 틀만 있고 나머지는 틀에 억매이지 않고 자유롭게 입력할 수 있다.

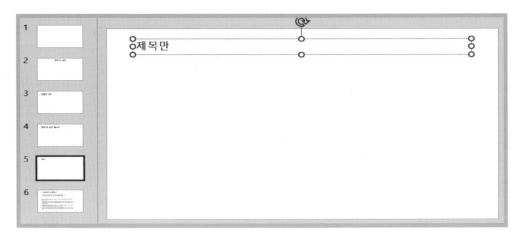

② 프리젠테이션 작성하기

1) 새 슬라이드 추가하기

❶ [홈] – [슬라이드] – [새 슬라이드] – [레이아웃]을 클릭한 후 원하는 레이아웃을 선택하여 새로운 슬라이드를 생성한다.

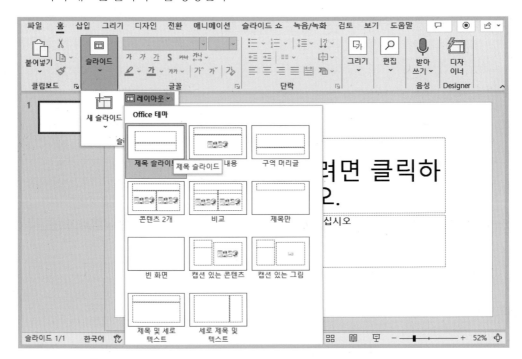

❷ 생성된 개체 틀에 원하는 텍스트를 입력한다.

만일, 개체 틀이 없을 때에는 반드시 [삽입] – [텍스트] – [텍스트 상자] – [가로 텍스트 상자 그리기]를 클릭한다.

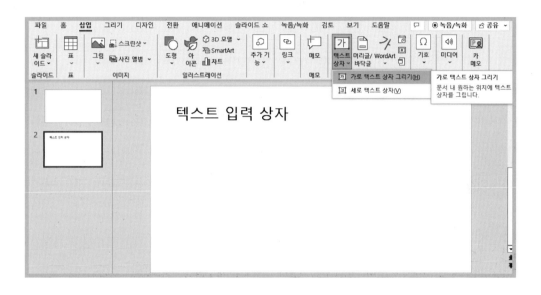

❸ 슬라이드의 원하는 위치에 클릭하여 텍스트를 입력한다. 이때 텍스트는 기본 글자 사이즈로 입력된다.

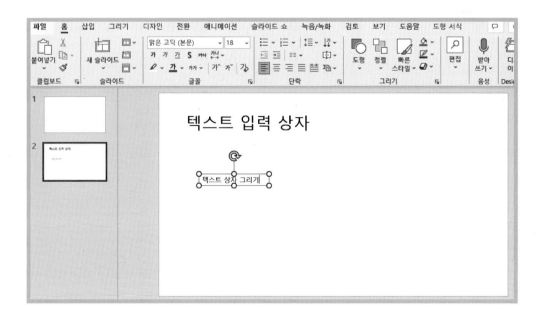

❹ 입력을 끝낸 후 다시 사이즈 조절을 해야 한다. 텍스트 상자의 한 점을 드래그하거나 글자 사이즈를 변경한다.

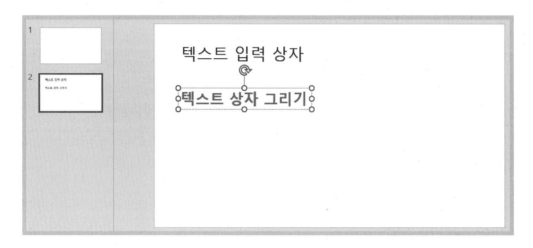

❺ 텍스트 입력이 완성된 텍스트 상자를 한번 선택하면 텍스트 상자 테두리에 점선이 생기고 [도형 서식] 메뉴가 활성화된다.

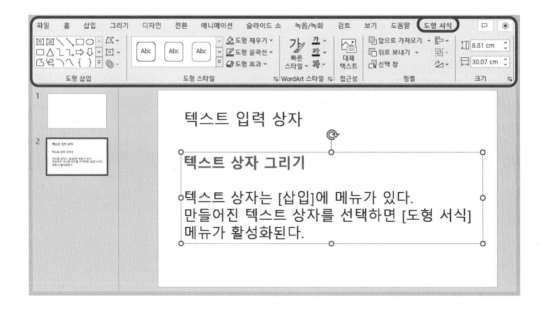

❻ 한번 더 테두리를 클릭하면 테두리 점선이 실선으로 바뀐다. 이렇게 테두리가 실선으로 되어야 텍스트 상자 전체에 도형 스타일이나 WordArt 스타일이 한 번에 적용된다.

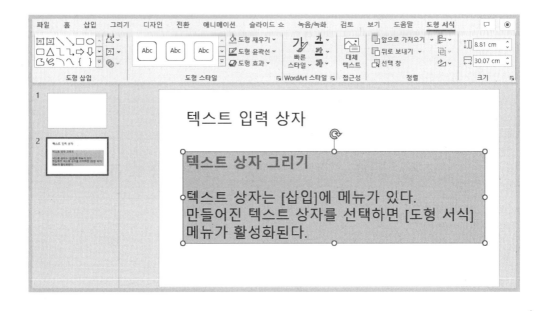

2) 슬라이드 레이아웃 변경하기

❶ 슬라이드 삽입 후 레이아웃을 변경하고자 할 때에는 해당 슬라이드를 선택한 후 [홈]
– [슬라이드] – [레이아웃]에서 원하는 레이아웃으로 변경한다.

레이아웃 변경은 슬라이드를 선택한 후 마우스 오른쪽 버튼을 클릭하여 생성된 팝업
메뉴에서도 변경할 수 있다.

❷ 레이아웃 변경은 슬라이드를 작성하기 전에 하는 것이 좋다. 슬라이드에 여러 개체를
입력한 후 레이아웃을 변경하면 개체 위치들이 바뀌어 다시 정렬해야 하는 불편함이
생긴다.

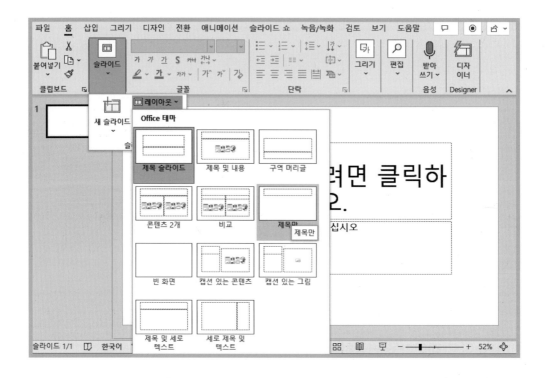

③ 텍스트 개체 활용하기

1) WordArt 활용하기

텍스트의 글꼴 및 단락은 Word에서와 같은 방법으로 편집한다. (1차시 Word 시작하기_글꼴/단락 참고). 다만, 단락은 텍스트 상자 안에서 정렬이 된다.

WordArt는 주로 슬라이드의 제목에 많이 활용한다.

[삽입] – [텍스트] – [텍스트 상자] – [가로 텍스트 상자]를 클릭해 텍스트 상자를 만들고 그 안에 텍스트를 작성한다.

작성된 텍스트 상자를 클릭하여 실선으로 만든 후 활성화된 [도형 서식] 메뉴의 WordArt 스타일에서 스타일을 선택한다.

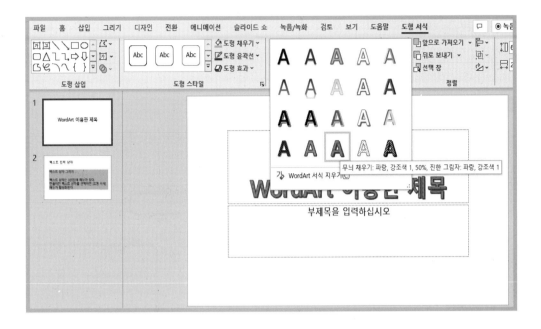

이때 만일 글상자 테두리가 점선이라면 WordArt가 적용되지 않는다.

텍스트 상자 안의 텍스트의 일부만을 스타일을 지정하려면 원하는 텍스트만 블록으로 설정한 후 WordArt 스타일을 선택하면 된다.

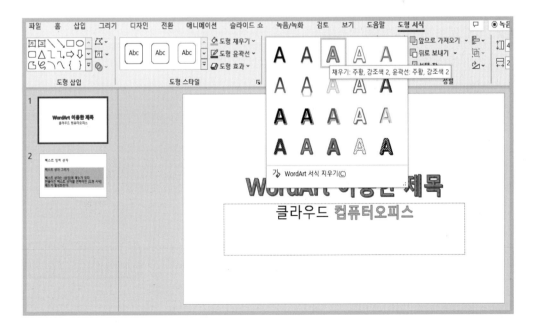

2) 텍스트 맞춤 설정하기

파워포인트에서 텍스트는 텍스트 상자 안에만 입력되므로 텍스트 상자 안에서 텍스트의
세로 간격을 '위쪽', '중간', '아래쪽'에 맞춰서 정렬한다.

❶ 텍스트 상자를 선택한 후 활성화된 [도형 서식]을 선택한다.

[도형 서식] – [WordArt 스타일] 그룹의 [자세히] 버튼을 클릭하면 오른쪽에 도형 서
식 패널이 열린다.

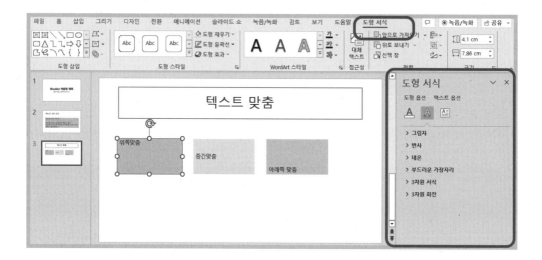

❷ 도형 서식 패널에서 [텍스트 옵션] – [텍스트 상자]를 클릭한다.

'도형을 텍스트 크기에 맞춤'이 기본으로 선택되어 있음을 볼 수 있다.

❸ 이 옵션을 [자동 맞춤 안함]에 체크한 후 상자의 크기를 크게 하면 텍스트 맞춤이 잘
된다.

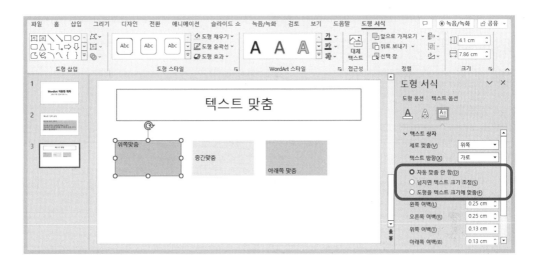

④ 디자인 테마 활용하기

파워포인트는 프리젠테이션 프로그램이므로 하얀색 배경보다는 슬라이드 배경에 디자인
을 하는 경우가 많다. 슬라이드에 이미 만들어져 있는 디자인 테마를 적용하여 간편하게
배경이 있는 문서로 멋스럽게 슬라이드를 만들 수 있다.

디자인 테마는 배경 이미지, 삽입 글꼴, 글꼴 사이즈, 글꼴 색상, 콘텐츠 위치 등이 슬라이
드 레이아웃별로 약간씩 다르게 디자인되어 한 테마를 이루고 있어 '모든 슬라이드에 적
용'을 선택한 경우 각각의 레이아웃별로 약간씩 디자인이 다르게 적용된다.

디자인 테마는 '모든 슬라이드에 적용'할 수도 있고 '선택한 슬라이드에 적용'할 수도 있다.

보통의 경우 디자인 테마는 문서에 일관성을 주기 위해 모든 슬라이드에 적용하는 것이
더 좋다.

1) 디자인 테마 적용하기

❶ [디자인] – [테마] – [자세히] 버튼을 클릭한다.

② 다양한 테마가 펼쳐진다. 원하는 테마 디자인을 마우스의 오른쪽 버튼으로 선택한 후 팝업 메뉴에서 '모든 슬라이드에 적용'을 선택한다.

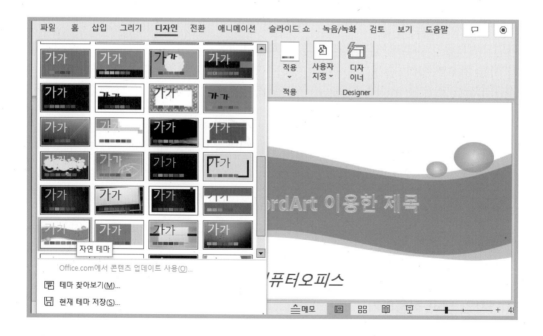

③ 테마를 적용하게 되면 삽입된 슬라이드의 레이아웃이 다른 경우, 각 레이아웃별로 조금씩 다른 스타일로 적용된다.

디자인 테마는 배경 이미지, 색상, 모양, 글꼴, 텍스트 사이즈까지도 모두 일관된 디자인으로 만들어져 있어 한번 클릭으로 이 모든 설정이 패키지 형태로 한 번에 적용된다.

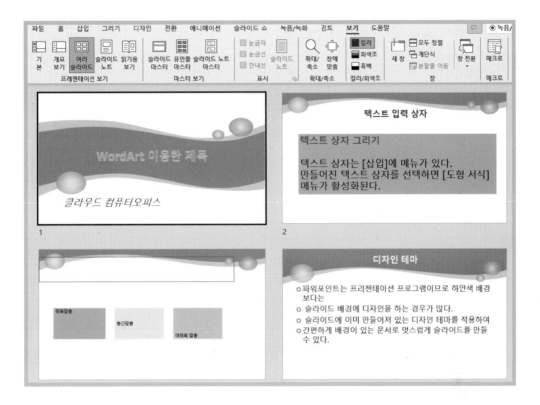

④ 지정된 테마에서 디자인은 그대로 유지하면서 색상, 글꼴, 효과 등을 다시 따로 지정할 수 있다.

[디자인] – [적용]에서 [색]을 클릭하면 다양한 테마 색이 나온다.

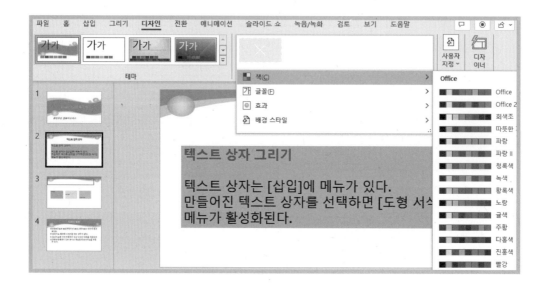

❺ 원하는 테마 색을 선택하면 디자인은 그대로 유지되면서 배경 테마 색이 변경되고 이때 글꼴 색이나 다른 색상들도 같이 패키지로 변경된다.

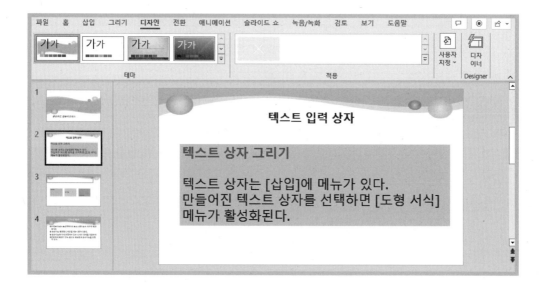

지정된 테마를 취소하려면 [디자인] – [테마] – [Office 테마]를 선택하면 된다.

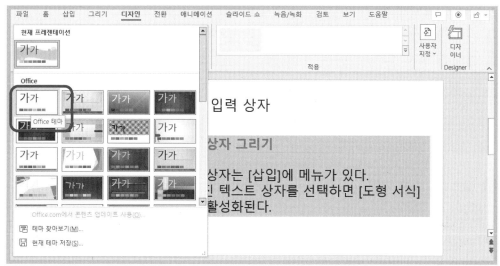

5 파워포인트 보기 화면의 종류

파워포인트에서는 여러 종류의 보기 화면을 제공하여 작업 상황에 따라서 각각 적당한 보기 화면으로 변경할 수 있다.

보기 화면의 종류는 크게 두 가지, 프리젠테이션 보기와 마스터 보기로 나눈다.

'프리젠테이션 보기'에는 기본, 개요, 여러 슬라이드, 슬라이드 노트, 읽기용 보기 방식이 있고 '마스터 보기'에는 슬라이드 마스터, 유인물 마스터, 슬라이드 노트 마스터 보기가 있다. '마스터 보기'는 6차시 "파워포인트의 기능성 개체 활용하기"에서 살펴보도록 할 것이다.

1) 기본 보기

[기본 보기]는 보기 화면 중 가장 기본이 되는 보기 화면으로 슬라이드를 편집할 때 주로 사용하는 보기 화면이다.

❶ 슬라이드 미리 보기 영역

만들어진 전체 슬라이드의 미리 보기 화면을 슬라이드 번호와 함께 제공한다. 이곳에서 슬라이드의 순서 바꾸기, 슬라이드 복사, 복제, 이동 및 슬라이드 삭제 등이 이루어진다.

슬라이드에 애니메이션이나 화면 전환, 화면 숨기기 등의 작업 상태가 표시된다.

❷ 슬라이드 영역

실제로 슬라이드 본문 편집이 이뤄지는 영역이다. 실제로 슬라이드 쇼로 발표 화면에 나오는 내용이 작성되는 곳이다.

❸ 슬라이드 노트 영역

본문 슬라이드에 들어있지 않은 추가 설명을 작성할 수 있다. 슬라이드 노트 영역은 슬라이드 쇼에서는 나타나지 않고 유인물 방식으로 인쇄하여 사용할 수 있다.

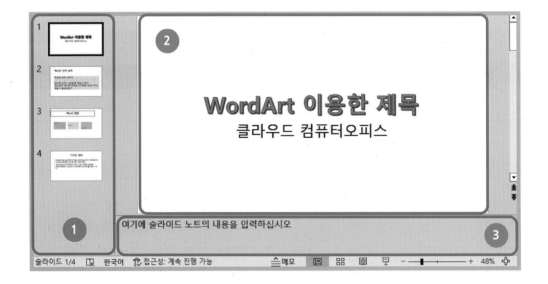

2) 개요 보기

슬라이드 개요 보기는 슬라이드의 미리 보기 영역이 제목과 기본 텍스트로만 구성된다. 슬라이드 내용에 이미지나 차트 등이 들어있어도 개요 보기에는 나타나지 않는다.

슬라이드 전체 내용을 파악하기 쉬워 내용 수정이 용이하다.

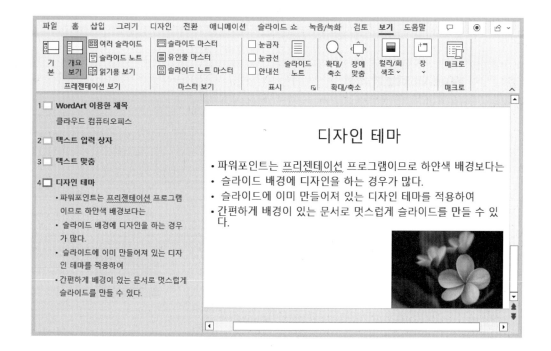

3) 여러 슬라이드 보기

작성한 모든 슬라이드를 한 화면에 모두 보여준다.

'여러 슬라이드 보기'에서는 슬라이드 번호, 화면 전환 효과, 애니메이션 지정 여부 등이 표시된다.

슬라이드 전체를 보면서 단순히 마우스 드래그 방식으로 슬라이드의 순서를 변경할 수 있다.

한 화면에 슬라이드의 모든 화면을 볼 수 있어 슬라이드 전체적인 내용의 흐름을 파악하기가 쉽다.

그러나 슬라이드 내용을 수정하는 편집 작업은 할 수 없다. 슬라이드 편집을 위해서는 해당 슬라이드를 '더블 클릭'해서 [기본 보기]로 돌아와 수정 작업을 해야 한다.

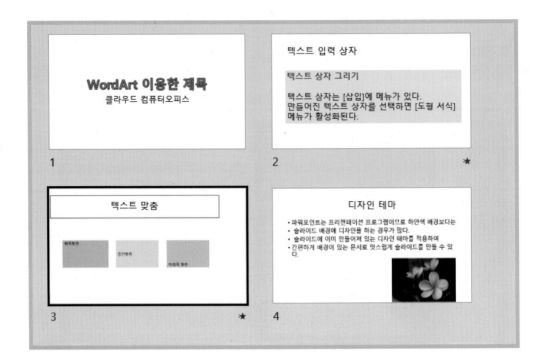

4) 슬라이드 노트 보기

한 슬라이드에 선택한 슬라이드 내용과 슬라이드 노트 화면을 반으로 나누어 함께 보여준다.

슬라이드 노트에 들어갈 내용은 '슬라이드 노트 보기'에서도 간단히 수정할 수는 있으나 슬라이드 본문 편집은 언제나 '기본 보기'에서 작업한다.

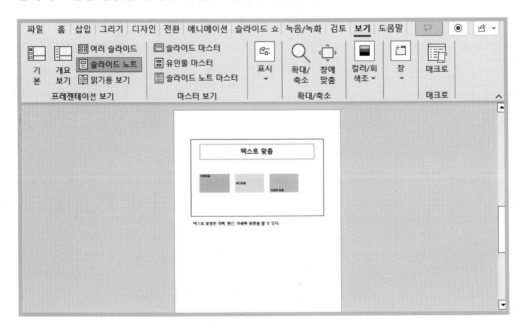

5) 읽기용 보기

현재 문서를 작업하고 있는 창에서 작성된 슬라이드에서 메뉴나 노트 영역 또는 개요 영역 등이 나타나지 않고 오로지 슬라이드 내용만 보여준다.

화면은 거의 슬라이드 쇼 화면과 흡사하나 '슬라이드 쇼'와 다른 점은 슬라이드 쇼는 모니터 전체에 슬라이드를 열어주고 '읽기용 보기'에서는 작업하고 있는 파워포인트 창에서만 슬라이드를 열어준다는 것이다.

〈읽기용 보기 화면〉

〈슬라이드쇼 화면〉

❖ 슬라이드 레이아웃 설정하기

제목 슬라이드, 제목 및 내용, 제목만, 콘텐츠 2개 등의 다양한 레이아웃이 있다.

❖ 텍스트 개체 활용하기

파워포인트에서 텍스트는 텍스트 상자를 입력한 후 상자 안에 텍스트를 입력하는 방식이다.

텍스트 맞춤은 위쪽, 중간, 아래쪽 맞춤으로 지정할 수 있다.

❖ 디자인 테마 활용하기

디자인 테마는 파워포인트에서 미리 만들어 놓은 배경으로 배경색, 글꼴 크기, 글꼴 색, 배경 디자인 등이 한 묶음으로 되어 있어 하나의 테마만 선택해도 다양한 지정이 가능하다.

❖ 프리젠테이션의 보기 화면의 종류

파워포인트는 기본 보기, 개요 보기, 여러 슬라이드 보기, 읽기용 보기, 슬라이드 노트 등 여러 종류가 있다.

슬라이드를 편집할 수 있는 보기는 기본 보기이다.

**연습
문제**

1. 파워포인트의 기본 화면 영역에 대한 설명 중 틀린 것은 무엇인가?

① 리본 메뉴 – 텍스트 메뉴와 도구 그림이 혼합된 형태의 메뉴 방식이다.

② 슬라이드 노트 영역 – 슬라이드와 개요 영역으로 나뉜다.

③ 슬라이드 편집 영역 – 슬라이드 단위로 본문 슬라이드 내용을 편집할 수 있다.

④ 미리 보기 영역 – 작성된 모든 슬라이드를 작은 화면으로 모두 볼 수 있다.

| 해설 | 미리 보기 영역이 슬라이드와 개요 영역으로 나뉜다.

2. 여러 슬라이드 보기에서 할 수 있는 작업 내용이 아닌 것은 무엇인가?

① 슬라이드 복제

② 슬라이드 이동

③ 슬라이드 삭제

④ 슬라이드 편집

| 해설 | 슬라이드 편집은 기본 보기에서만 가능하다.

3. 다음 슬라이드 보기 화면에 대한 설명이 바르게 된 것은 무엇인가?

① 슬라이드 노트 보기 – 슬라이드에 이미지 편집 작업을 할 수 있다.

② 여러 슬라이드 보기 – 개요 보기와 슬라이드 보기 두 가지 방식으로 볼 수 있다.

③ 기본 보기 – 본문 편집을 할 수 있다.

④ 읽기용 보기 – 슬라이드 이동, 삭제가 가능하다.

4. 디자인 테마 활용법에 대한 설명이 바르지 못한 것은 무엇인가?

① 디자인 테마는 배경 이미지, 삽입 글꼴, 글꼴 사이즈, 글꼴 색상, 콘텐츠 위치 등을 설
   정할 수 있다.

② 디자인 테마는 슬라이드 레이아웃별로 약간씩 다르게 디자인되어 있다.

③ 디자인 테마는 '모든 슬라이드에 적용'할 수 있다.

④ 슬라이드마다 다른 디자인을 적용하기 위해서는 슬라이드 디자인 테마가 아닌 배경 서식에서 선택해야 한다.

5. 파워포인트에서 프리젠테이션을 작성하는 방법에 대한 설명이 바르지 못한 것은 무엇인가?

① 파워포인트는 워드 문서처럼 페이지에 연속해서 내용을 작성하는 것이 아니라 '슬라이드' 단위로 작성한다.

② 한 슬라이드 안의 내용이 넘치면 자동으로 다음 슬라이드로 넘어간다.

③ 슬라이드에 작성할 내용은 워드 문서처럼 서술문 형식으로 나열하는 것보다는 '글머리 기호'나 '번호 매기기'를 주로 많이 사용하면서 목록으로 표현하는 방식을 사용한다.

④ 파워포인트 문서는 워드 문서에 비해 비주얼한 문서로 다양한 멀티미디어 콘텐츠를 삽입하여 활용한다.

6. 다음 중 파워포인트에서 문서 작성 시 가장 나중에 하면 좋은 작업은 무엇인가?

① 새 슬라이드 추가

② 슬라이드 레이아웃 선택

③ 디자인 테마 선택

④ 슬라이드 방향 선택

7. 아래 이미지와 같은 슬라이드 레이아웃에 대한 설명이 바르게 된 것은 무엇인가?

① 제목 및 내용 슬라이드이다.

② 아래 하단 영역에는 텍스트만 입력한다.

③ 문서의 겉 표지로 제목과 부제목만 입력한다.

④ 텍스트 입력과 함께 다양한 종류의 개체를 양쪽 2단으로 나누어 입력한다.

8. WordArt 스타일에 대한 설명이 잘못된 것은 무엇인가?

① WordArt는 주로 제목에 사용된다.

② WordArt는 한번 만들어진 후에는 [도형 서식] 메뉴에서 수정이 가능하다.

③ 텍스트 상자 안의 텍스트의 일부만을 WordArt 스타일을 지정하려면 텍스트 일부만을 블록으로 지정하고 WordArt 스타일을 지정한다.

④ 한번 지정된 WordArt 스타일에 추가 스타일 지정은 할 수 없고 WordArt 스타일을 제거 후 다시 재지정한다.

9. 아래 이미지와 같이 도형 안에서의 텍스트 세로 맞춤을 지정하기 위해서 반드시 설정해야 하는 텍스트 옵션은 무엇인가?

① 자동 맞춤 안함

② 텍스트 크기 조정

③ 도형을 텍스트 크기에 맞춤

④ 도형의 텍스트 배치

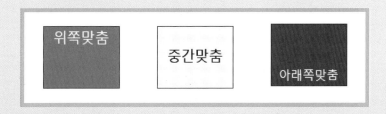

10. 다음 중 특정 슬라이드 보기 화면에 대한 설명이다. 내용이 다른 하나는 무엇인가?

① 작성한 모든 슬라이드를 모두 한 화면에서 볼 수 있다.

② 슬라이드 번호, 화면 전환 효과, 애니메이션 지정 여부 등이 표시된다.

③ 단순히 마우스 드래그 방식으로 슬라이드의 순서를 변경할 수 있다.

④ 슬라이드 내용의 수정, 편집 작업이 가능하다.

정답__ 1.② 2.④ 3.③ 4.④ 5.② 6.③ 7.① 8.④ 9.① 10.④

CHAPTER **05**

파워포인트의
비주얼 개체 활용하기

학습목차

1. 그림 활용하기
2. 스마트 아트 활용하기
3. 차트 활용하기

학습목표

- 그림을 다양한 방식으로 삽입하여 비주얼한 슬라이드를 만들 수 있다.
- 스마트 아트를 활용하여 정보 타입별로 슬라이드를 작성해 프리젠테이션의 이해를 높일 수 있다.
- 엑셀의 기능인 차트를 연계해서 직관적인 슬라이드를 만들 수 있다.

① 그림 활용하기

1) 그림 삽입하기

파워포인트에서 삽입할 수 있는 그림의 포맷은 상당히 다양하다. 디지털 이미지에서 기본적으로 사용되고 있는 jpg, gif, bmp, png eps, tiff 등의 이미지 포맷 외에도 많은 이미지 포맷을 삽입할 수 있다.

❶ 그림을 삽입하기 위해서 [삽입] – [이미지] – [그림] – [이 디바이스]를 클릭한다.

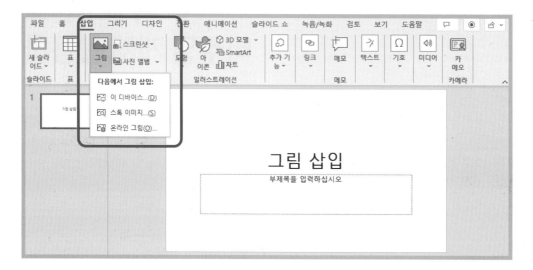

❷ 원하는 이미지를 선택한 후 삽입하면 일단 이미지 사이즈가 문서 사이즈보다 큰 경우 문서에 맞추어서 그림이 삽입된다.

2) 그림 편집하기

삽입된 그림을 수정, 편집하기 위해서는 그림을 더블 클릭하여 [그림 서식] 메뉴를 활성화 시켜야 한다.

(1) 그림 크기 조절하기

[그림 서식] – [크기] – [자세히]를 클릭하면 화면 오른쪽으로 그림 서식 패널이 생성된다.

❶ 숫자로 정확한 크기를 지정할 수 있다.

[가로 세로 비율을 고정]에 체크하면 그림의 가로 세로 비율을 변경하지 않고 크기를 변경할 수 있다.

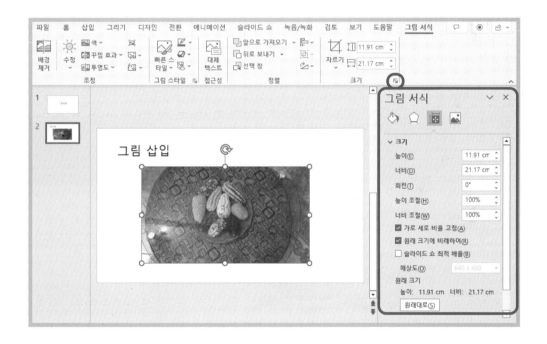

❷ 크기를 임의로 자르려면 [자르기]를 사용한다.

숫자를 지정하면 정확한 크기로 자를 수도 있다.

그림 자르기를 하면 그림의 불필요한 영역은 제거된다.

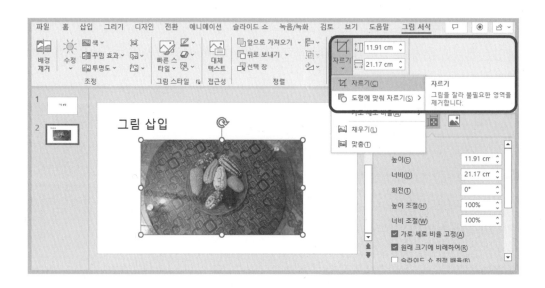

❸ [자르기] – [도형에 맞춰 자르기]를 하면 그림을 도형 모양으로 자를 수 있다.

[해] 모양으로 그림 자르기가 되었다.

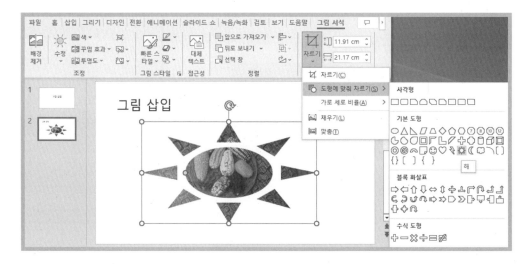

(2) 색 조정하기

그림의 색을 밝기, 대비, 선명도, 채도, 색조 등으로 다채롭게 변경할 수 있고 꾸밈 효과를 주어 회화적 느낌을 연출할 수도 있다.

❶ [수정]

[그림 서식] – [조정] – [수정]을 클릭해 밝기/대비, 선명도를 조절할 수 있다.

❷ [꾸밈 효과]

[그림 서식] – [조정] – [꾸밈 효과]를 클릭해 그림에 좀 더 스케치 또는 회화처럼 보이도록 만들 수 있다.

❸ **[색]**

[그림 서식] – [조정] – [색]을 클릭하여 색 채도, 색조, 다시 칠하기 등을 변경할 수 있다.

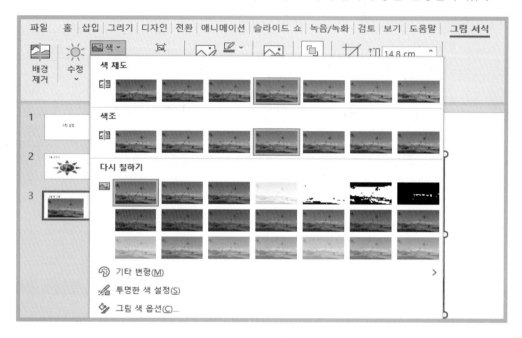

❹ **그림 원래대로**

[그림 서식] – [조정] – [그림 원래대로]를 클릭하면 그림에 대해 변경한 서식을 모두 취소하여 원본으로 복원시킬 수 있다.

(3) 그림 스타일 적용하기

그림의 테두리 및 효과를 지정할 수 있다.

❶ [그림 서식] – [그림 스타일] – [자세히] 버튼을 클릭하여 다양한 스타일을 선택할 수 있다.

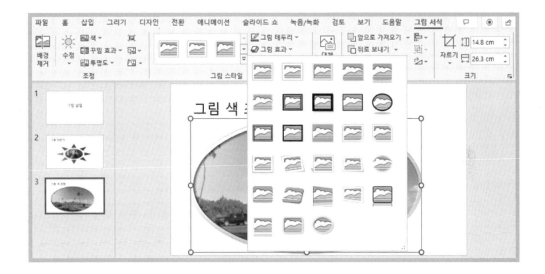

❷ [그림 서식] – [그림 스타일] – [그림 테두리]에서 테두리만 지정할 수 있다.

그림 윤곽선의 색깔, 두께 등을 다양하게 표현할 수 있다.

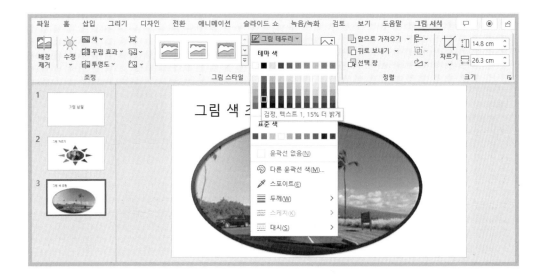

❸ [그림 서식] – [그림 스타일] – [그림 효과]에서 그림자, 반사, 네온, 3차원 회전 등의
다양한 효과를 지정할 수 있다.

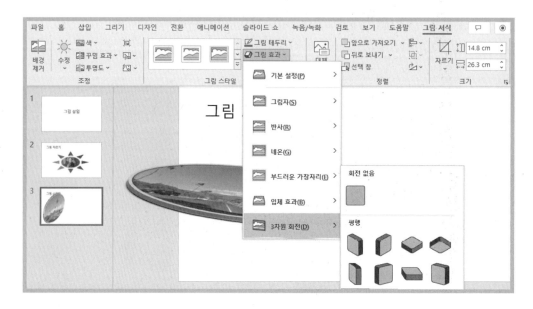

(4) 그림 레이아웃 활용하기

여러 장의 그림을 SmartArt 그래픽을 이용하여 한 번에 정렬할 수 있다.

❶ [삽입] – [그림] – [이 디바이스]에서 여러 장의 사진을 선택한다.

❷ 그림이 한꺼번에 삽입되어 모두 선택되어 있다.

그림이 선택되면서 [그림 서식] 메뉴가 활성화되었다.

❸ [그림 서식] – [그림 스타일] – [그림 레이아웃]에서 원하는 배열을 선택한다.

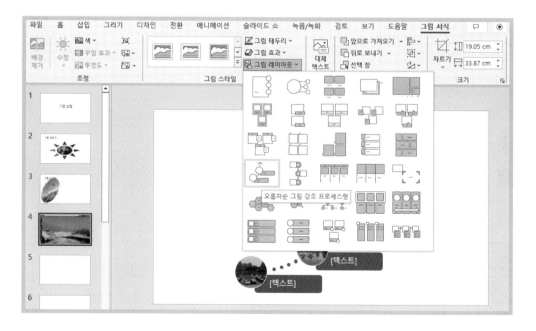

❹ 텍스트(그림 캡션) 입력하기

선택한 SmartArt 레이아웃대로 그림이 배열되었다.

[텍스트]를 선택해서 각 그림마다 텍스트를 일관되게 입력하여 정렬할 수 있다.

텍스트를 입력할 때 슬라이드 화면 왼쪽의 화살표 버튼을 클릭하면 텍스트 입력창이 열리고 여기서 입력하면 편하게 텍스트를 입력할 수 있고 그림의 위치 이동, 삭제 등도 자유롭게 할 수 있다.

화살표 버튼을 다시 클릭하면 텍스트 입력창이 닫힌다.

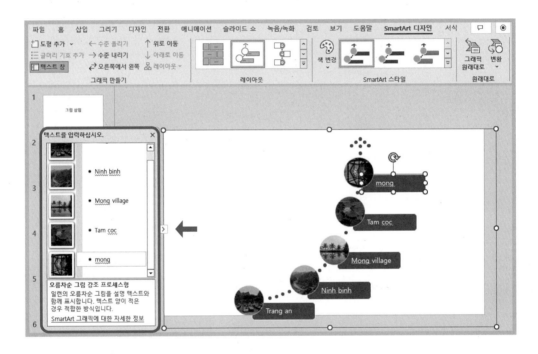

(5) SmartArt 디자인 변경하기

❶ 그림 레이아웃을 선택하면 메뉴에 [SmartArt 디자인] 메뉴가 활성화된다.

[SmartArt 디자인] [레이아웃]에서 SmartArt 디자인을 변경할 수 있다.

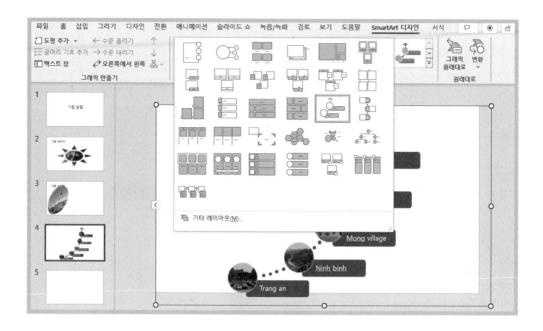

❷ [SmartArt 디자인] – [SmartArt 스타일] – [색 변경]에서 색을 선택한다.

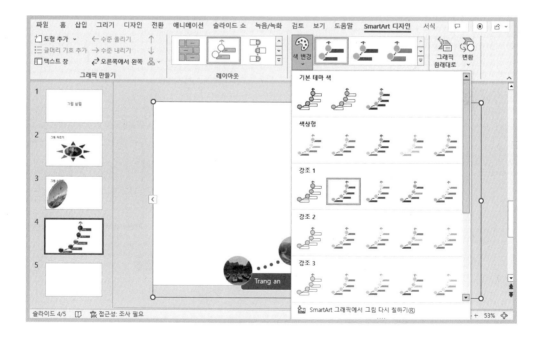

❸ 선택한 색으로 그림 레이아웃의 전체적인 색깔이 변경되었다.

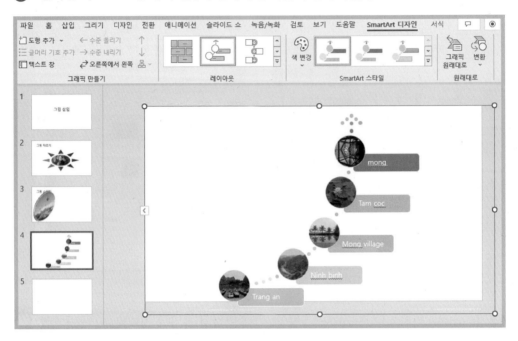

(6) SmartArt를 텍스트/도형으로 변환하기

[SmartArt 디자인] – [원래대로] – [변환]에서 SmartArt로 배열된 그림들을 도형으로 변환하거나 텍스트로 변환할 수 있다.

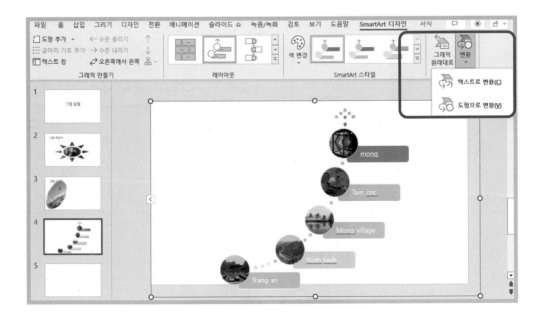

● **도형으로 변환**

[SmartArt 디자인] – [원래대로] – [변환] – [도형으로 변환]을 클릭한다.

SmartArt로 배열된 그림들을 도형으로 변환하게 되면 그림 전체가 하나의 도형이 되면서 이동하거나 크기를 조절하기가 쉬워진다.

도형으로 변환된 후에는 [도형 서식] 메뉴가 활성화되어 도형 서식 메뉴를 이용할 수 있다.

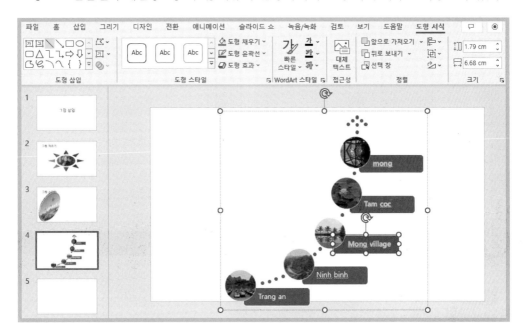

● **텍스트로 변환**

[SmartArt 디자인] – [원래대로] – [변환] – [텍스트로 변환]을 클릭한다.

SmartArt를 텍스트로 변환하면 그림은 사라지고 텍스트만 글머리 기호 스타일로 남는다.

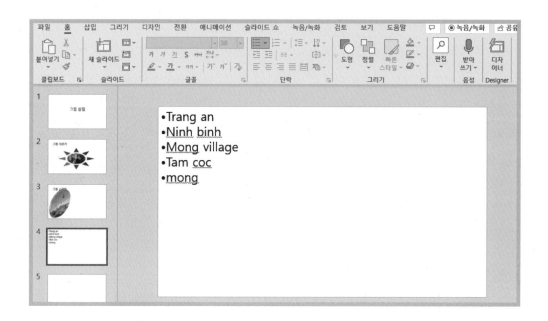

② 스마트 아트 활용하기

스마트 아트(SmartArt)는 다양한 도형으로 이루어진 도형 레이아웃이다.

일일이 도형 하나하나를 직접 그리면서 레이아웃을 만드는 수고를 줄이고 기존에 프로그램에 준비되어 있는 레이아웃을 선택하면 클릭 몇 번으로 도형들의 조합이 그려진다.

스마트 아트로 그려진 도형은 다시 도형 모양이나 도형 효과 등 스타일을 내 맘대로 변경할 수 있고 도형을 추가하여 나만의 도형 레이아웃을 디자인할 수도 있다.

1) 스마트 아트 삽입하기

[삽입] – [일러스트레이션] – [SmartArt]를 클릭하면 스마트 아트 그래픽 선택 창이 활성화된다.

스마트 아트에는 목록형, 프로세스형, 주기형, 계층 구조형, 관계형, 행렬형, 피라미드형 등의 다양한 유형의 그래픽이 준비되어 있다.

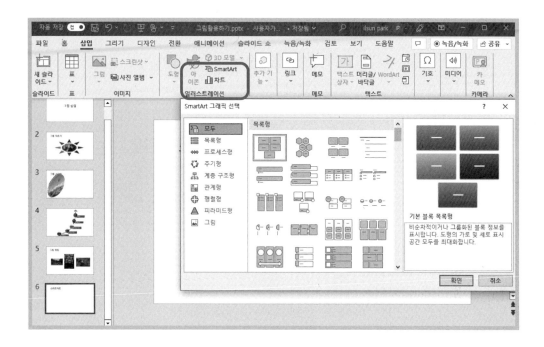

2) 스마트 아트 편집하기

스마트 아트가 삽입된 후에 해당 스마트 아트를 클릭하면 리본 메뉴에 [SmartArt 디자인]
과 [서식] 메뉴가 활성화된다.

❶ 레이아웃 변경

[SmartArt 디자인] – [레이아웃] 메뉴에서는 선택한 스마트 아트 레이아웃을 다시 변경할
수 있다. [SmartArt 디자인] – [SmartArt 스타일] 메뉴에서는 색을 변경하거나 스마트 아트
에 다른 스타일을 지정할 수 있다.

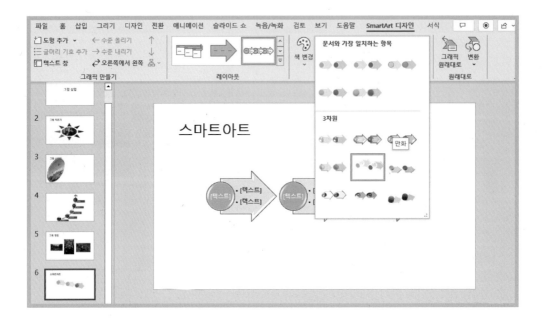

❷ 스마트 아트 내부 도형 변경

[SmartArt 도구] – [서식]에서는 스마트 아트의 각각의 도형 모양 또는 크기를 변경할 수 있다.

변경하기를 원하는 도형 하나를 선택한다.

[서식] – [도형 모양 변경]에서 원하는 도형(예: 하트)을 선택한다.

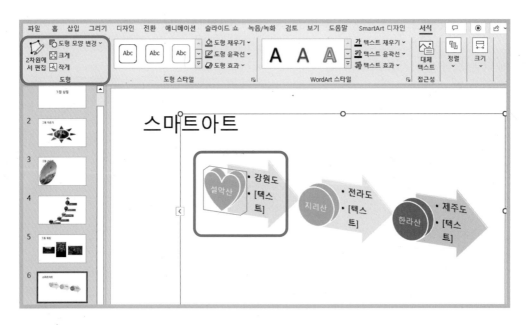

❸ 스마트 아트 내부 텍스트 변경

스마트 아트 내부 텍스트에 워드 아트 스타일을 지정하거나 텍스트 효과를 줄 수 있다.

이 경우 텍스트를 블록으로 지정한 후 변경한다.

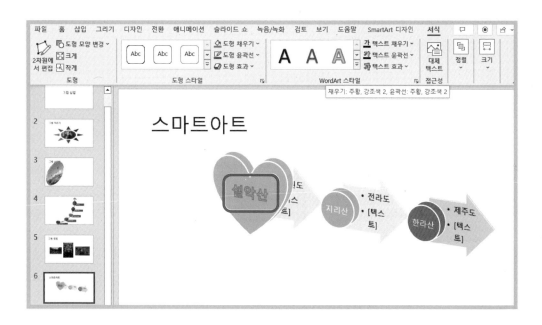

3) 스마트 아트에 도형 추가하기

[SmartArt 도구] – [디자인] – [그래픽 만들기] 그룹에서 도형을 추가하거나 도형의 위치를 서로 바꿀 수 있다.

도형 추가 기능은 모든 스마트 아트에 적용되는 것은 아니고 스마트 아트 종류에 따라 도형 추가 기능이 없는 경우도 있다.

❶ 도형 하나를 선택한 후 [SmartArt 도구] – [그래픽 만들기] – [도형 추가] – [뒤에 도형 추가/앞에 도형 추가]를 선택한다.

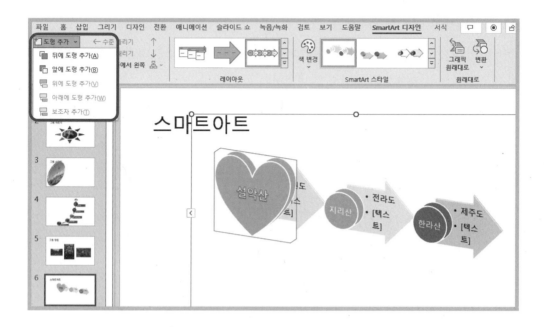

❷ '설악산' 도형을 선택한 후 [도형 추가] – [뒤에 도형 추가]를 선택하면 설악산 도형 뒤로 동일한 유형의 도형이 하나 더 추가되고 '북한산'이라고 입력했다.

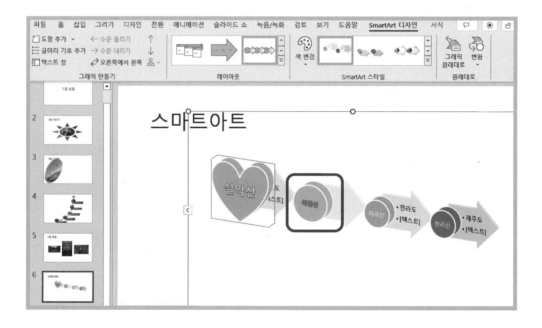

도형을 추가할 때 메뉴를 이용하지 않고 바로 [텍스트 창]에서 추가되는 텍스트를 입력해도 도형이 자동으로 추가된다.

4) 텍스트를 스마트 아트로 변환하기

파워포인트에서는 텍스트를 주로 글머리 기호나 번호 매기기 형식을 이용하여 목록으로 나열한다.

이렇게 목록으로 나열된 텍스트를 후에 도형 모양으로 디자인해야 할 때, 원 클릭으로 텍스트를 도형이 있는 레이아웃으로 변경시켜주는 메뉴가 [SmartArt 그래픽으로 변환]이다.

❶ 먼저, 텍스트를 글머리 기호나 번호 매기기 형식으로 작성한다.

❷ 작성된 텍스트 상자를 클릭한 후 [홈] – [SmartArt 그래픽으로 변환]을 클릭한다.

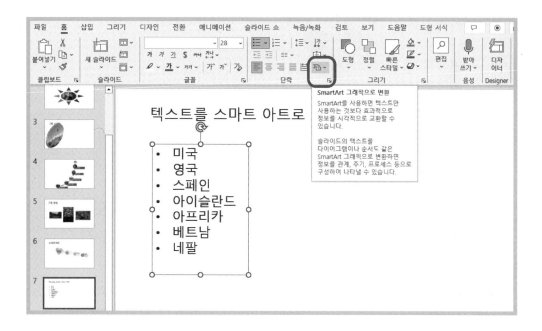

❸ [SmartArt 그래픽으로 변환]을 클릭하면 다양한 스마트 아트 레이아웃이 나타난다.

그중 하나를 포인팅하면 화면에 해당 스마트 아트 미리 보기가 나타난다.

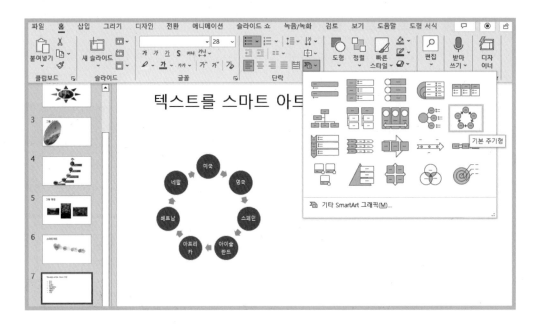

④ 레이아웃을 미리 보기로 확인한 후 클릭하면 텍스트가 원 클릭으로 스마트 아트 그래픽으로 변환된다. 스마트 아트로 변환된 이후에는 [SmartArt 디자인] 메뉴가 활성화되어 스마트 아트 편집 방식과 똑같이 편집할 수 있다.

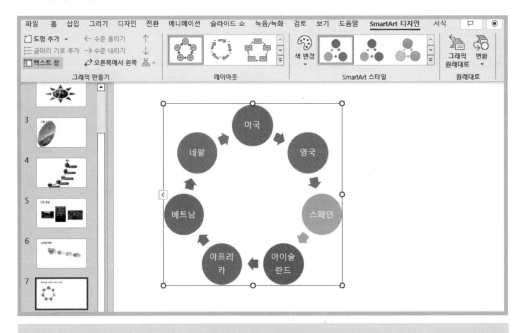

프리젠테이션 문서를 작성할 때 스마트 아트 형식을 많이 사용하게 되는데 스마트 아트를 먼저 만들고 나중에 도형 안에다 텍스트를 입력하는 방식을 택하면 내용이 추가되었을 때 또 도형을 추가해야 하는 번거로움이 있다.

이런 경우 텍스트를 먼저 완성한 후 [텍스트를 스마트 아트로 변환하기]를 나중에 사용하는 것이 작업의 효율성을 높일 수 있다.

③ 차트 활용하기

차트는 엑셀에서 가장 많이 사용하는 기법이다. 워드나 파워포인트에서는 엑셀에서 만들어지는 차트를 연동시켜 활용하는 것이다. 여기서는 간단하게 파워포인트에서 차트를 어떻게 활용하는지에 대해서만 알아보고 차트의 다양한 옵션은 엑셀 파트에서 자세히 다룰 것이다.

1) 차트 삽입하기

차트는 막대형이나 원형, 꺾은 선형 등의 그래픽을 이용하여 표로된 데이터의 내용을 한 층 더 이해하기 쉽도록 도와주는 개체로 엑셀 프로그램에서 많이 활용하는 것으로 엑셀 프로그램을 이용해서 제작된다.

❶ 차트 삽입을 위해서는 [삽입] – [일러스트레이션] – [차트]를 선택한다.

❷ [차트 삽입] 대화상자에서 원하는 차트를 선택한다.

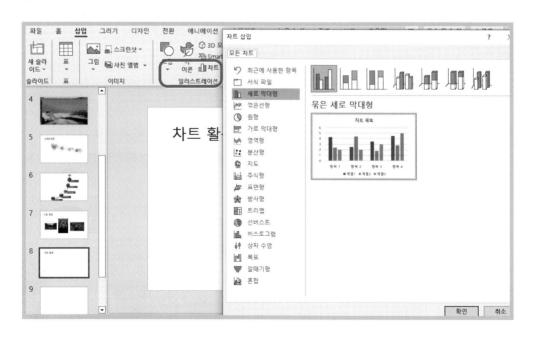

❸ 차트를 만들 데이터를 입력할 수 있도록 별도의 입력창이 생성된다.

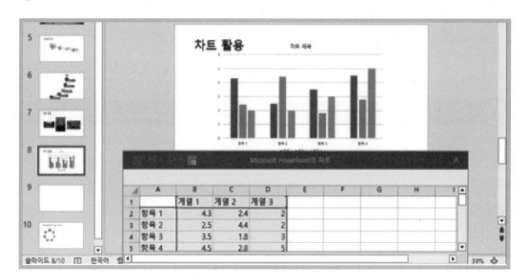

❹ 차트에 들어갈 데이터를 입력한다.

	A	B	C	D	E	F	G	H
1		서울지역	경기지역	제주지역				
2	세탁기	67	65	90				
3	TV	89	88	78				
4	식기세척기	67	90	85				
5	냉장고	77	87	81				

❺ 파란색 줄 모서리에 마우스를 포인팅해서 드래그하면 차트에 포함시킬 데이터의 범위를 좁혔다 넓혔다 할 수 있다. (드래그를 하여 차트에 삽입될 데이터의 범위를 좁혔다고 해서 엑셀 표에 있는 데이터가 삭제되는 것은 아니고 단지 차트에서만 빠져있을 뿐이라 언제든지 다시 데이터를 포함시킬 수 있다.)

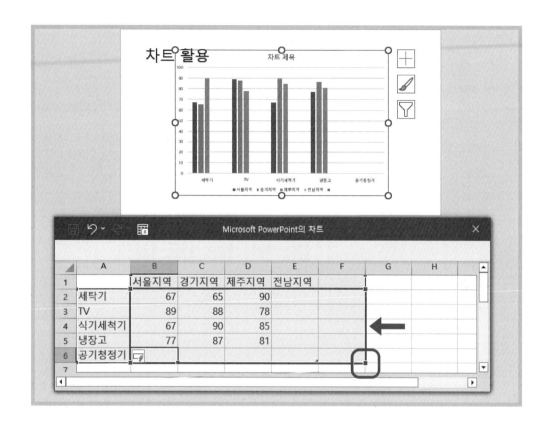

6 파워포인트 문서에 차트가 완성되어 삽입된다.

차트를 선택하면 [차트 디자인], [서식] 메뉴가 추가로 활성화된다.

[차트 스타일]에서 차트 스타일을 바꿀 수 있다.

[데이터] – [데이터 편집]에서 데이터 수정이 가능하다.

[종류]에서 차트 종류 변경이 가능하다.

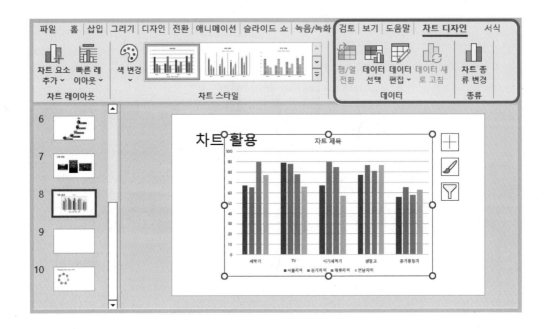

2) 차트 엑셀과 연동시키기

❶ 차트를 선택한 후 [차트 디자인] – [데이터 편집] – [Excel에서 데이터 편집]을 선택한
다.

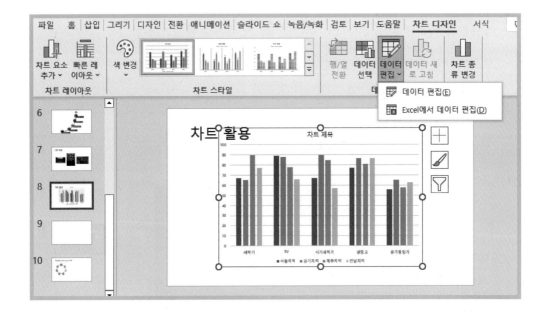

❷ 엑셀창이 활성화되고 데이터가 열린다.

여기서 추가적인 데이터 편집 작업을 할 수 있다. (데이터 편집은 엑셀 파트에서 설명한다.)

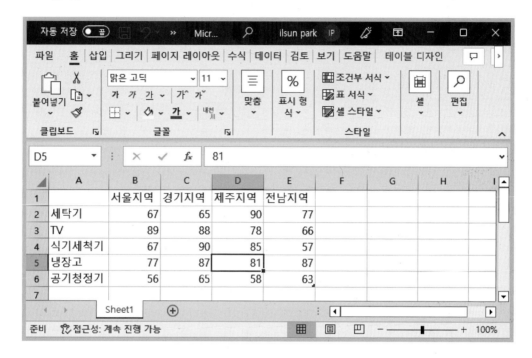

**학습
정리**

❖ 그림 활용하기

파워포인트에서는 그림을 다양하게 편집하여 비주얼 한 문서를 작성한다.

[그림 레이아웃] 기능을 이용하여 원 클릭만으로 여러 장의 그림을 스마트 아트 도형과 접목시켜 다양한 방식으로 보여줄 수 있다.

❖ 스마트 아트 활용하기

일일이 도형 하나하나를 직접 그리면서 레이아웃을 만드는 수고를 줄이고 기존에 프로그램에 준비되어 있는 레이아웃을 선택하면 클릭 몇 번으로 도형들의 조합이 그려진다.

만들어진 스마트 아트는 '도형'이나 '텍스트'로도 변환이 가능하다.

❖ 차트 활용하기

차트는 막대형이나 원형, 꺾은 선형 등의 그래픽을 이용하여 표로된 데이터의 내용을 한층 더 이해하기 쉽도록 도와주는 개체로 엑셀 프로그램에서 많이 활용하는 것으로 파워포인트에서 작성하는 '차트'는 엑셀 프로그램을 연동시켜 제작된다.

**연습
문제**

1. 파워포인트에서 그림 편집을 하려고 한다. 설명이 바르지 못한 것은 무엇인가?

① 그림 사이즈를 축소할 때 그림이 찌그러지지 않도록 하기 위해서는 '가로 세로 비율 고정'에 체크해야 한다.

② 한번 사이즈를 변경하면 원래 크기대로 돌아오지 못하므로 신중해야 한다.

③ 정확한 사이즈 변경을 위해 실제 크기를 숫자로 입력하여 변경할 수 있다.

④ 그림의 일부만을 사용하고자 할 때는 '자르기' 기능을 이용한다.

2. 여러 개의 그림을 한번의 클릭으로 보기 좋게 디자인 배치할 수 있도록 도와주는 기능은 무엇인가?

① 워드 아트

② 그림 스타일

③ 그림 레이아웃

④ 스마트 아트

3. 다음 중 스마트 아트 편집이 가능하지 않은 상태는 무엇인가?

① 텍스트를 스마트 아트 그래픽으로 변환했을 때

② 그림을 그림 레이아웃으로 변환했을 때

③ 스마트 아트를 도형으로 변환했을 때

④ 기본 블록 목록형 스마트 아트를 삽입했을 때

4. 파워포인트에서 그림을 삽입하여 활용하려고 한다. 방법이 잘못된 것은 무엇인가?

① '가로 세로 비율을 고정'에 체크하면 그림의 가로 세로 비율을 변경하지 않고 크기를 변경할 수 있다.

② 그림 서식에서 '꾸밈 효과'를 주었을 때 원본 복원이 안돼 원본 복사본을 만들어 놓아야 한다.

③ [그림 서식] – [그림 스타일] – [그림 효과]에서 그림자, 반사, 네온, 3차원 회전 등의 다양한 효과를 지정할 수 있다.

④ 그림을 삽입한 이후에는 '그림 서식'에서 수정 편집할 수 있다.

5. 다음 중 파워포인트에서 [그림 삽입] 메뉴에서 삽입할 수 있는 그림 포맷이 아닌 것은 무엇인가?

① Jpg   ② Gif

③ Png   ④ Pdf

6. 여러 장의 그림을 일관성있는 디자인으로 한 번에 만들 수 있는 기법에 대한 설명이 바르지 않은 것은 무엇인가?

① '그림 레이아웃'을 활용할 수 있다.

② 별도의 텍스트 창에서 텍스트도 함께 입력할 수 있다.

③ SmartArt를 활용하여 그림을 배치한다.

④ 이 기법은 일관성 있는 디자인으로 만들어져서 도형 추가나 색 변경이 어렵다.

7. 스마트 아트 활용법에 대한 설명이 바르지 않은 것은 무엇인가?

① 스마트 아트에는 목록형, 프로세스형, 주기형, 계층 구조형, 관계형, 행렬형, 피라미드 형 등의 다양한 유형의 그래픽이 있다.

② 스마트 아트로 배열된 그림들을 도형으로 변환하게 되면 그림 전체가 하나의 도형이 된다.

③ 스마트 아트에서 도형을 추가할 때 바로 [텍스트 창]에서 추가되는 텍스트를 입력해도 도형이 자동으로 추가된다.

④ 스마트 아트를 먼저 삽입한 후 텍스트가 추가될 때마다 도형을 추가하는 방식이 스마트 아트의 작업 효율성을 높인다.

8. 아래 그림과 같이 (1) 글머리 기호 텍스트를 (2)번의 그림과 같이 작업하였다. 작업 내용에 대한 기법이 가장 바른 것은 무엇인가?

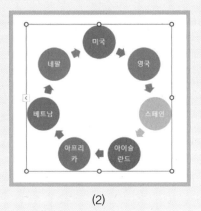

(1)   (2)

① SmartArt 그래픽으로 변환을 이용하였다.

② 그림 레이아웃을 활용하였다.

③ 도형 삽입 메뉴를 활용하였다.

④ WordArt 메뉴를 활용하였다.

9. 아래 그림과 같이 차트를 삽입하기 위한 차트 활용이 잘못된 것은 무엇인가?

① 아래 차트 종류는 묶은 세로 막대형이다.

② 만들어진 차트 종류는 변경이 가능하다.

③ 중간고사 점수 항목을 하나 더 추가하기 위해서는 데이터 편집에서 가능하다.

④ 아래 차트는 히스토그램을 활용한 차트이다.

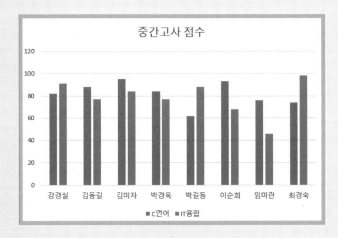

10. 다음 중 SmartArt 활용하기에서 할 수 없는 것은 무엇인가?

① 만들어진 SmartArt의 전체 레이아웃을 다시 변경할 수 있다.

② SmartArt 색을 변경하거나 스마트 아트에 다른 스타일을 지정할 수 있다.

③ SmartArt의 내부 도형의 색상이나 크기를 변경할 수 있어도 도형 모양 변경은 SmartArt 레이아웃을 변경해야 한다.

④ SmartArt를 단순 텍스트만으로도 변경할 수 있다.

| 해설 | SmartArt의 내부 도형은 하나하나의 모양을 다르게 바꿀 수 있다.

정답 __ 1. ② 2. ③ 3. ③ 4. ② 5. ④ 6. ④ 7. ④ 8. ① 9. ④ 10. ③

CHAPTER 06

파워포인트의 기능성 개체 활용하기

학습목표

- 하이퍼링크 작성을 통하여 웹 기반 문서를 작성할 수 있다.
- 머리글, 바닥글을 활용하여 인쇄 문서의 완성도를 높일 수 있다.
- 슬라이드 마스터를 활용하여 일관성 있는 문서를 작성할 수 있다.
- 나만의 디지털 사진 앨범을 만들 수 있다.

① 하이퍼링크 활용하기

하이퍼링크는 특정한 텍스트나 그림 등의 개체에 웹 페이지나 전자메일주소, 그림 또는 프로그램 파일 등을 연결하여 원 클릭으로 실행시키는 작업이다.

하이퍼링크를 작성하는 방식은 링크를 걸 연결 대상에 따라 '기존 파일/웹 페이지', '현재 문서', '새 문서 만들기', '전자 메일 주소' 등 4가지로 구분된다.

1) 하이퍼링크 만들기

● [웹 페이지] 링크 만들기

❶ 링크를 연결할 텍스트나 개체를 블록 설정한다. ('네이버' 텍스트를 블록 설정한다.)

❷ [삽입] – [링크] – [링크 삽입]을 클릭하면 '하이퍼링크 삽입' 대화창이 뜬다.

[연결 대상]에서 [기존 파일/웹 페이지]를 선택한다.

맨 아래 [주소] 줄에 원하는 링크 URL(http://naver.com)이라고 적고 [확인]을 누른다.

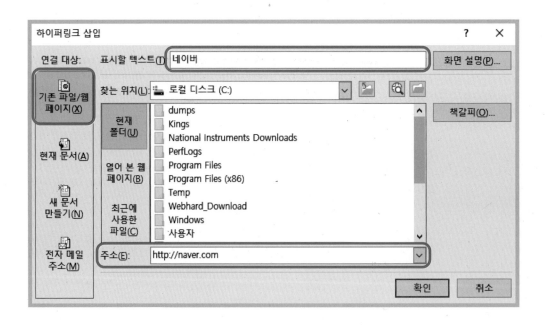

❸ 하이퍼링크의 연결 상태를 확인하기 위해서는 '슬라이드 쇼' 화면이나 '읽기용 보기' 화면으로 가야 하거나 본문 편집 상태에서는 'Ctrl' 키를 누른 채 클릭하면 링크가 열린다.

아래 이미지는 '읽기용 보기' 화면이다.

● [현재 문서] 링크 만들기

현재 문서라 함은 작성하고 있는 파워포인트 문서를 의미하는 것으로 문서 안에서 바로 원 클릭으로 다른 슬라이드로 넘어가고 싶을 때 사용한다.

❶ 링크를 연결할 텍스트(예-'6슬라이드로 이동')나 개체를 블록 설정한다.

❷ [삽입] – [링크] – [링크 삽입]을 클릭한다.

하이퍼링크 삽입 창에서 연결 대상에는 [현재 문서]를 클릭한다.

이 문서에서 위치 선택에서는 '6슬라이드'를 선택한다.

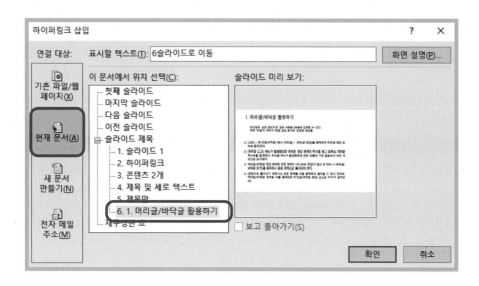

● [새 문서] 링크 만들기

링크를 연결할 문서가 작성이 되어있지 않은 경우 먼저 하이퍼링크를 만들고 후에 연결할
문서를 만들 수 있다.

❶ 링크를 연결할 텍스트나 개체를 블록 설정한 후 [삽입] – [링크] – [링크 삽입]을 클릭
한다.

❷ [연결 대상]에서 [새 문서 만들기]를 클릭한다.

❸ [새 문서 이름]에 새로 작성할 문서의 이름(예 : 세계여행)을 미리 입력한다.

❹ [문서 편집]에서 문서를 나중에 편집할지, 지금 편집할지를 선택한다.

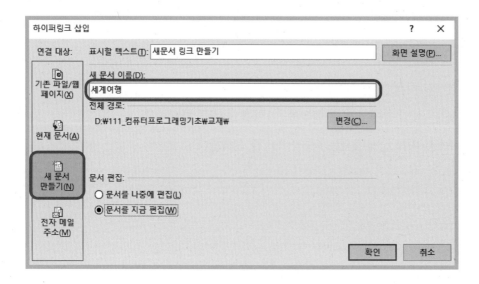

❺ 문서를 지금 편집하겠다고 하고 확인을 누르면 아래와 같이 "세계여행.pptx"라는 새로운 파워포인트 문서 창이 열리면서 바로 작업을 할 수 있다.

문서를 나중에 편집하겠다고 선택하게 되면 해당 문서가 하나 저장되어 만들어져 있고 나중에 필요할 때 문서를 열어서 편집하면 된다.

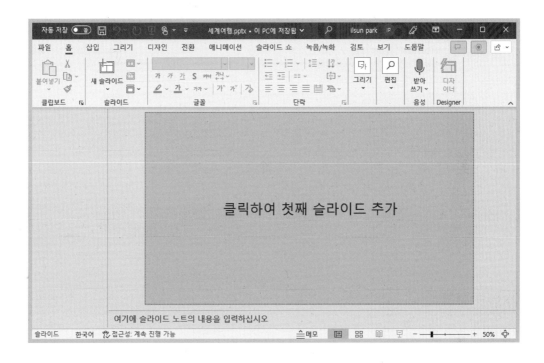

● 전자 메일 주소 링크 만들기

전자 메일 주소 링크가 걸린 텍스트나 개체를 선택하면 내 컴퓨터에 설치된 전자 메일 전용 프로그램이 열리고 그 프로그램에서 메일을 보낼 수 있다.

전자 메일 주소를 링크란에 전자 메일 주소를 입력하면 "mailto:"라는 단어가 자동으로 입력된다.

mailto:는 전자 메일 주소를 링크 걸기 위해서 입력하는 html 태그이다. 만일 이 태그가 자동으로 입력되지 않는다면 전자 메일 주소 앞에 반드시 직접 입력해야 한다.

❶ "전자 메일 주소 링크 만들기" 텍스트를 블록으로 설정한 후 [삽입] – [링크] – [링크 삽입]을 클릭한다.

❷ 하이퍼링크 삽입 대화상자의 연결 대상에서 [전자 메일 주소]를 클릭한다.

❸ '전자 메일 주소'에 받을 전자 메일 주소를 입력한다. (예 : mailto:dream.naver.com)

❹ 이메일 주소가 연결된 링크를 클릭하면 내 컴퓨터에 설치된 이메일 전용 프로그램이
열린다.

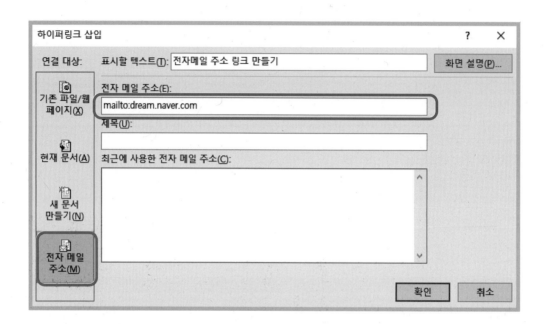

2) 링크 편집하기

하이퍼링크를 만든 후 다시 연결 링크를 수정하거나 편집하고자 할 때는 '하이퍼링크 편
집' 메뉴를 이용하면 된다.

하이퍼링크를 만들 때는 링크가 연결될 텍스트를 모두 블록으로 설정했지만 하이퍼링크
를 편집할 때에는 링크가 연결된 텍스트에 커서만 올려놓아도 하이퍼링크 편집이 된다.

하이퍼링크 텍스트에 커서를 놓고 [삽입] – [링크] – [링크 삽입]을 클릭하거나 마우스 오
른쪽 버튼을 클릭하면 팝업 메뉴가 나오는데 '링크 편집'을 클릭한 후 수정하면 된다.

'하이퍼링크 편집' 메뉴는 하이퍼링크가 작성된 후에 나타나는 메뉴로 하이퍼링크가 연결되지
않은 일반 텍스트에 똑같은 방식으로 마우스 오른쪽 버튼을 누르더라도 팝업 메뉴에는 나오지
않는다.

3) 하이퍼링크 삭제하기

하이퍼링크를 삭제할 때는 해당 하이퍼링크 텍스트에 커서를 옮기고 [삽입] – [링크] –
[링크 삽입]을 클릭한 후 [하이퍼링크 편집] 창에서 [링크 제거]를 클릭하면 된다.

이때 메뉴를 사용하지 않고 마우스 오른쪽 버튼을 클릭해서 팝업 메뉴를 띄우면 [링크 제
거]라는 메뉴가 나타나 바로 삭제도 가능하다.

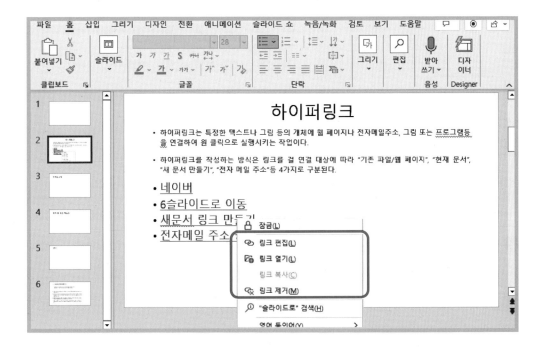

② 머리글/바닥글 활용하기

인쇄된 페이지의 상단 또는 하단에 반복적으로 나타나는 글을 의미하는 것으로 파워포인트에서는 '날짜 및 시간', '슬라이드 번호', '바닥글' 등으로 구분하여 입력할 수 있다.

머리글/바닥글은 본문에서는 입력이 안되고 반드시 [머리글/바닥글] 창에서만 처음 입력이 가능하다.

한번 입력된 머리글/바닥글은 본문에서도 수정은 가능하나 수정한 슬라이드만 적용이 되므로 일관성 있는 문서를 만들기 어렵다.

[머리글/바닥글] 창에서 수정해야 모든 슬라이드에 수정된 내용이 함께 적용된다.

머리글/바닥글에 입력한 내용은 모든 슬라이드 전체에 적용되게 할 수도 있고 한 슬라이드에만 적용되게 할 수도 있다.

1) 머리글/바닥글 만들기

❶ [삽입] – [텍스트] 그룹 – [머리글/바닥글]을 클릭한 후 [머리글/바닥글] 창에서 입력한다.

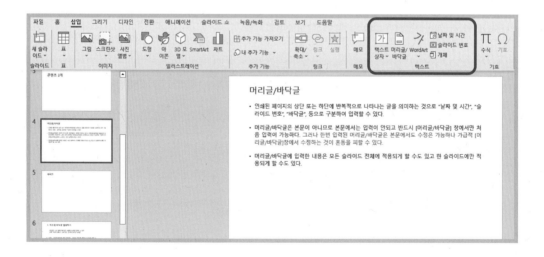

❷ "제목 슬라이드에는 표시 안 함"에 체크하면 머리글/바닥글 내용이 레이아웃이 '제목 슬라이드'인 슬라이드에는 적용되지 않는다.

❸ 슬라이드의 머리글/바닥글에 넣을 내용에 체크한다. (날짜 및 시간, 슬라이드 번호, 바닥글)

바닥글은 사용자가 원하는 텍스트를 입력하는 곳으로 주로 회사명, 발표 제목, 발표자 등을 입력한다. 각각의 내용에 체크하면 오른쪽 '미리 보기' 화면에 입력될 위치가 까맣게 표시된다.

❹ 머리글/바닥글이 선택한 특정 슬라이드에만 적용되길 바라면 [적용] 버튼을 클릭한다. 머리글/바닥글이 모든 슬라이드에 적용되길 원하면 [모두 적용] 버튼을 클릭한다.

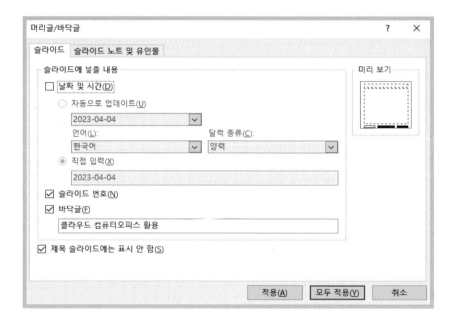

❺ 각기 레이아웃이 다른 슬라이드도 모두 바닥글과 슬라이드 번호가 적용되었고 '제목 슬라이드'에만 표시가 안되어 있다.

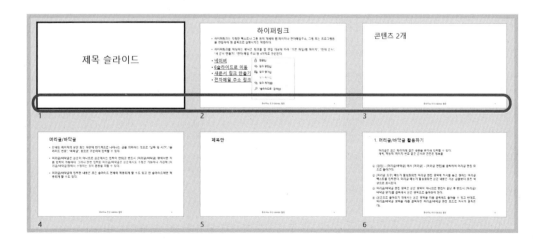

머리글/바닥글 개체는 글꼴이나 색상, 크기 등의 수정을 할 때 모두 적용되게 하기 위해서는 반드시 [슬라이드 마스터] 화면에 들어가서 수정해야 한다. 이 부분은 [슬라이드 마스터 활용하기] 파트에서 자세히 다룰 것이다.

③ 슬라이드 마스터 활용하기

1) 슬라이드 마스터란

슬라이드 마스터는 배경, 색, 글꼴, 효과, 개체 틀 크기 및 위치를 포함하여 프레젠테이션의 테마 및 슬라이드 레이아웃 정보를 저장하는 최상위 슬라이드이다.

슬라이드 마스터에 반복해서 사용될 문구나 이미지, 폰트 정보 등을 저장하면 해당 레이아웃 슬라이드에 똑같이 적용된다.

슬라이드 마스터를 이용하면 여러 슬라이드에 같은 스타일 정보를 입력할 필요가 없기 때문에 시간이 절약된다.

슬라이드 마스터를 이용하면 항상 같은 서식을 유지할 수 있어 일관성 있는 문서를 만들 수 있다.

슬라이드 마스터는 먼저 슬라이드 마스터에서 서식을 지정한 후 새 슬라이드를 추가하면서 작업을 해도 되고 슬라이드 작업을 한 후에 슬라이드 마스터에서 서식을 지정해도 본문에 적용된다.

2) 마스터 슬라이드 활용하기

레이아웃 유형에 관계없이 모든 슬라이드에 한번의 지정으로 모든 레이아웃 유형의 슬라이드에 동일하게 서식을 지정하고자 할 때에는 [마스터 슬라이드]를 사용한다.

마스터 슬라이드는 [슬라이드 마스터] 화면에서 왼쪽 상단 첫 번째에 있는 레이아웃이다.

마스터 슬라이드에서 제목과 글머리 기호 서식을 지정하면 다른 레이아웃에도 모두 한꺼번에 같이 지정이 됨을 볼 수 있다.

슬라이드 레이아웃이 다양할 때 일관성 있는 문서를 만들기 위해 마스터 슬라이드를 활용한다.

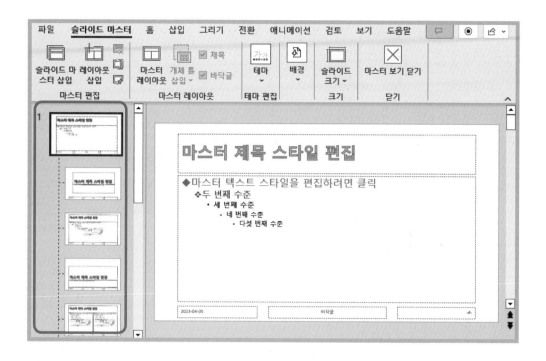

만일 슬라이드 마스터에서 다른 슬라이드에 서식을 먼저 지정하면 '마스터 슬라이드'에서 서식을 지정해도 위 이미지처럼 다른 레이아웃에 똑같이 지정되지 않는다. 즉, 전체를 지정하는 것보다 하나하나를 따로 지정한 것이 더 우선하기 때문이다.

3) 슬라이드 마스터 레이아웃별로 편집하기

❶ 원하는 슬라이드를 열어놓고 [보기] – [마스터 보기] 그룹에서 [슬라이드 마스터]를 클릭한다.

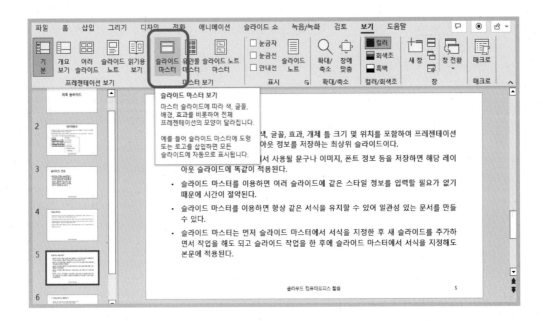

② [슬라이드 마스터] 메뉴가 활성화된다.

슬라이드 마스터는 메뉴가 별도로 활성화되기 때문에 본문으로 돌아가기 위해서는
[마스터 보기 닫기]를 클릭해야 한다.

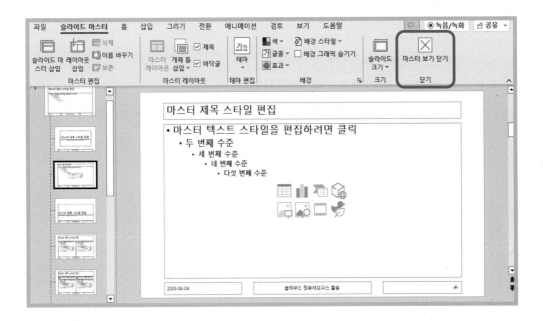

❸ 슬라이드 마스터에서는 각 슬라이드의 레이아웃별로 텍스트의 스타일(글꼴, 색상, 크기, 단락) 서식만을 지정한다.

슬라이드 마스터는 슬라이드 레이아웃별로 편집이 가능하다.

"[제목 슬라이드] 레이아웃 : 슬라이드1에서 사용"이라는 도움말이 뜬다. 각 슬라이드의 레이아웃 형태와 몇 번 슬라이드에서 사용했는지를 알려준다.

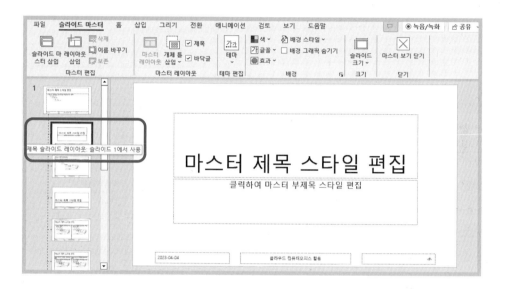

❹ "제목 슬라이드 레이아웃" 제목에 스타일 지정을 하기 위해 [마스터 제목 스타일 편집] 글자를 블록으로 지정하면 리본 메뉴에 [도형 서식] 메뉴가 활성화되고 WordArt 지정을 할 수 있다.

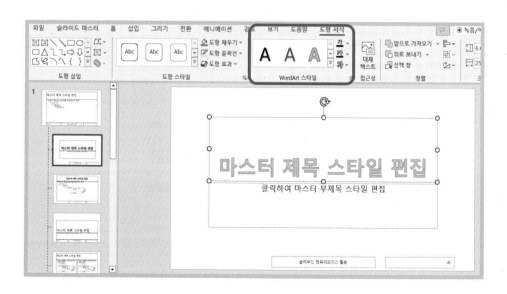

❺ [마스터 텍스트 스타일을 편집하려면 클릭]이라는 첫 번째 글머리 기호 텍스트에 커서를 놓고 클릭하거나 텍스트 전체를 블록으로 선택하면 팝업 메뉴가 뜬다.

글자 색깔을 파랑으로 선택하고 글머리 기호를 "속이 찬 다이아몬드형 글머리 기호"로 선택한다.

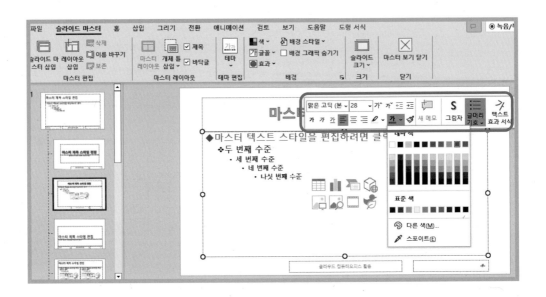

❻ 마찬가지로 글머리 기호 "두 번째 수준"도 블록으로 지정하면 팝업 메뉴가 뜨고 글자 색깔을 빨강색으로 지정하고 글머리 기호를 "별표 글머리 기호"로 지정한다.

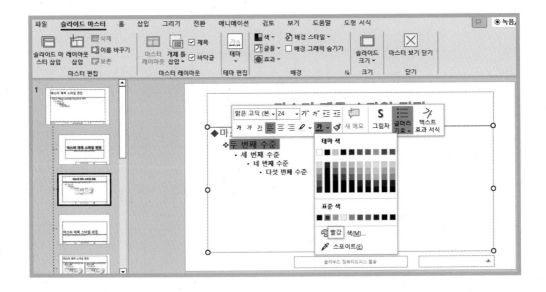

❼ 바닥글 박스를 선택한 후 [홈] – [글꼴] – [녹색]을 지정한다.

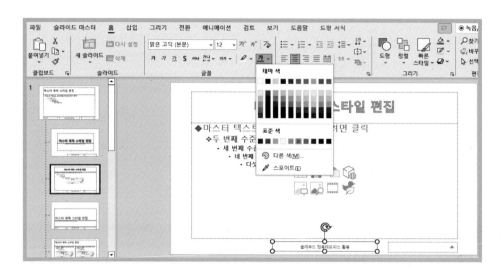

❽ 슬라이드 마스터 편집이 다 끝난 후에는 [마스터 보기 닫기]를 클릭하여 슬라이드 본문으로 돌아온다.

슬라이드 마스터에서 적용한 스타일들이 본문의 내용에 적용된 것을 볼 수 있다.

다만, 슬라이드 마스터에서 지정한 레이아웃 슬라이드(2번, 4번 슬라이드)만 적용이 되고 나머지 슬라이드에는 적용되지 않았다.

위에서 설명한 대로 한번에 전체 슬라이드에 적용시키려면 [마스터 슬라이드]에 서식을 지정해야 한다.

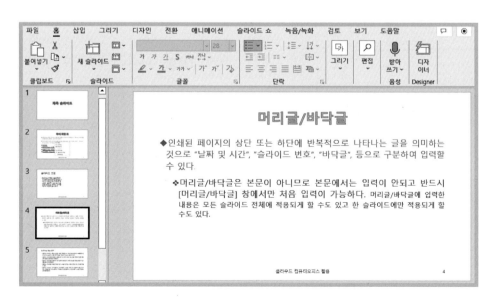

● 슬라이드 마스터 서식 지정 유의사항

슬라이드 마스터에서는 글꼴이나 단락 등의 서식을 슬라이드에 한꺼번에 지정할 때 사용한다. 슬라이드 마스터에서 직접 텍스트를 입력하게 되면 본문에 그대로 반영되어 나타나기 때문에 이중으로 텍스트를 입력하지 않도록 주의해야 한다.

가령, 머리글/바닥글 서식을 지정하려고 할 때 이미 한번 본문에서 머리글/바닥글을 삽입했는데 슬라이드 마스터에서 머리글/바닥글을 또 다시 삽입하고 서식을 지정하는 방식을 이용하면 이중으로 삽입하는 실수를 범하게 된다. 슬라이드 마스터에서는 텍스트를 삽입하지 않고 텍스트 상자를 선택한 후 서식만 지정해야 한다.

③ 사진 앨범 만들기

사진 앨범은 여러 장의 사진을 일괄적으로 표현하여 디지털 앨범을 만들 수 있는 기능이다.

1) 사진 추가하기

❶ [삽입] – [이미지] – [사진 앨범] – [새 사진 앨범]을 클릭한다.

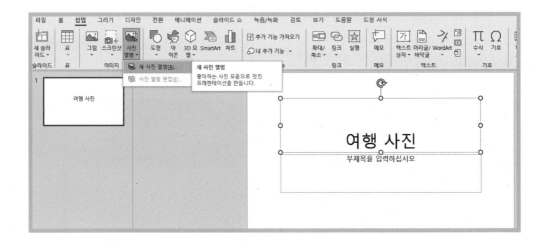

❷ [파일/디스크] 버튼을 클릭하여 앨범에 넣을 사진을 삽입한다.

오른쪽 [앨범에서 그림 위치] 아래 사진들이 일괄적으로 들어간다.

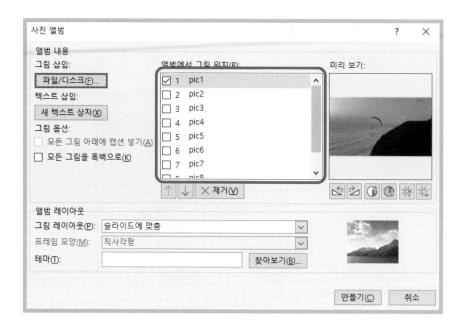

❸ 사진의 위치를 바꾸려면 사진 체크 박스에 체크한 후 위, 아래 화살표를 선택하면서 원하는 위치로 이동시킨다.

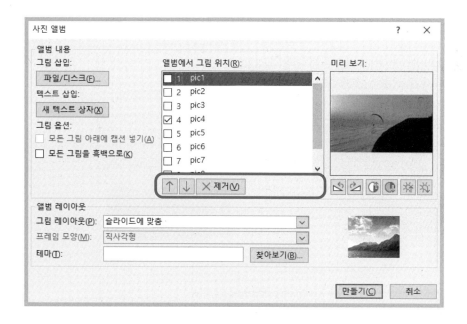

❹ 사진을 선택한 후 [미리 보기]에서 명암 및 채도 변경을 할 수 있고 회전도 가능하다.

2) 앨범 레이아웃 설정하기

❶ [앨범 레이아웃]에서 [그림 레이아웃]의 유형을 선택한다. 한 슬라이드에 그림을 몇 개 삽입할 것인지를 결정한다.

❷ [그림 레이아웃]을 선택하게 되면 [프레임 모양]을 설정할 수 있다.

[프레임 모양]에서는 그림의 테두리를 각진 모서리로 할지 둥근 모서리로 할지 그리고 테두리 색상을 무엇으로 할지를 선택한다.

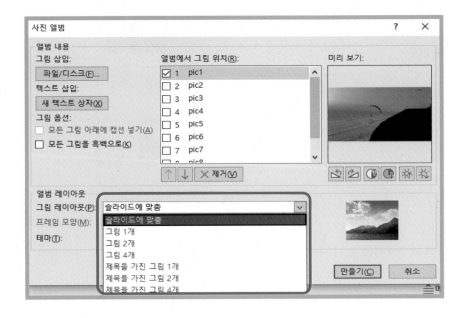

그림 레이아웃은 "제목을 가진 그림 2개", 프레임 모양은 "단순형 프레임, 흰색"으로 지정했다. 오른쪽 창에 미리 보기가 나온다.

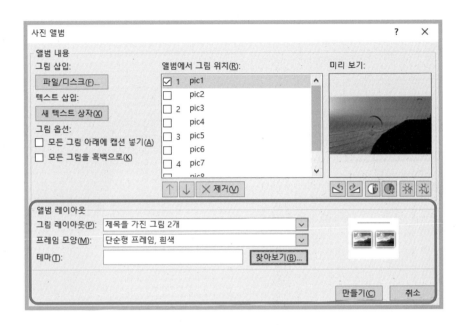

③ 사진 앨범 옵션 창에서 지정한 대로 "제목을 가진 그림 2개"의 사진에 "단순형 프레임, 흰색" 테두리가 적용된 사진 앨범이 생성되었다.

④ 기본값으로 배경색이 검은색인데 배경색을 바꾸려면 [디자인] – [테마]에서 선택한다.

⑤ 앨범이 만들어진 후에 앨범을 수정해야 하는 경우에는 [삽입] – [이미지] 그룹 – [사진 앨범] – [사진 앨범 편집]을 클릭한 후 [사진 앨범 편집] 창에서 다시 옵션을 지정하면 된다.

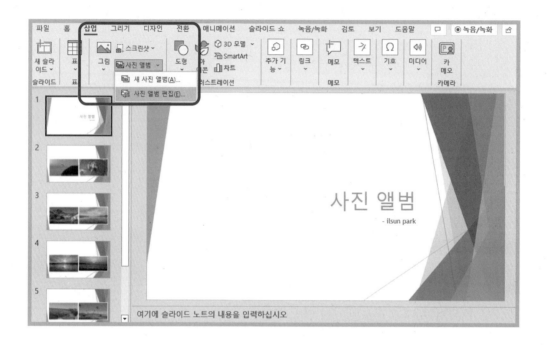

3) 앨범 저장 형식

앨범은 파워포인트 형식 외에 비디오 및 애니메이션 GIF로도 저장이 가능하다.

[파일] – [내보내기]를 클릭한다.

PDF 형식 – 레이아웃, 서식, 글꼴, 이미지를 그대로 유지하면서 내용을 쉽게 변경할 수 없다.

웹에서 무료 뷰어를 구할 수 있다.

비디오 – 슬라이드에 들어있는 애니메이션, 전환 효과, 미디어 및 잉크를 그대로 유지할 수 있다. 기록된 시간도 포함된다.

mp4, wmv 형식으로 저장할 수 있다.

애니메이션 GIF – 애니메이션, 전환 효과, 미디어 및 잉크를 모두 유지할 수 있다.

기록된 시간은 포함되지 않는다.

● 앨범을 비디오로 만들기

슬라이드에 걸린 시간을 선택한후 (예 : 2초) [비디오 만들기]를 클릭한다.

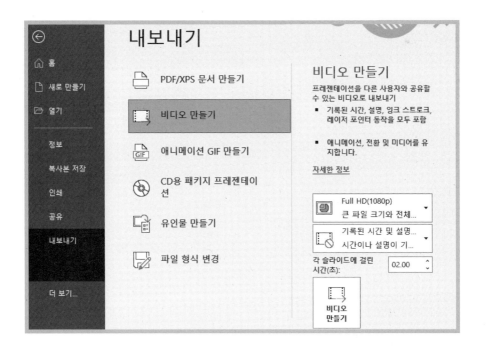

● 앨범 비디오 결과

**학습
정리**

❖ 하이퍼링크 활용하기

4가지 링크 방식 – 웹 페이지, 현재 문서, 새 문서, 전자 메일 주소

❖ 머리글/바닥글 활용하기

문서의 인쇄본에서 페이지의 상단 또는 하단에 같은 정보를 반복적으로 입력하기 위해 사용 날짜 및 시간, 슬라이드 번호, 바닥글 등을 슬라이드 단위로 적용할 수 있다.

❖ 슬라이드 마스터 활용하기

슬라이드 마스터에 반복해서 사용될 문구나 이미지, 폰트 정보 등을 저장하여 원하는 슬라이드에 동일한 스타일을 지정한다.

슬라이드 마스터는 레이아웃 유형별로 지정되기 때문에 반드시 각 슬라이드의 레이아웃을 알아야 한다.

❖ 사진 앨범 만들기

여러 장의 사진으로 "사진 슬라이드 쇼"를 만들거나 동영상으로도 편집할 수 있다.

gif, wmv, mp4 등의 포맷으로 내보내기가 가능하다.

연습 문제

1. 다음 중 하이퍼링크로 연결할 수 없는 것은 무엇인가?

① 웹 페이지   ② 새 문서

③ 슬라이드   ④ 표

2. 머리글/바닥글을 슬라이드에 모두 적용하더라도 제외할 수 있는 슬라이드는 무엇인가?

① 제목 슬라이드   ② 제목만 슬라이드

③ 제목 및 내용 슬라이드   ④ 제목 및 세로 텍스트

3. 머리글/바닥글 작성에 대한 설명이 바르게 된 것은 무엇인가?

① 해당 날짜로 고정시키기 위해서는 '직접 입력' 옵션을 선택해야 한다.

② 머리글/바닥글에는 클립아트나 이미지도 삽입 가능하다.

③ 머리글/바닥글은 슬라이드 마스터에서 입력한다.

④ 머리글/바닥글에 대한 서식을 한꺼번에 지정하기 위해서는 [홈] - [글꼴]에서 해야 한다.

4. 슬라이드에 하이퍼링크를 사용하려고 한다. 설명이 바르지 않은 것은 무엇인가?

① 같은 파워포인트 문서의 슬라이드에 링크를 걸 수 있다.

② 다른 폴더에 있는 외부 문서로 링크를 걸 수 있다.

③ 전자 메일 주소로 링크를 걸 수 있다.

④ 아직 존재하지 않은 문서로는 링크를 걸 수가 없다.

5. 파워포인트에서 사진 앨범을 만들려고 한다. 설명이 바르지 못한 것은 무엇인가?

① 만들어진 사진 앨범을 동영상으로 변환할 수 있다.

② 사진 앨범은 gif 포맷으로도 내보내기가 가능하다.

③ 사진 앨범을 제작할 때 명도/채도 변경 등이 어려워 사진 앨범 제작 전 사진 보정을 먼저 해야 한다.

④ 사진 앨범은 다양한 그림 레이아웃을 사용할 수 있다.

6. 슬라이드에서 머리글/바닥글을 활용하는 방법이 잘못된 것은 무엇인가?

① 제목 슬라이드에는 머리글/바닥글 내용이 적용되지 않도록 할 수 있다.

② 슬라이드의 머리글/바닥글에는 날짜 및 시간, 슬라이드 번호 등이 삽입될 수 있다.

③ 머리글/바닥글을 삽입하면 전체 슬라이드에 적용될 수 있다.

④ 머리글/바닥글은 여러 슬라이드 보기에서만 볼 수 있다.

7. 슬라이드 마스터 활용법에 대한 설명이 바르지 못한 것은 무엇인가?

① 슬라이드 마스터는 프레젠테이션의 테마 및 슬라이드 레이아웃 정보를 저장하는 최상위 슬라이드이다.

② 레이아웃 유형에 관계없이 모든 슬라이드에 한 번의 지정으로 모든 레이아웃 유형의 슬라이드에 동일하게 서식을 지정하고자 할 때에는 [마스터 슬라이드]를 사용한다.

③ 슬라이드 마스터를 이용하면 항상 같은 서식을 유지할 수 있어 일관성 있는 문서를 만들 수 있다.

④ 먼저 슬라이드 마스터에서 서식을 지정한 후 새 슬라이드를 나중에 추가하면 슬라이드 마스터에서 지정한 서식이 적용되지 않는다.

8. 슬라이드 마스터 편집 방법이 잘못된 것은 무엇인가?

① 슬라이드 마스터에서는 모든 슬라이드에 동일하게 적용될 서식을 한꺼번에 지정할 때 사용한다.

② 슬라이드 마스터는 슬라이드 레이아웃별로 편집이 가능하다.

③ 슬라이드 마스터 편집은 슬라이드 편집 영역에서도 할 수 있다.

④ 각기 다른 레이아웃 슬라이드에 동일한 서식을 지정하려면 마스터 슬라이드에서 작성한다.

9. 다음 중 파워포인트에서 슬라이드 작성 시 잘못된 것은 무엇인가?

① 슬라이드 마스터에서는 쪽 번호의 서식을 지정할 수 있다.

② 슬라이드 마스터에서는 서식만 지정할 뿐 그림 삽입은 할 수 없다.

③ 슬라이드는 자유롭게 페이지 이동이 가능하다.

④ 쪽 번호는 슬라이드가 삭제되면 자동으로 변경된다.

10. 슬라이드에서 사진 앨범을 만들고 내보내기 할 수 있는 포맷이 아닌 것은?

① wmv   ② 애니메이션 Gif

③ Mp4   ④ Jpg

멀티미디어 프리젠테이션

학습목표

- 프리젠테이션에 오디오와 비디오를 삽입함으로써 보다 더 현장감있는 문서를 제작할 수 있다.
- 문서에 애니메이션을 적용하여 효과적이고 임펙트있는 프리젠테이션을 할 수 있다.
- 화면전환을 적용하여 프리젠테이션에 세련미를 더 할 수 있다.

① 오디오 활용

1) 오디오 파일 포맷

파워포인트 문서에 삽입할 수 있는 오디오 포맷으로는 wav, wma, midi, aiff, mp3, au 등이 있고 이외에도 다양한 오디오 포맷을 지원하고 있다.

> wav − windows audio file
>
> wma − windows media audio file
>
> midi − MIDI file
>
> aiff − AIFF audio file
>
> mp3 − MP3 audio file
>
> au − AU audio file
>
> m4a − MP4 Audio

2) 오디오 파일 삽입

❶ [삽입] − [미디어] − [오디오] − [내 pc의 오디오]를 클릭한다.

미리 만들어진 오디오 파일을 선택한다.

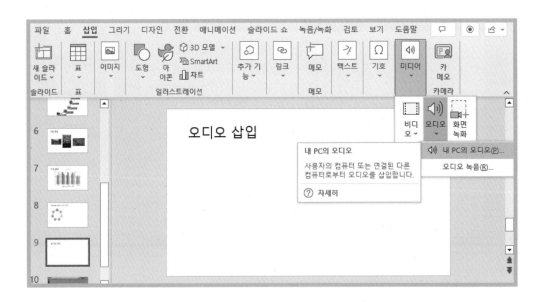

❷ 오디오가 삽입되었다는 오디오 심볼 이미지가 나타난다.

❸ 오디오 심볼 이미지를 클릭하면 리본 메뉴에 [오디오 형식], [재생] 메뉴가 추가로 생성된다.

[재생] 메뉴에서 페이드 지속 시간, 오디오 트리밍 등의 편집을 할 수 있다.

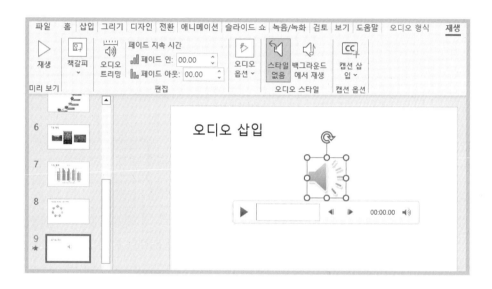

3) 오디오 녹음

[삽입] – [미디어] – [오디오] – [오디오 녹음]을 클릭하면 [소리 녹음] 창이 열린다.

녹음하고 바로 삽입할 수 있다. 단, 녹음 전에 마이크가 연결되어 있어야 한다.

4) 오디오 재생 옵션 다루기

● 오디오 트리밍하기

삽입한 오디오 전체를 다 사용하지 않고 오디오의 일부만 사용하려면 오디오를 필요한 부분만 선택해야 한다.

[재생] – [오디오 트리밍]을 클릭한다.

[오디오 맞추기] 창에서 왼쪽의 초록색 바를 드래그하여 사운드의 시작 지점을 지정하고 오른쪽의 빨간색 바를 드래그하여 사운드의 종료 시점을 지정하여 오디오 클립을 트리밍한다.

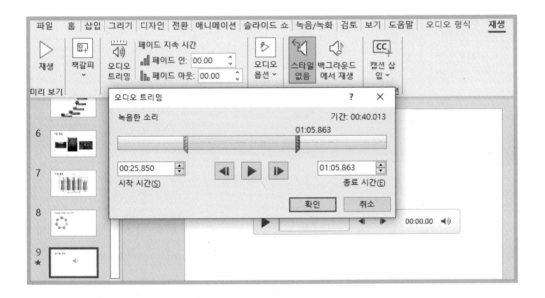

● 페이드 인/아웃

[재생] – [페이드 지속 시간]에서 설정한다.

페이드 인 : 사운드가 처음 시작할 때 작게 시작해서 점점 커져 원래의 볼륨 소리를 내기까지의 시간을 설정한다.

페이드 아웃 : 사운드가 종료할 때 원래의 볼륨에서 점점 작아져서 완전히 꺼질 때까지의 시간을 설정한다.

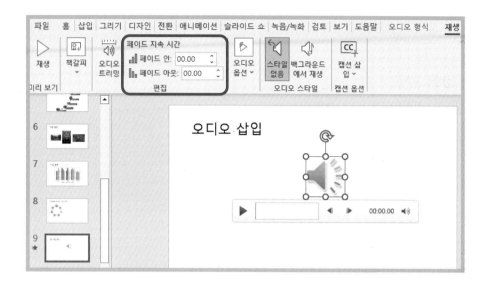

● 오디오 옵션

[재생] – [오디오 옵션]에서 설정한다.

시작 : 사운드가 '자동 실행' 또는 '클릭할 때' 시작할 것인지 또는 '마우스 클릭 시' 시작할 것인지를 설정한다.

반복 재생 : '반복 재생'에 체크하면 사운드는 무한 반복한다.

볼륨 : '낮음', '중간', '높음', '음소거' 등 4 단계로 볼륨을 조절할 수 있다.

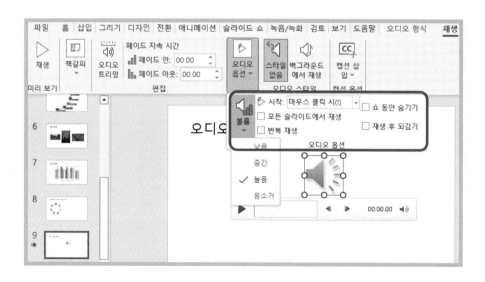

② 비디오 활용

1) 비디오 파일 포맷

지원되는 비디오 파일 포맷으로는 asf, wmv, mp4, mov, swf, avi 등이 있다.

asf – Windows Media File

wmv – Windows Media Video File

mp4 – MP4 Video File

mov – Quicktime Movie File

swf – Adobe Flash Media File

avi – Windows Video File

PowerPoint 프레젠테이션에서는 비디오를 포함할 뿐만 아니라 연결할 수도 있다. 만일, 프레젠테이션의 크기를 줄이기 위해서라면 내 컴퓨터 안의 비디오 파일이나 YouTube 등의 웹 사이트에 업로드한 비디오 파일에 연결하면 된다.

2) 비디오 파일 삽입

비디오를 삽입하면 비디오 볼륨이나 빨리 감기, 뒤로 가기 등의 조절이 가능한 비디오 콘솔이 함께 삽입된다.

삽입된 비디오 사이즈도 마우스로 드래그하여 조절 가능하다.

비디오를 포함하는 경우 모든 비디오 파일이 프레젠테이션 문서에 포함되므로 프레젠테이션을 할 때 비디오 파일이 손실될 염려가 없다.

❶ [삽입] – [미디어] – [비디오] – [스톡 비디오]를 클릭한다.

스톡 비디오는 파워포인트 라이브러리에 있는 비디오 파일이다.

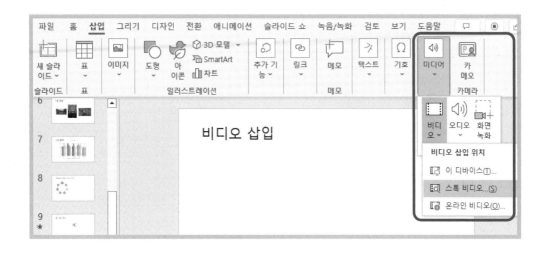

❷ 비디오 파일에 본문에 삽입된다.

비디오 화면 사이즈는 드래그해서 조절한다.

3) 온라인 비디오 연결

온라인 비디오는 다른 웹 사이트에 있는 비디오의 소스를 붙여 넣어 링크로 연결한다.

연결된 비디오 파일은 프리젠테이션 문서의 용량에 크게 영향을 주지 않는 특징이 있다.

❶ [삽입] – [미디어] – [비디오] – [온라인 비디오]를 클릭한다.

  타 사이트의 비디오 주소를 입력한 후 [삽입]을 누른다.

❷ 이때 파워포인트에서 자동으로 제공하는 비디오 콘솔은 나타나지 않는다.

  [재생] 메뉴의 대부분 옵션도 활성화되지 않는다.

  [재생] 메뉴에 있는 대부분의 비디오 옵션들은 사용할 수 없다.

  비디오 트리밍, 페이드 기능, 시작 옵션 등도 지정할 수 없다.

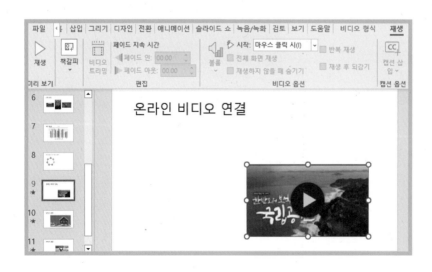

4) 비디오 포스터 프레임 지정하기

비디오 화면의 경우 움직이는 화면이라 비디오 처음 화면이 고정되어 있지 않다. 그래서 비디오 화면에 나타날 첫 화면을 원하는 사진으로 지정할 수 있다.

1 삽입한 비디오 선택 후 [비디오 형식] – [조정] – [포스터 프레임] – [파일의 이미지] 를 클릭해 고정된 비디오 클립의 첫 화면에 나타날 이미지를 선택해준다.

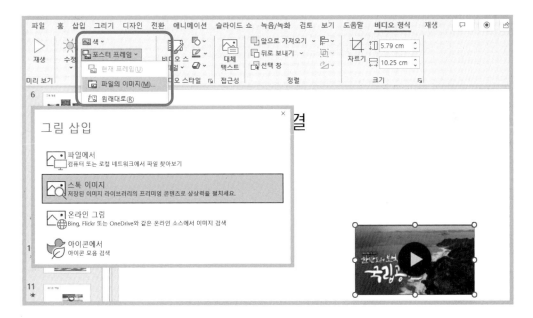

2 스톡 이미지 중 하나를 선택해 비디오 처음 표시 화면이 바뀌었다.

③ 화면 전환

한 슬라이드에서 다음 슬라이드로 넘어갈 때 슬라이드 단위로 페이드나 디졸브 또는 닦아내기와 같은 화면 전환 효과를 삽입할 수 있다.

화면 전환 효과에서는 효과의 속도도 조절할 수 있고 화면 전환 효과에 사운드도 삽입할 수 있다.

단, 한 프리젠테이션에서 슬라이드별로 너무 다양한 타입의 화면 전환 효과를 사용할 경우 프리젠테이션의 집중도를 떨어뜨릴 수 있어 주의해야 한다.

● **화면 전환 효과 결과보는 방법**

화면 전환 효과의 결과를 보는 방법은 두 가지이다.

❶ '슬라이드쇼'에서 확인

❷ [전환] – [미리 보기]에서 확인

1) 화면 전환 효과 삽입

[전환] – [슬라이드 화면 전환]에서 원하는 전환 효과를 선택한다.

화면 전환 효과가 적용된 슬라이드에는 미리 보기 패널에 별표(*) 표시가 되어 있다.

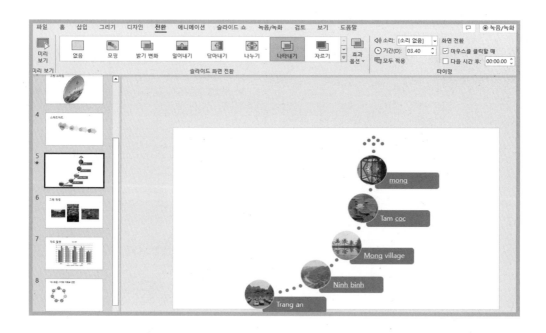

● **화면 전환 효과 종류**

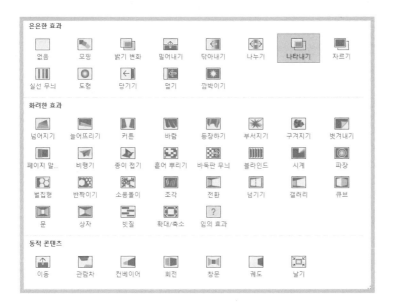

2) 화면 전환 효과 타이밍 지정

[전환] – [타이밍]– [소리]에서는 전환 효과에 음향 효과로 '소리'를 삽입할 수 있다.

[기간]에서는 화면 전환이 실행되는 시간을 설정할 수 있다.

[화면 전환]에서는 화면 전환 시점을 '마우스를 클릭할 때'인지 아니면 일정한 시간이 지나고 화면 전환을 해야 할지를 선택할 수 있다.

④ 애니메이션

화면 전환이 슬라이드 단위로 화면 전환 효과를 넣는 것에 비해 애니메이션은 슬라이드 단위가 아니라 개체 단위로 애니메이션이 삽입된다는 것이 특징이다.

즉, 애니메이션을 지정할 때에는 반드시 먼저 애니메이션을 지정할 개체를 선택한 후에 애니메이션을 지정해야 한다.

1) 애니메이션 종류

애니메이션 효과는 '나타내기', '강조하기', '끝내기', '이동 경로' 등 네 개의 타입으로 구분된다.

나타내기 – 처음 개체가 나타날 때의 동작을 의미한다.

강조 – 슬라이드에 개체가 미리 나타나 있고 다시 한번 강조하는 의미로 주는 효과이다.

끝내기 – 슬라이드에 개체가 미리 나타나 있다가 사라질 때의 동작을 의미한다.

이동 경로 – 임의의 경로는 그려주고 그린 선을 따라 개체를 이동시킬 수 있다.

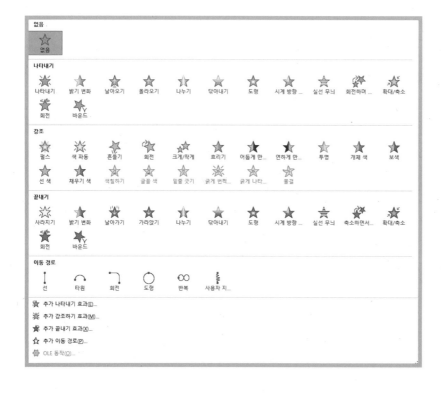

2) 애니메이션 삽입

❶ 애니메이션을 삽입하기 위해서는 반드시 애니메이션을 지정할 개체를 선택한다.

❷ [애니메이션] − [애니메이션] 그룹의 [자세히] 버튼을 클릭하여 애니메이션 종류를 열고 그중 하나를 선택한다. (예 : 나타내기 − 날아오기)

❸ 개체들을 하나씩 선택한 후 애니메이션을 지정한다.

❹ 애니메이션이 지정되면 각 개체 왼쪽에 애니메이션이 지정된 순서대로 번호가 나타난다.

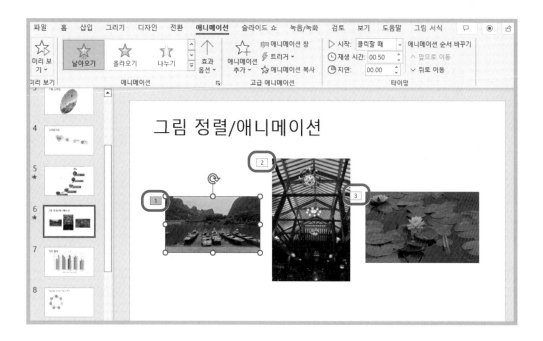

3) 애니메이션 효과 옵션 지정하기

애니메이션이 지정되면 [애니메이션] − [애니메이션] 그룹의 [효과 옵션]에서 추가적인 효과 옵션을 지정하여 애니메이션을 효과를 좀 더 디테일하게 한다.

가령, (1)번 애니메이션은 '날아오기'가 지정되었고 '효과 옵션'을 열면 왼쪽, 오른쪽, 위, 아래 등 방향을 선택하는 옵션이 나타난다.

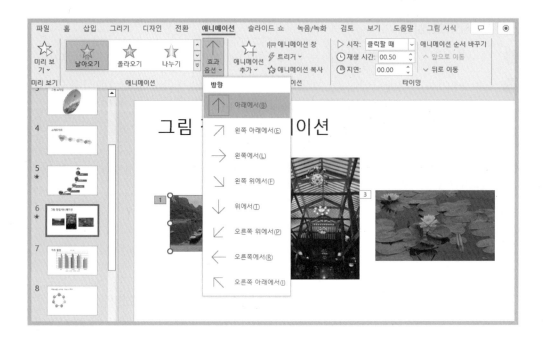

(2)번 애니메이션의 경우는 '회전'으로 추가적인 효과 옵션이 없다.

(3)번 애니메이션은 '도형'으로 도형 모양에 따른 효과를 선택하도록 한다.

[애니메이션] – [미리 보기]를 클릭하면 슬라이드 쇼에서 실제로 진행될 애니메이션을 슬라이드 영역에서 미리 볼 수 있다.

4) 애니메이션 타이밍

❶ 애니메이션 순서 바꾸기

애니메이션 개체를 선택한 후 [타이밍]에서 '앞으로 이동' 또는 '뒤로 이동'을 사용하여 애니메이션 실행 순서를 바꾼다.

❷ 애니메이션 시작

애니메이션의 재생 시작 시점을 선택한다.

클릭할 때 – 개체를 클릭할 때 애니메이션이 시작한다.

이전 효과와 함께 – 애니메이션이 이전 효과와 함께 시작한다.

이전 효과 다음에 – 애니메이션이 이전 효과 다음에 시작한다.

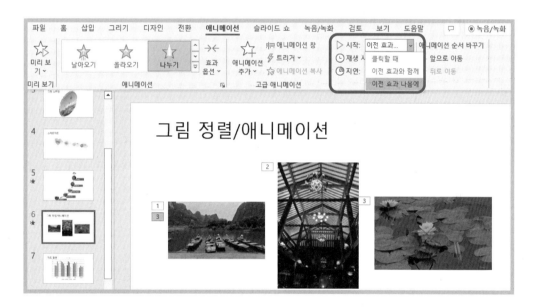

5) 애니메이션 중복 지정

애니메이션은 한 개체에 여러 개 중복 지정할 수 있다.

❶ 먼저 애니메이션이 지정된 개체를 클릭한다.

❷ [애니메이션] – [고급 애니메이션] – [애니메이션 추가]를 클릭해 애니메이션을 추가 선택한다.

❸ 1번 애니메이션에 4번 애니메이션이 추가되었다.

6) 애니메이션 삭제하기

애니메이션은 개체 단위로 지정이 되어 있으므로 원하지 않는 애니메이션은 편집 모드에서 해당 애니메이션 번호를 삭제한다. 또는 [애니메이션 창]에서도 [삭제] 메뉴를 이용해 삭제할 수 있다.

애니메이션 번호는 애니메이션을 지정하는 순서대로 자동으로 생성되는 것이므로 중간에 번호가 삭제되면 번호가 다시 자동으로 매겨진다.

7) 애니메이션 창 사용하기

애니메이션 창에서는 애니메이션과 관련하여 좀 더 다양한 지정을 한꺼번에 할 수 있다는 장점이 있다.

[애니메이션] – [고급 애니메이션] 그룹 – [애니메이션 창]을 클릭하면 오른쪽에 애니메이션 창이 열린다.

8) 애니메이션 순서 변경하기

❶ 애니메이션이 삽입되면 삽입된 순서대로 번호가 매겨지고 이 번호 순서대로 애니메이션이 실행된다. 따라서 제작된 순서와 다르게 실행 순서를 바꾸고자 하면 애니메이션 창을 이용한다.

❷ 가령, 2번 순서 애니메이션을 3번 순서로 실행되게 하려면, [애니메이션 창]에서 2번
을 선택한 후 아래 화살표 ▼를 클릭하면 된다.

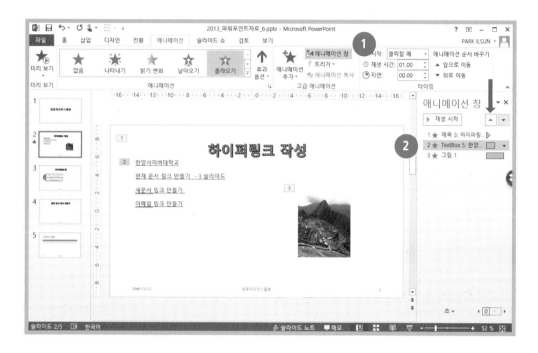

9) 리본 메뉴에서 애니메이션 순서 바꾸기

[애니메이션] − [타이밍]에서도 [애니메이션 순서 바꾸기]를 할 수 있다.

● **시작**

클릭할 때 : 마우스로 클릭할 때 애니메이션을 실행한다.

이전 효과와 함께 : 이전 효과와 함께 애니메이션을 실행한다.

이전 효과 다음에 : 이전 효과가 끝난 후 애니메이션을 실행한다.

10) 효과 설정

애니메이션 타입에 맞게 효과 옵션을 설정할 수 있다.

[애니메이션 창]에서 애니메이션 선택 후 [효과 옵션]을 클릭한다.

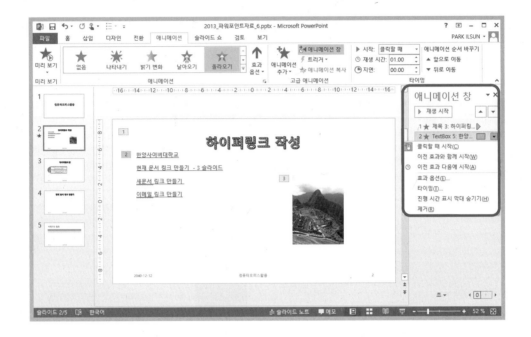

각 애니메이션에 소리도 지정할 수 있다.

애니메이션이 부드럽게 시작되고 부드럽게 종료되는 시점을 설정할 수 있다.

애니메이션 후의 효과, 텍스트 애니메이션 효과 등을 지정할 수 있다.

텍스트 애니메이션인 경우 단어별, 문자별로도 지정이 가능하다.

학습 정리

❖ 오디오 파일 포맷

파워포인트 문서에는 다양한 오디오 포맷을 삽입할 수 있다.

wav – windows audio file

wma – windows media audio file

midi – MIDI file

aiff – AIFF audio file

mp3 – MP3 audio file

au – AU audio file

❖ 비디오 파일 포맷

지원되는 비디오 파일 포맷으로는 asf, wmv, mp4, mov, swf, avi 등이 있다.

asf – Windows Media File

wmv – Windows Media Video File

mp4 – MP4 Video File

mov – Quicktime Movie File

swf – Adobe Flash Media File

avi – Windows Video File

❖ 화면 전환 효과

한 슬라이드에서 다음 슬라이드로 넘어갈 때 슬라이드 단위로 페이드나 디졸브 또는 닦아내기와 같은 모션이 들어간다.

❖ 애니메이션

애니메이션은 슬라이드 단위가 아니라 개체 단위로 애니메이션이 삽입된다.

애니메이션은 한 개체에 여러 개 중복 지정해도 된다.

애니메이션 번호는 애니메이션을 지정하는 순서대로 자동으로 생성되는 것이므로 중간에 번호가 삭제되면 번호가 다시 자동으로 매겨진다.

**연습
문제**

1. 다음 중 파워포인트에서 삽입할 수 있는 오디오 파일 포맷이 아닌 것은 무엇인가?

① wav   ② midi

③ au   ④ wmv

2. 다음 중 오디오 파일 설정에는 없고 비디오 파일 설정에만 있는 기능은 무엇인가?

① 반복 재생   ② 포스터 틀

③ 트리밍   ④ 페이드 인/페이드 아웃

3. 슬라이드에 화면 전환 효과를 줄 때 방법이 바르지 못한 것은 무엇인가?

① 화면 전환 효과에 사운드를 삽입하여 효과를 더욱 현장감 있게 한다.

② 슬라이드별로 다양한 효과를 지정하여 화려한 프리젠테이션을 만든다.

③ 화면 전환 효과의 속도를 조절하여 부드러운 프리젠테이션을 만든다.

④ 화면 전환 시점을 마우스를 클릭할 때인지 일정 시간이 지난 후인지를 잘 판단해야 한다.

4. 슬라이드에서 애니메이션을 작성하는 방법이 잘못된 것은 무엇인가?

① 개체를 먼저 선택한 후 애니메이션을 지정할 수 있다.

② 메뉴 '애니메이션 추가'에서 개체를 선택하여 애니메이션을 지정한다.

③ 애니메이션은 여러 개 중복하여 지정할 수 있다.

④ 애니메이션의 동작 순서는 애니메이션의 제작 순서이다.

5. 다음 중 파워포인트에서 삽입할 수 있는 비디오 파일 포맷이 아닌 것은 무엇인가?

① Avi   ② wmv

③ mp3   ④ mp4

6. 다음 중 애니메이션 효과에 대한 설명이 잘못된 것은 무엇인가?

① 나타내기 애니메이션은 개체가 처음 나타날 때의 동작을 의미한다.

② 강조 애니메이션은 슬라이드에 개체가 나타날 때 강조되면서 나타나는 효과이다.

③ 끝내기 애니메이션은 슬라이드에 개체가 미리 나타나 있다가 사라질 때의 동작을 의미한다.

④ 이동 경로 애니메이션은 그린 선을 따라 개체를 이동시킬 수 있다.

7. 아래 이미지는 무슨 작업을 하는 것인가?

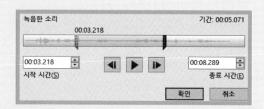

① 비디오 페이드인   ② 오디오 페이드 아웃

③ 오디오 트리밍   ④ 오디오 책갈피 추가

8. 다음 중 파워포인트에서 비디오를 삽입하면서 사용할 수 있는 옵션이 아닌 것은 무엇인가?

① 포스터 틀   ② 비디오 테두리

③ 배경 패턴 채우기   ④ 비디오 자르기

9. 파워포인트에서 비디오를 삽입하는 방법에 대한 설명이 바르지 못한 것은 무엇인가?

① 비디오를 삽입하면 비디오 볼륨이나 빨리 감기, 뒤로 가기 등의 조절이 가능한 비디오 콘솔이 함께 삽입된다.

② 삽입된 비디오 사이즈는 조절 불가하다.

③ 비디오를 포함하는 경우 모든 비디오 파일이 프레젠테이션 문서에 포함되므로 프레젠테이션을 할 때 파일이 손실될 염려가 없다.

④ 온라인 비디오는 다른 웹 사이트에 있는 비디오의 소스를 붙여 넣어 링크로 연결한다.

10. 파워포인트에서 비디오를 삽입하는 방법이 다른 하나는 무엇인가?

① 파워포인트에서 비디오 콘솔은 나타나지 않는다.

② [재생] 메뉴에 있는 대부분의 비디오 옵션들은 사용할 수 없다.

③ 비디오 트리밍 등을 지정할 수 있다.

④ 비디오 링크 소스로 연결한다.

CHAPTER08

프레젠테이션 실행과
클라우드 활용하기

학습목차

1. 슬라이드 쇼
2. 슬라이드 인쇄하기
3. 클라우드에서 파워포인트 활용하기

학습목표

- 슬라이드 쇼를 진행하면서 프레젠테이션 예행 연습을 할 수 있다.
- 파워포인트 문서를 유인물 등 다른 포맷으로 제작, 배포하는 방법을 익힐 수 있다.
- 이동 중에도 웹 파워포인트를 활용하는 방법을 익힐 수 있다.

① 슬라이드 쇼

슬라이드 쇼는 파워포인트 문서를 다 작성한 후 결과를 확인하거나 프레젠테이션 등을 할 때 사용하는 기능이다.

즉, 슬라이드 쇼는 파워포인트에서 작성한 프레젠테이션 문서를 음향 효과, 동영상 재생, 애니메이션 및 화면 전환 효과 등을 모두 포함하여 멀티미디어적인 요소를 한꺼번에 보여 주는 것을 말한다.

1) 슬라이드 쇼 시작

[슬라이드 쇼] – [슬라이드 쇼 시작]에서 슬라이드 쇼를 진행한다.

처음부터 시작 : 현재 편집 모드에서 몇 번째 슬라이드가 선택되었는지에 관계없이 슬라이드 쇼는 무조건 처음부터 시작한다.

현재 슬라이드부터 시작 : 편집 모드에서 선택된 슬라이드부터 슬라이드 쇼를 진행한다.

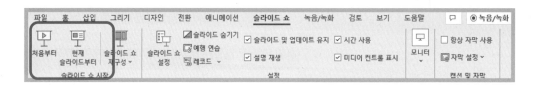

2) 슬라이드 쇼 재구성

전체 슬라이드 중에서 실제로 슬라이드 쇼에서 사용할 슬라이드만을 다시 선택할 수 있다.

보통의 경우 프레젠테이션 발표 시간이 여유롭지 않기 때문에 먼저 충분히 발표할 자료를 슬라이드에 넣고 최종적으로 시간 안에 발표해야 하는 슬라이드만을 골라서 재구성할 수 있다.

● 슬라이드 쇼 재구성 만들기

❶ [슬라이드 쇼] – [슬라이드 쇼 시작] – [슬라이드 쇼 재구성]을 클릭한다.

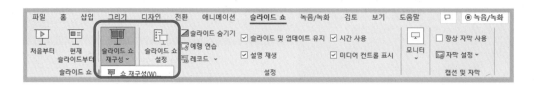

❷ [쇼 재구성]을 클릭하면 대화상자가 열리고 [새로 만들기]를 클릭한다.

❸ [쇼 재구성하기] 창에서 재구성할 슬라이드 쇼 이름(1차 발표)을 지정한다.

원쪽의 '프레젠테이션에 있는 슬라이드' 항목에서 슬라이드 쇼에서 사용할 해당 슬라이드를 선택한 후 [추가] 버튼을 누르면 오른쪽의 '재구성한 쇼에 있는 슬라이드 항목'에 추가된다.

오른쪽 화살표 버튼(위로, 아래로)을 이용해서 재구성한 슬라이드의 순서를 바꿀 수 있다.

슬라이드 재구성이 끝난 후 [확인]을 누른다.

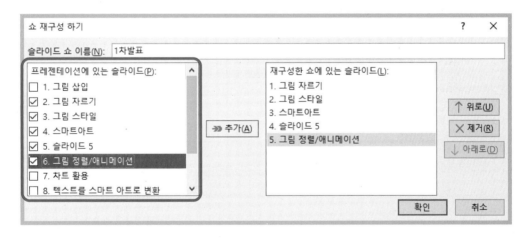

❹ [슬라이드 쇼] – [슬라이드 쇼 재구성]을 클릭하면 조금 전 재구성한 슬라이드 이름인(1차 발표)가 들어있는 것을 볼 수 있다.

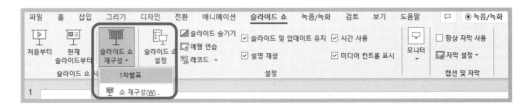

● **슬라이드 재구성 수정하기**

❶ 재구성한 슬라이드 쇼를 다시 편집하려면 [슬라이드 쇼] − [슬라이드 쇼 재구성] −
[쇼 재구성]을 클릭한다.

[쇼 재구성] 창에서 "1차발표"를 선택한 후 [편집] 버튼을 클릭한다.

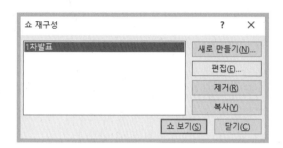

❷ [쇼 재구성하기] 창이 열린다. 여기서 다시 슬라이드를 재구성하면 된다.

필요 없는 슬라이드는 삭제, 슬라이드 간 이동 등을 한다.

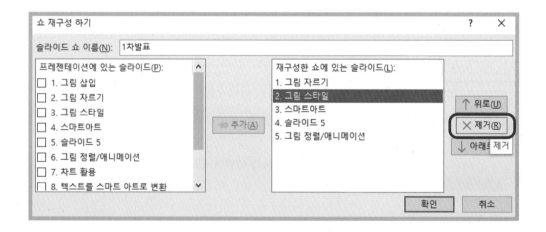

3) 슬라이드 쇼 설정

슬라이드 쇼의 형식이나 슬라이드 쇼의 표시 옵션 등을 자세히 지정할 수 있다.

[슬라이드 쇼] − [설정] − [슬라이드 쇼 설정]을 클릭해서 '쇼 설정' 대화상자를 연다.

❶ 쇼 형식

발표자가 진행을 담당하는 전체 화면으로 슬라이드 쇼를 진행하거나 웹 형식으로 진행할 수도 있다.

'전체 화면'이란 모니터의 사이즈에 맞춰 항상 해당 모니터 전체에 슬라이드를 표시하는 방식으로 이 경우 사이즈 조절이 되지 않는다.

'웹 형식'은 모니터 사이즈와 관계없이 웹 문서 형식으로 작업하고 있는 파워포인트 문서 창에 슬라이드 쇼가 진행되는 것으로 사이즈 조절이 가능하다.

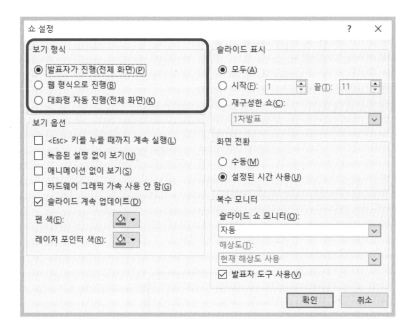

❷ 보기 옵션

'녹음된 설명 없이 보기'를 지정하여 슬라이드 내용만 볼 수 있다.

'애니메이션 없이 보기' 방식으로도 슬라이드 쇼를 진행할 수 있다.

펜 색이나 레이저 포인터 색도 지정할 수 있다.

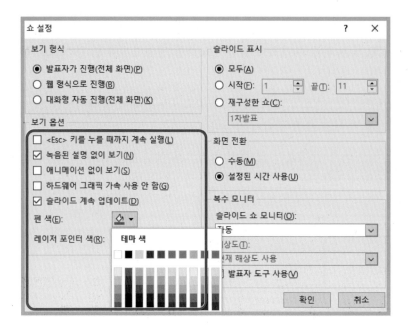

❸ 슬라이드 표시

슬라이드 쇼에 진행할 슬라이드의 시작 페이지와 끝 페이지를 지정할 수 있다.

또는 먼저 만들어 놓은 '재구성한 쇼'가 있다면 '재구성한 쇼'를 설정할 수도 있다.

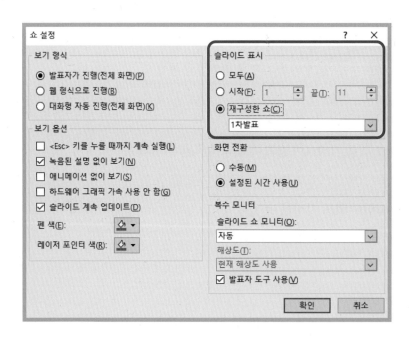

4) 슬라이드 숨기기

슬라이드 쇼를 진행하기 전에 처음부터 만들어진 슬라이드 중에서 발표에 필요 없는 슬라이드를 숨기고 슬라이드 쇼를 진행할 수 있다.

슬라이드를 [숨기기] 한다고 해서 슬라이드가 삭제되는 것은 아니다.

❶ 숨기기를 원하는 슬라이드를 선택한 후 [슬라이드 쇼] – [설정] – [슬라이드 숨기기]를 클릭한다.

❷ 숨겨진 슬라이드는 [기본 보기] 슬라이드 미리 보기 창에서 슬라이드 번호에 사선이 그려진다.

❸ 숨겨진 슬라이드를 다시 보이게 하려면 해당 슬라이드를 선택한 후 [슬라이드 숨기기 취소]를 클릭하면 된다.

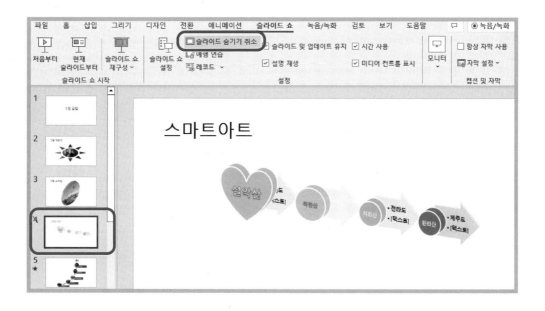

5) 슬라이드 예행 연습

프레젠테이션 발표 이전에 먼저 발표 시간에 맞춰서 프레젠테이션 예행 연습을 해 볼 수 있다.

프레젠테이션은 절대적으로 시간을 엄수해야 하므로 반드시 예행 연습이 필요하다.

예행 연습은 슬라이드 쇼의 전체 화면에서 하게 되고 각 슬라이드에서 소요되는 시간이 기록되고 이 소요된 시간을 저장할 수 있어 발표 시간을 맞출 수 있다.

❶ [슬라이드 쇼] – [설정] – [예행 연습]을 클릭하면 슬라이드쇼가 시작된다.

❷ 슬라이드 예행 연습이 끝나면 쇼에 걸린 시간을 저장할 것 인지를 정한다.

예행 연습이 다 끝나면 "새 슬라이드 시간을 사용하시겠습니까?"라는 알림 창이 뜨고 이때 [예]를 하면 지금 예행 연습한 시간을 사용하는 것이고 [아니오]를 클릭하면 기존에 저장된 예행 연습 시간을 유지하고 지금 막 끝낸 예행 연습 시간은 저장하지 않겠다는 것이다.

❸ 위의 알림 창에서 [예] 버튼을 클릭하고 적용된 시간을 보기 위해서는 [여러 슬라이드 보기] 모드를 클릭한다.

❹ 여러 슬라이드 각각에서 각 슬라이드 당 걸린 시간을 표시해 준다.

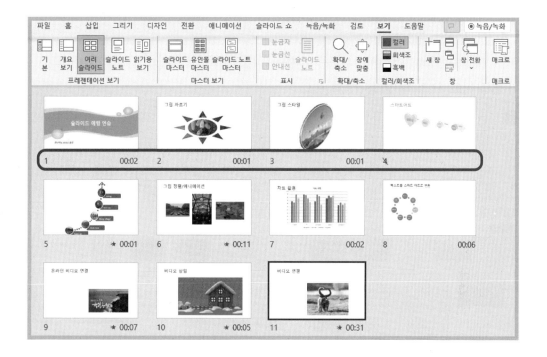

6) 슬라이드 저장하기

파워포인트에서 작업한 본문 슬라이드를 저장할 수 있는 형식은 다양하다.

가장 많이 사용하는 대표적인 형식은 다음과 같다.

pptx – 파워포인트 형식

ppsx – 슬라이드 쇼 형식

pdf – Portable Document Format

jpg, png – 이미지 형식

gif – 이미지 형식

wmv – 동영상 형식

② 슬라이드 인쇄하기

1) 슬라이드 크기 및 방향 지정

❶ [디자인] – [사용자 지정] – [슬라이드 크기]에서 슬라이드의 비율(3:4 또는 16:9)을 정할 수 있다.

슬라이드 크기를 자유롭게 정하고 싶으면 [사용자 지정 슬라이드 크기]를 선택한다.

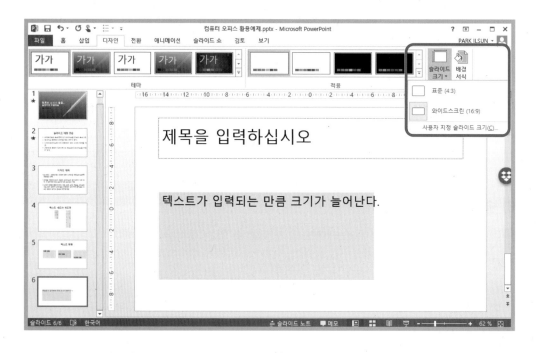

[슬라이드 크기] 대화상자에서 다양한 크기의 슬라이드를 지정할 수 있다. 또한 슬라이드 노트 및 유인물 등의 방향도 지정할 수 있다.

단, 슬라이드 크기나 방향은 슬라이드를 작성하기 전에 제일 먼저 지정해 놓고 작업을 해야 슬라이드 안에 들어간 레이아웃이나 개체의 위치 등이 변하지 않는다.

2) 인쇄 설정

인쇄 메뉴에서는 프린터 선택, 인쇄 영역 선택, 인쇄 유형 선택, 그리고 컬러 및 회색조 인쇄 등을 설정할 수 있다.

❶ [파일] – [인쇄]를 클릭한다.

❷ 인쇄될 화면이 오른쪽에 미리 보기 화면으로 제공되기 때문에 화면을 보면서 설정을 할 수 있다.

❸ [설정]에서 인쇄할 슬라이드 영역을 선택한다.

모든 슬라이드, 선택 영역, 현재 슬라이드, 범위 지정 등의 방식으로 선택할 수 있다.

재구성한 쇼나 숨겨진 슬라이드만도 인쇄할 수 있다.

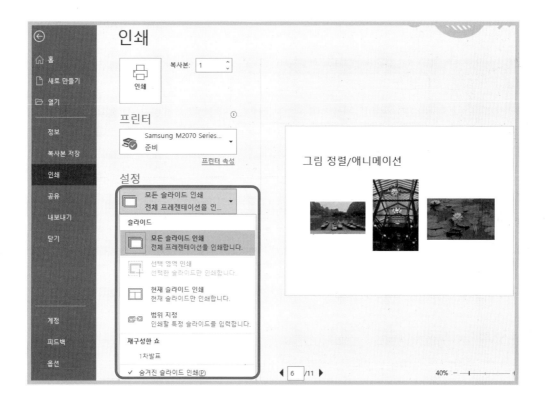

3) 인쇄 모양

슬라이드 형식만 인쇄하는 것이 아니고 전체 페이지 슬라이드, 슬라이드 노트, 개요 등의 형식으로 유형 선택을 할 수 있다.

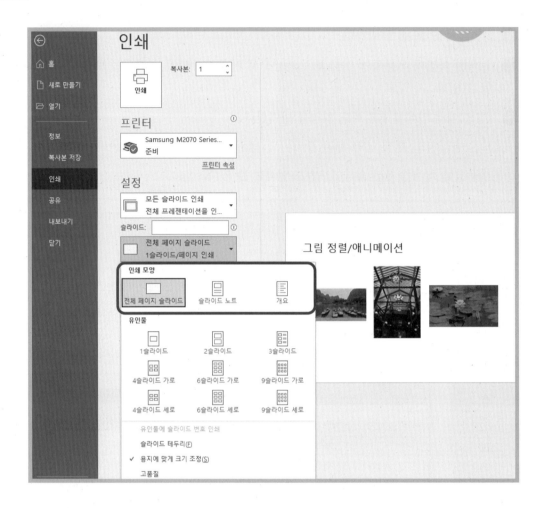

● **전체 페이지 슬라이드**

인쇄할 페이지를 슬라이드 단위로 인쇄한다.

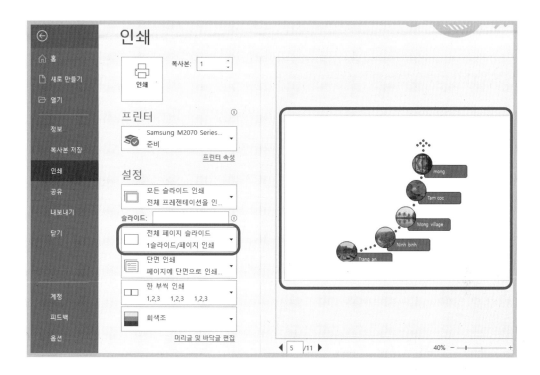

● **슬라이드 노트**

상단에는 슬라이드 화면이 나타나고 하단에는 슬라이드 노트의 내용이 나타나는 방식이다.

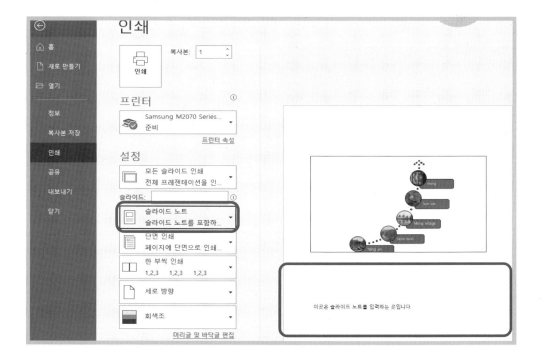

● **개요 보기**

'개요 보기 방식'은 슬라이드에 삽입된 그림, 동영상 등의 이미지를 제외하고 텍스트 위주로만 인쇄가 되는 방식이다.

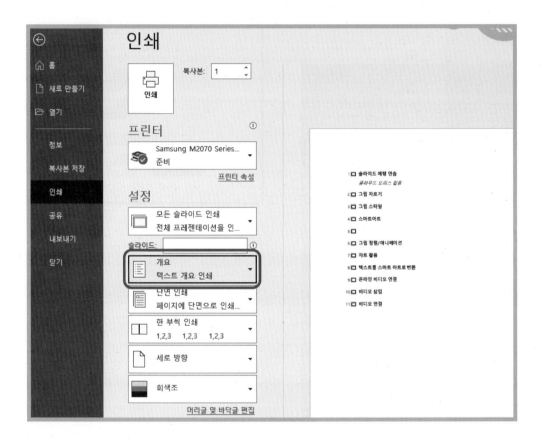

● **유인물 인쇄**

유인물은 청취자들을 위해 프레젠테이션 내용을 문서로 만들어 배포할 목적으로 인쇄하는 유형이다.

한 페이지에 몇 장의 슬라이드를 넣을 것인지에 따라 1슬라이드부터 2, 3, 4, 6, 9 슬라이드까지 선택할 수 있다.

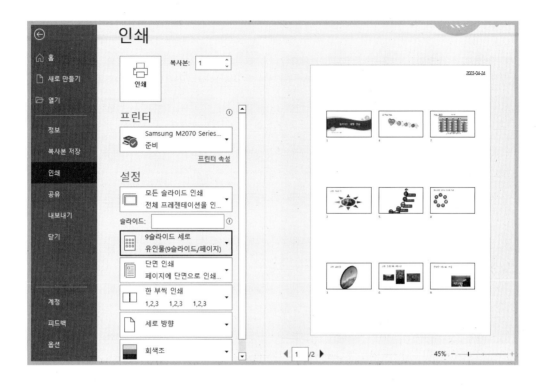

4) 컬러/회색조/흑백 인쇄

인쇄 옵션에서 컬러 외에 회색조나 흑백으로 인쇄를 했다고 해서 슬라이드의 문서 색상 유형이 회색조나 흑백으로 바뀌는 것은 아니다.

원본 문서 자체의 컬러 모드를 회색조나 흑백으로 변경하려면 본문으로 돌아와 [보기] – [컬러/회색조] – [회색조]에서 설정해야 한다.

컬러 – 슬라이드에 설정된 모든 컬러대로 인쇄한다.

회색조 – 흰색, 회색, 검은색 등을 이용해서 문서를 인쇄한다.

흑백 – 흰색과 검은색만으로 문서를 인쇄한다.

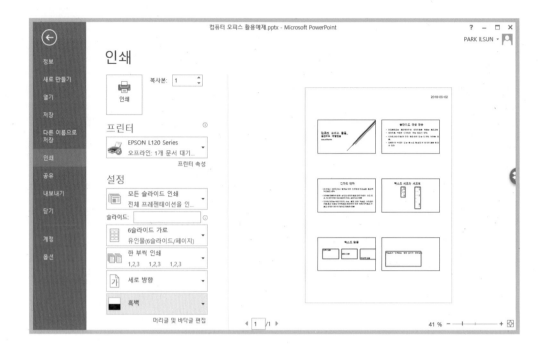

5) 여러 부 인쇄

전체 슬라이드를 여러 부수로 인쇄하는 옵션이 있다.

한 부씩 인쇄 (1,2,3 1,2,3 1,2,3) – 먼저 모든 슬라이드 1부를 다 인쇄하고 다시 슬라이드를 반복해서 부수만큼 인쇄한다.

한 부씩 인쇄 안함 (1,1,1 2,2,2 3,3,3) – 페이지마다 인쇄 부수만큼 반복 인쇄를 한다.

③ 클라우드에서 파워포인트 활용하기

MS 오피스가 Microsoft365로 통합되면서 로그인만 하면 언제 어디서나 웹에서도 PC에서 작업했던 내용을 그대로 이어서 편집할 수 있다.

웹용 PowerPoint는 Word 프로그램과 거의 같은 작업 방식을 이용한다.

웹용 PowerPoint를 사용하기 위해서는 반드시 Microsoft에 계정이 있어야 한다.

모바일에서도 PC에서 하던 문서 편집 작업을 이어서 할 수 있다.

1) 웹용 PowerPoint

office.com에 접속한 후 로그인하면 내 계정으로 [Microsoft 365]가 열린다.

왼쪽의 PowerPoin를 클릭하여 웹용 PowerPoint를 연다.

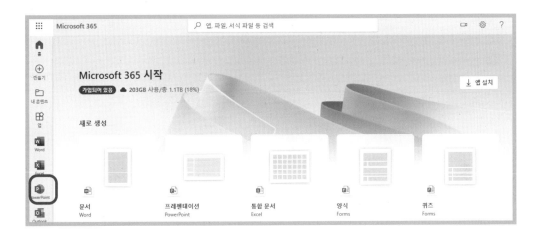

웹용 PowerPoint에서는 문서가 OneDrive에 자동으로 저장된다.

● **공유**

내용 및 문서 수정을 공유할 사람에게 이메일이나 링크를 보낸다.

● **메모하기**

공유한 사람들에게 문서에 대한 첨삭을 표시한다.

● **따라잡기**

[따라잡기]를 클릭하면 파일을 마지막으로 연 이후로 공동 작업자가 변경한 사항이 표시된다.

● **프리젠테이션 자막 사용**

➊ [슬라이드 쇼] – [항상 자막 사용]에서 옵션에 체크한다.

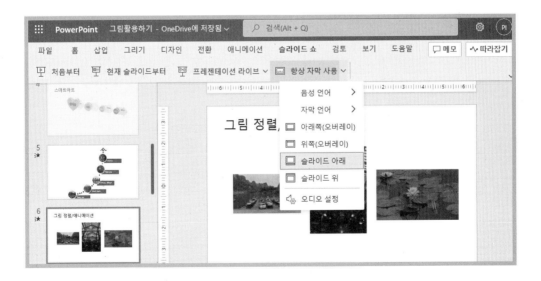

❷ 프리젠테이션 중 말하는 말이 자막으로 나온다.

프리젠테이션을 하면서 발표자의 소리가 아래 자막으로 나오고 있다.

슬라이드 쇼에 Microsoft Speech Services에서 제공하는 라이브 캡션 또는 자막을 표시한다.

**학습
정리**

❖ 슬라이드 쇼

슬라이드 쇼는 파워포인트에서 작성한 프레젠테이션 문서를 음향 효과, 동영상 재생, 애니메이션 및 화면 전환 효과 등을 모두 포함하여 모든 멀티미디어적인 요소를 한꺼번에 보여주는 것을 말한다.

❖ 슬라이드 쇼 재구성

전체 슬라이드 중에서 실제로 슬라이드 쇼에서 사용할 슬라이드만을 다시 선택할 수 있다.

❖ 슬라이드 쇼 예행 연습

프레젠테이션 발표 이전에 먼저 발표 시간에 맞춰서 프레젠테이션 예행 연습을 해볼 수 있다.

예행 연습은 슬라이드 쇼의 전체 화면에서 하게 되고 각 슬라이드에서 소요되는 시간이 기록되고 이 소요된 시간을 저장할 수 있어 발표 시간을 맞출 수 있다.

❖ 슬라이드 인쇄

인쇄 메뉴에서는 프린터 선택, 인쇄 영역 선택, 인쇄 유형 선택, 그리고 컬러 및 회색조 인쇄 등을 선택할 수 있다.

**연습
문제**

1. 다음 중 프레젠테이션 문서에서 음향 효과, 동영상 재생 및 애니메이션 등 멀티미디어 요소를 한꺼번에 보여줄 수 있는 모드는 무엇인가?

① 전체 화면 읽기   ② 웹 모양

③ 슬라이드 쇼   ④ 읽기용 보기

2. 슬라이드 쇼를 진행할 때 사용할 수 있는 기능이 아닌 것은?

① 필요한 슬라이드만 재구성해서 슬라이드 쇼를 진행할 수 있다.

② 특정 페이지만 지정해서 슬라이드 쇼를 진행할 수는 없다.

③ 슬라이드 쇼를 전체 화면이 아닌 웹 형식으로도 진행할 수 있다.

④ 애니메이션 없이 슬라이드 쇼를 진행할 수도 있다.

3. 다음 중 슬라이드 인쇄 유형에서 슬라이드와 슬라이드 노트가 함께 인쇄될 수 있는 유형은 무엇인가?

① 개요   ② 전체 페이지 슬라이드

③ 슬라이드 노트   ④ 유인물

4. 슬라이드 쇼 재구성에 대한 설명이 바르게 된 것은 무엇인가?

① 실제로 프리젠테이션 할 슬라이드만 선택할 수 있다.

② 슬라이드 쇼 재구성 창에서 필요 없는 슬라이드를 삭제하여 슬라이드를 완전히 제거할 수 있다.

③ 슬라이드 쇼 재구성 시 슬라이드의 순서를 바꾸기 위해서는 본문에서 미리 슬라이드 순서를 바꿔야 한다.

④ 슬라이드 쇼 재구성은 새로운 프리젠테이션을 구성하는 것이므로 [삽입] 메뉴를 이용한다.

5. 슬라이드를 인쇄할 때 아래 이미지와 같이 인쇄를 하려면 어떤 인쇄 모양을 선택해야 하는가?

① 전체 페이지 슬라이드   ② 슬라이드 노트

③ 개요   ④ 2슬라이드

6. 슬라이드를 인쇄할 때 사용하는 옵션에 대한 설명이 바르지 못한 것은 무엇인가?

① 인쇄 옵션에서 컬러 외에 회색조나 흑백으로 인쇄할 수 있다.

② 인쇄 옵션에서 회색조를 선택하면 슬라이드의 문서 색상이 회색조로 바뀐다.

③ 회색조 인쇄는 흰색, 회색, 검은색 등을 이용해서 문서를 인쇄한다.

④ 흑백 인쇄는 흰색과 검은색 만으로 문서를 인쇄한다.

7. 파워포인트에서 슬라이드를 인쇄하는 방법에 대한 설명이 바르지 않은 것은 무엇인가?

① 인쇄 옵션을 (1,2,3 1,2,3 1,2,3) 이렇게 하면 먼저 모든 슬라이드 1부를 다 인쇄하고 다시 슬라이드를 반복해서 부수만큼 인쇄한다.

② 인쇄 옵션을 (1,1,1 2,2,2 3,3,3) 이렇게 하면 한 페이지마다 인쇄 부수만큼 반복 인쇄를 한다.

③ 인쇄할 때만 흑백으로 인쇄를 할 수 있다.

④ 유인물을 인쇄는 한 페이지에 슬라이드 노트가 같이 나오도록 할 경우에 사용한다.

8. 슬라이드 쇼를 설정할 때 사용할 수 있는 옵션이 아닌 것은 무엇인가?

① [슬라이드 쇼] – [설정] – [슬라이드 쇼 설정]에서 옵션을 지정할 수 있다.

② 쇼를 웹 형식으로도 진행할 수 있다.

③ 슬라이드 쇼를 할 때 애니메이션 없이 진행하도록 할 수 있다.

④ 슬라이드의 일부분만 쇼로 진행하기 위해서는 필요한 슬라이드를 먼저 재구성으로 작성한 후에 재구성한 쇼로 진행한다.

| 해설 | 쇼 설정에서 슬라이드의 일부만도 바로 지정이 가능하다.

9. 제작된 파워포인트 문서에서 프리젠테이션에 필요 없는 슬라이드를 제외하고 슬라이드쇼를 진행하는 방법에 대한 설명이 바르지 않은 것은 무엇인가?

① 슬라이드 쇼를 진행하기 전에 발표에 필요 없는 슬라이드를 숨기고 슬라이드 쇼를 진행할 수 있다.

② 슬라이드를 [숨기기]를 한다고 해서 슬라이드가 삭제되는 것은 아니다.

③ 쇼에서 제외하기를 원하는 슬라이드를 선택한 후 [슬라이드 쇼] – [설정] – [슬라이드 숨기기]를 클릭한다.

④ 숨겨진 슬라이드는 [기본 보기] 슬라이드 미리 보기 창에서 슬라이드 전체에 사선이 그려진다.

| 해설 | 슬라이드 숨기기를 하면 슬라이드 번호에 사선이 그려진다.

10. 슬라이드 쇼를 진행하는 방법에 대한 설명이 바르지 못한 것은 무엇인가?

① 현재 편집 모드에서 몇 번째 슬라이드가 선택되었는지에 관계없이 슬라이드 쇼는 무조건 처음부터 시작한다.

② 편집 모드에서 선택된 슬라이드부터 슬라이드 쇼를 진행할 수 있다.

③ 슬라이드 재구성한 쇼만으로 슬라이드 쇼를 진행할 수 있다.

④ 슬라이드 쇼를 진행하면서 녹화를 할 수 있다.

정답 __ 1.③ 2.② 3.③ 4.① 5.③ 6.② 7.④ 8.④ 9.④ 10.①

CHAPTER **09**

엑셀의 통합문서 및
데이터 활용하기

학습목표

- 엑셀에 입력 가능한 데이터 유형을 익힐 수 있다.
- 워크시트를 활용하여 통합문서 작성법을 익힐 수 있다.
- 다양한 데이터를 입력하는 방법을 익힐 수 있다.
- 셀 서식을 활용하여 데이터의 표시 형식을 변경할 수 있다.

① 엑셀의 다양한 기능

● 강력한 계산 기능

사칙 연산, 기본 수학 함수 등으로 데이터들의 합, 평균, 최댓값, 최솟값 등을 자동으로 계산하고 통계 함수, 회계 함수 등을 이용하여 고난도 계산도 할 수 있다.

● 데이터 분석 기능

복잡한 데이터를 필터, 피벗 테이블 등의 분석 도구를 이용하여 원하는 분석 결과를 쉽게 얻고 달성하기 위한 목푯값을 찾거나 데이터 값의 변동에 따른 예상치 시나리오를 통해 예측해 볼 수 있다.

● 데이터베이스 기능

대량의 데이터를 사람의 눈과 손으로 분류하려면 너무 많은 시간을 낭비하게 된다. 검색, 추출, 정렬, 회귀 분석 등을 데이터의 분량에 관계없이 몇 번의 클릭만으로 할 수 있고 에러가 날 확률이 아주 적다.

● 차트 기능

2차원, 3차원의 각종 다양한 그래프의 형태로 복잡한 데이터의 통계를 알기 쉽게 표현할 수 있다. 차트 기능은 엑셀에서의 꽃이라 할 수 있을 만큼 제작이 편리하면서도 프리젠테이션에서 차트의 효과는 막강하다.

파워포인트에서 문서 작성을 하면서 차트를 삽입할 때 엑셀이 연동되어 작업되었던 것을 기억할 것이다. 엑셀 파트에서는 좀 더 자세히 차트 편집에 대해서 살펴보도록 한다.

● 워드프로세서 기능

워드프로세서에서 작성하는 문서 중 견적서나 보고서 등 표 편집이 많고 숫자 계산이 상대적으로 많이 필요한 문서를 작성할 때는 엑셀에서 편집하는 것이 더 수월하다.

② 엑셀의 워크시트 화면 구성

① 이름 상자

현재 선택된 셀의 주소나 셀에 지정된 이름을 볼 수 있다.

② 함수 삽입

수식 입력 줄에 함수를 사용할 수 있도록 [함수 마법사]를 호출한다.

③ 수식 입력 줄

셀에 입력한 데이터나 수식이 나타나는 부분으로 수식 입력 줄에 직접 데이터를 입력할 수 있다.

④ 워크시트 영역

데이터 작업을 할 수 있는 실제 작업 공간이다. 워크시트는 작은 사각형인 '셀'로 구성되어 있고 세로 방향을 '열', 가로 방향을 '행'으로 부른다.

⑤ 시트 탭

워크시트의 이름이 표시되는 곳으로 워크시트의 추가, 이동, 복사, 삭제, 이름 변경 등이 가능하다.

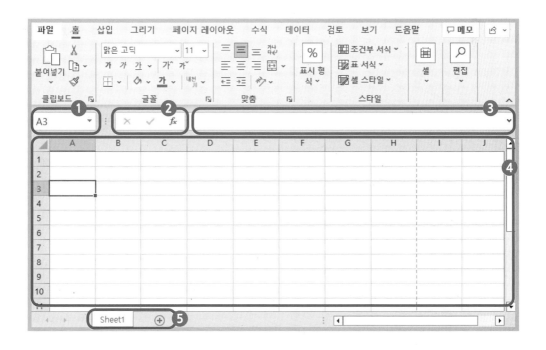

③ 워크시트의 구성 및 작성

1) 행과 열

행과 열이 만나 만들어지는 셀(사각형)의 열 문자와 행 번호로 셀을 지칭한다.

행 – 행은 가로 방향으로 아라비아 숫자로 표기된다. 예) 1, 2, 3, …

열 – 열은 세로 방향으로 알파벳 문자로 표기된다. 예) A, B, C, …

셀 주소 – 열 문자와 행 번호로 표시된다. 예) B4, A3, C3, …

> 주의 : 3C처럼 거꾸로 사용하지 않는다.

2) 셀 관리

연속된 여러 개 셀 선택 : 시작 셀을 클릭하고 <Shift> 키를 누르면서 마지막 셀을 클릭하거나 마우스로 드래그한다.

비 연속된 여러 개 셀 선택 : <Ctrl> 키를 누른 상태에서 원하는 셀을 클릭한다.

행/열 전체 선택 : 워크시트 왼쪽의 '행 번호', '열 번호'를 각각 클릭하면 그 행, 열 전체가 선택된다.

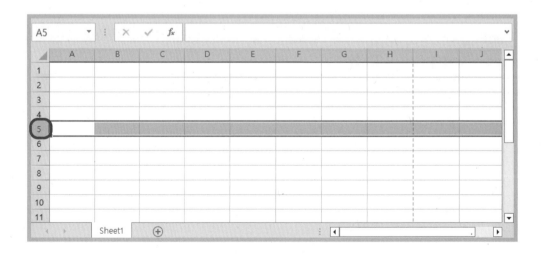

워크시트 전체 선택 : 워크시트 맨 상단, 좌측을 클릭하면 워크시트 전체가 선택된다.

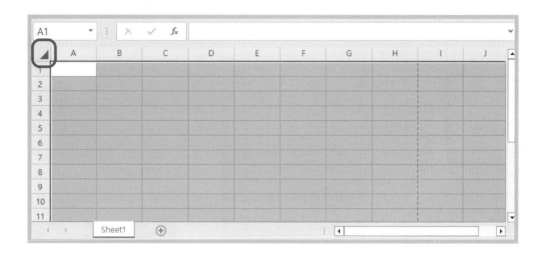

이름으로 셀 선택 : 이름을 이용하면 특정 영역의 셀들을 빠르게 찾을 수 있다. 또한 수식을 입력할 때 셀 주소로 계산을 하는데 이때 셀 주소 대신 이름을 이용할 수도 있다.

❶ 셀의 특정 영역을 마우스로 드래그한다.

❷ 이름 상자에서 원하는 이름을 입력한 후 [enter]를 클릭하면 지정된 영역의 이름이 생성된다.

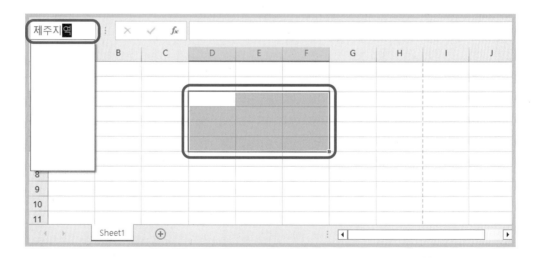

❸ 이름 상자를 클릭하여 그 워크시트에서 생성된 이름 들의 목록이 나타나고 그중 하나를 선택한다.

해당 영역으로 커서가 움직여서 셀의 특정 영역을 자동으로 선택해 준다.

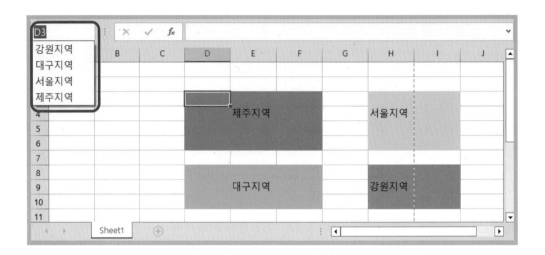

3) 워크시트 추가/이동/삭제

● 워크시트 추가

❶ [Sheet1]이라고 적힌 단어 옆에 ⊕ 버튼을 클릭하면 새 워크시트가 생성된다.

이때 sheet1, sheet2처럼 번호가 붙어 시트 이름이 자동으로 생성된다.

❷ 또는 워크시트 탭에 마우스 오른쪽 버튼을 클릭한 후 메뉴에서 [삽입]을 클릭한다.

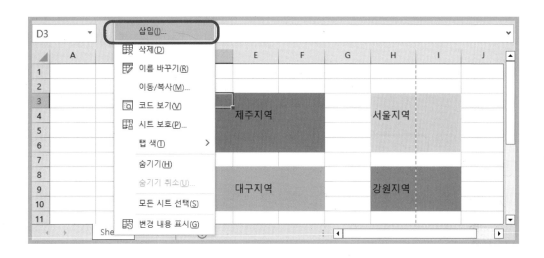

[워크시트]를 클릭하고 [확인]을 누른다.

[삽입] 메뉴에서는 워크시트 외에도 다른 엑셀 파일이나 차트 등을 추가할 수 있다.

● 워크시트 이름 변경

해당 워크시트를 더블 클릭해서 원하는 이름을 입력할 수 있다.

또는 워크시트에 오른쪽 마우스 버튼을 클릭하여 팝업 메뉴에서 [이름 바꾸기]를 할 수도 있다.

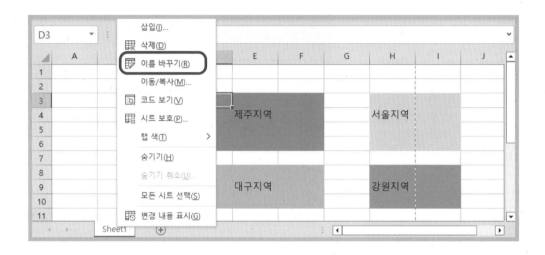

● 워크시트 삭제

삭제하기를 원하는 워크시트를 클릭한 후 마우스 오른쪽 버튼을 클릭한 후 메뉴에서 [삭제]를 클릭한다.

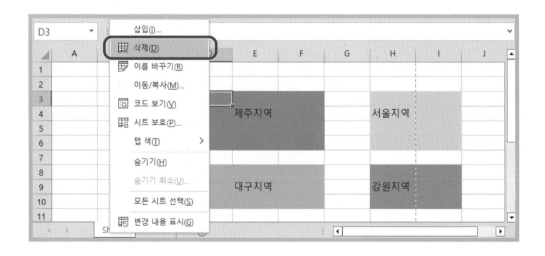

④ 엑셀의 통합문서 다루기

1) 엑셀 저장 포맷

엑셀에서 저장할 수 있는 파일 형식은 계산이 되는 형식 외에 텍스트 형식으로도 저장이 가능하다.

● **엑셀에서 지원하는 파일 형식**

형식 유형	파일 형식	내용
Excel 형식	xlsx	엑셀 2007 ~ 이후 버전의 기본 파일 형식
	xml	Xml 데이터 형식
	xltx	엑셀 서식 파일
텍스트 형식	txt	탭으로 분리된 텍스트 파일
	csv	쉼표로 분리된 텍스트 파일
기타 형식	pdf	문서 서식이 유지되는 Portable Document Format
	ods	Open Document 스프레드시트(공개 소프트웨어)

2) 통합 문서 저장하기

엑셀의 통합 문서를 저장하는 방식은 워드나 파워포인트에서의 문서 저장 방식과 다르지 않다.

문서 저장 방식은 크게 다음과 같이 세 가지 형식으로 나눌 수 있다.

❶ [다른 이름으로의 저장]으로 저장하기

❷ [내보내기] – [PDF/XPS 문서 만들기]로 저장하기

❸ [내보내기] – [파일 형식 변경]에서 저장하기

⑤ 다양한 데이터 입력

1) 숫자 데이터

숫자 데이터는 엑셀에서 계산이 되는 기본적인 숫자이다.

숫자로 입력되면 셀 안에서 오른쪽 정렬로 입력된다.

숫자는 셀에 11자리까지 표시된다.

숫자가 12자리 이상이면 지수로 표현된다.

분수 입력 시 "0 1/4"와 같이 입력해야 1/4(분수)로 표기된다.

통화 표시인 ₩ 나 $은 숫자 앞에 쓴다.

계산을 위한 기본 숫자 외에 숫자를 텍스트로 변환하거나 기호가 섞인 날짜, 시각, 통화, 백분율 등으로 특별한 설정으로 바꾸어 사용할 수 있다.

	A	B	C	D
1				
2	숫자	125		
3	11자리 숫자	1111111111		
4	12자리 숫자	2.22222E+11		
5	분수	1/5	"0 1/4" 로 입력	
6	통화표시	$10		
7	문자	설악산		
8				
9				

2) 문자 데이터

문자는 왼쪽 정렬로 입력된다.

숫자를 계산이 필요 없는 문자로 인식시키려면 숫자 앞에 '(홑 따옴표)를 붙인다. 홑 따옴표를 붙인 숫자는 [enter]를 치는 순간 홑 따옴표는 사라지고 더 이상 숫자 포맷이 아니라 텍스트처럼 숫자가 왼쪽 정렬이 된다.

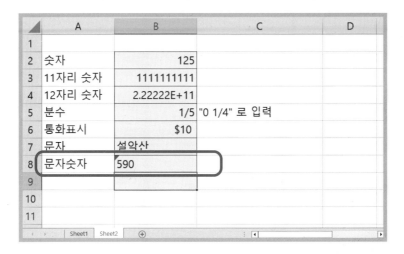

문자로 인식된 숫자 옆에는 표식이 붙고 이 표식을 클릭하면 '숫자로 변환'할지 아니면 '오류를 무시'할지 등을 선택할 수 있는 메뉴가 나타난다.

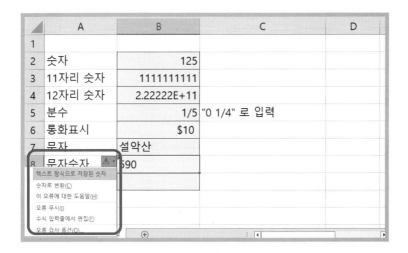

3) 날짜/시간 입력

숫자에 슬래시(/)나 하이픈(−)을 이용하여 날짜를 입력한다.

(예) "1/4"라 입력하면 자동으로 기본 날짜 포맷으로 "01월 04일"이라 입력된다.

날짜가 입력된 셀을 클릭해보면 수식 입력 줄에 "2023−12−12"라 나타난다. 입력한 내용과 수식 입력 줄에 나타나는 내용이 달라야 제대로 날짜를 입력한 것이다. 이렇게 날짜 포맷으로 입력해야 후에 날짜 서식 지정 변경이 가능하다.

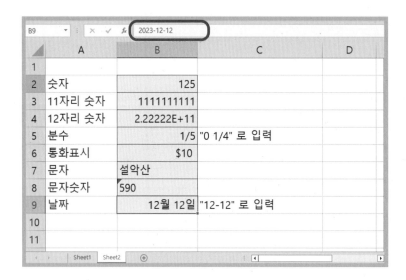

만일, 날짜로 입력한 내용과 수식 입력 줄에 나타나는 내용이 같으면 날짜 포맷으로 입력한 것이 아니고 직접 "07월 05일"이라고 텍스트로 날짜를 입력하면 차후에 날짜 서식 지정을 변경할 수가 없다.

시, 분, 초는 콜론(:)으로 구분하여 표시한다.

12시간제를 입력할 경우 시간 입력 후 공백 1개를 입력한 후 AM이나 PM을 입력한다.

예 : 11:12:12 AM

4) 자동 줄 바꿈

한 셀 안에 긴 내용의 텍스트를 모두 넣으려면 [자동 줄 바꿈] 기능을 이용한다.

❶ 셀을 클릭하고 텍스트를 길게 입력하면 옆의 다른 셀에 걸쳐서 표시된다.

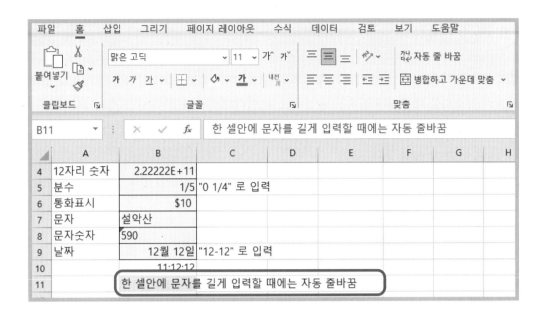

❷ 해당 셀을 클릭하고 [홈] − [맞춤] − [자동 줄 바꿈]을 클릭한다.

❸ 텍스트 크기만큼 셀의 크기가 커진다. 대신 그 셀이 포함된 행 전체도 같이 커지게 된다.

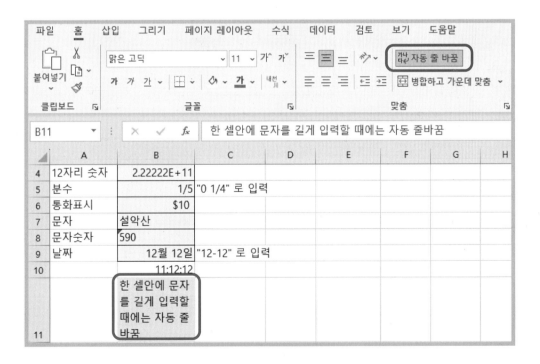

⑥ 데이터 자동 채우기

똑같은 데이터를 반복해서 입력하거나 일련 번호, 학번 등과 같이 일정한 규칙으로 증가하거나 감소하는 데이터를 연속으로 입력할 때 편리하게 사용할 수 있는 기능이다.

1) 자동 채우기 핸들 이용하기

'자동 채우기 핸들'을 이용하여 반복되는 문자나 숫자 또는 증가하는 숫자를 자동으로 입력할 수 있다.

● **문자 자동 채우기**

❶ 반복해서 자동 채우기 할 문자를 선택하고 오른쪽 하단에 있는 '채우기 핸들'을 클릭한 후 원하는 셀까지 드래그한다.

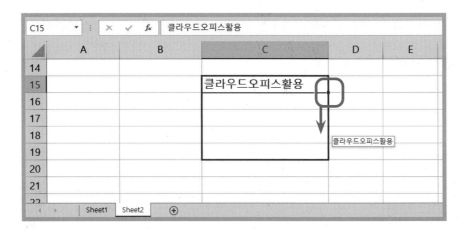

❷ 셀 안의 텍스트가 반복 복사되었다.

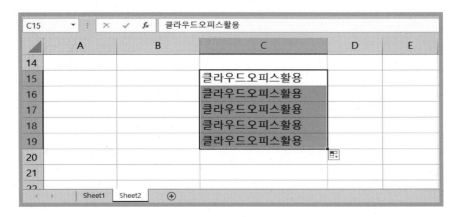

● **숫자 자동 채우기**

❶ 하나의 숫자를 입력한 후 자동 채우기 핸들로 드래그하면 같은 숫자가 반복 복사된다.

❷ 드래그를 한 후 [옵션]에서 [연속 데이터 채우기]를 선택하면 드래그한 숫자가 연속 데이터로 바뀐다.(예 : 12345)

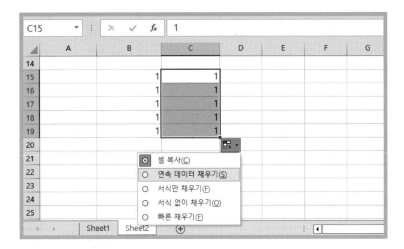

❸ 숫자와 문자가 혼합되어 있을 경우에는 숫자는 연속 증가하고 문자는 반복 복사된다.

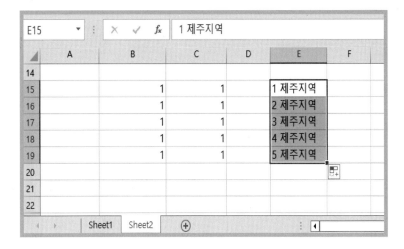

● 숫자 자동 증가시키기

1,3,5,7과 같이 갭이 있는 숫자를 자동으로 입력하려면 먼저 두 개의 셀에 1과 3을 각각 입력한 후 그 두 개의 셀을 블록 잡고 자동 채우기 핸들을 아래로 드래그하면 1과 3의 간격을 계산해 2씩 커지는 숫자로 자동 채우기가 된다.

만일 5, 10, 15, 20, … 등으로 5씩 커지는 숫자를 자동 채우기로 채우려면 처음 셀에 5를 입력하고 그 아래 셀에 10을 입력한 후 자동 채우기 핸들을 이용하면 된다.

● 요일/날짜 자동 채우기

❶ '자동 채우기 핸들'을 사용하면 요일이나 날짜는 선택한 시점부터 연속적으로 하루씩 증가하면서 동일한 날짜 포맷으로 자동 채우기가 된다.

예로 '화요일'부터 입력한 후 자동 채우기를 하면 화,수,목,금 … 으로 채워진다.

❷ 요일의 경우 옵션을 '평일 단위 채우기'를 선택하면 토요일, 일요일을 제외한 평일로
만 채우기도 가능하다.

"화, 수, 목, 금, 월, 화, 수, 목"으로 바뀌었다.

	A	B	C	D	E	F	G	H
23								
24		화요일	화요일					
25		수요일	수요일					
26		목요일	목요일					
27		금요일	금요일					
28		토요일	월요일					
29		일요일	화요일					
30		월요일	수요일					
31		화요일	목요일					
32								
33								
34								

⑦ 셀 서식 활용하기

엑셀에서 사용하는 숫자가 모두 계산을 위한 것은 아니다. 일련 번호나 학번, 전화번호 등
과 같은 숫자의 경우는 계산을 위한 것이 아니라 다른 용도의 포맷으로 사용하기 위함이
다. 따라서 사용자의 의도대로 데이터를 사용하기 위해서는 셀 서식을 이용하여 셀 안의
데이터의 표시 형식을 적절하게 지정해 주어야 한다.

1) 간단한 [표시 형식] 사용하기

자주 사용하는 간단한 데이터의 셀 서식은 리본 메뉴의 [홈] – [표시 형식] 그룹에서 지정
할 수 있다.

숫자, 통화($, ₩), 날짜(2011–09–18), 백분율(%), 분수 등의 형식이 등록이 되어 있어 쉽
게 한 번의 클릭으로 지정할 수 있다.

2) [셀 서식] 대화상자 사용하기

● 숫자 소수점 및 천 단위

숫자의 경우 천 단위별로 구분 기호(,)를 넣을 수 있고 계산한 후의 값을 소수점 몇째 자리까지 표시할 수 있다.

❶ 서식을 지정할 숫자가 있는 영역을 블록으로 설정한다.

❷ [홈] – [표시 형식]의 [자세히] 버튼을 클릭하여 [셀 서식] 대화상자를 연다.

❸ [셀 서식] 대화상자에서 [표시 형식] – [숫자]를 클릭한다.

[1000단위 구분 기호(,) 사용]에 체크하고 [소수 자릿수]에서 표시하고자 하는 소수점 자릿수를 입력한 후 [확인]을 클릭한다.

소수 둘째 자리까지 표시하고 천 단위마다 구분하도록 체크한다.

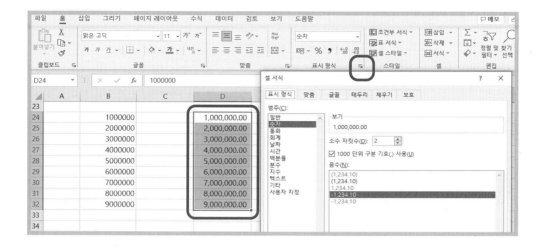

● 숫자 표시 형식

일반적으로 숫자는 "#"으로 표현하고 그 뒤에 올 문자는 이중 따옴표 안에 넣으면 된다.

❶ 숫자 뒤에 특정 문지인 '순위'라는 텍스트를 넣으려면, 먼저 숫자를 블록으로 설정한다.

❷ [홈] – [표시 형식]의 [자세히] 버튼을 클릭하여 [셀 서식] 대화상자를 연다.

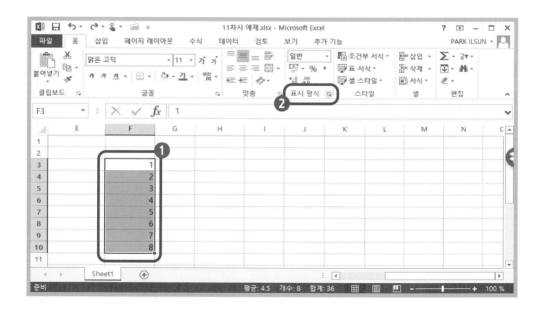

❸ [셀 서식] 대화상자에서 [범주] – [사용자 지정]을 클릭한다.

[형식] 란에 #"순위"라고 입력한다.

[보기] 란에 "1순위"라고 표시되면 [확인]을 클릭하여 본문으로 돌아온다.

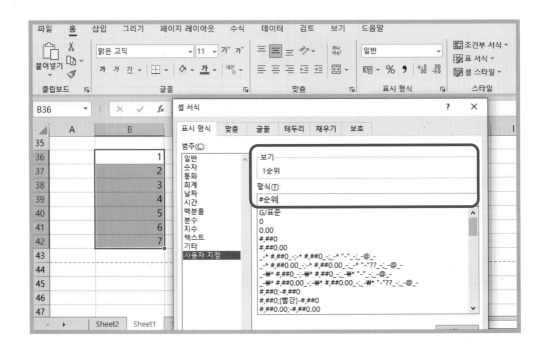

❹ 숫자 옆으로 "순위"라는 글자가 자동으로 입력되었다.

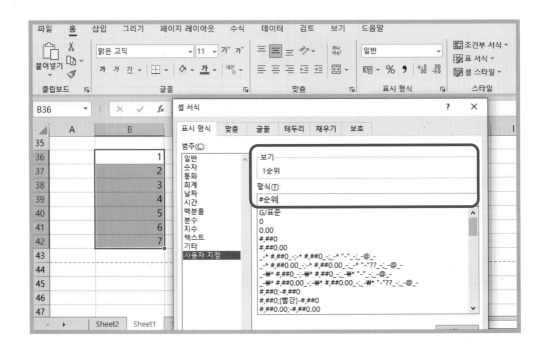

● **문자 표시 형식**

❶ 문자 뒤에 특정 문자를 넣으려면, 특정 문자를 삽입하고자 하는 텍스트를 먼저 블록
으로 설정한다.

❷ [홈] – [표시 형식]의 [자세히] 버튼을 클릭하여 [셀 서식] 대화상자를 연다.

❸ [셀 서식] 대화상자에서 [범주] – [사용자 지정]을 클릭한다.

[형식] 란에 @"회원"이라고 입력한다.

서식이 맞게 지정이 되었다면 [보기] 란에 처음 데이터인 "홍미자회원"이라고 표시된
다. 이때 만일 서식 지정이 틀렸다면 [보기] 란에 미리 보기가 표시되지 않는다.

④ 이름 옆으로 "회원"이라는 글자가 자동으로 입력되었다.

**학습
정리**

❖ 셀 주소 – 열 문자와 행 번호로 표시된다.　예) B4, A3, C3, …

❖ 이름 상자

현재 선택된 셀 또는 선택된 특정 영역의 셀들을 이름으로 지정할 수 있다.

❖ 숫자 데이터 입력

숫자는 셀 안에서 오른쪽 정렬로 입력된다.

분수 입력 시 "0 1/4"와 같이 입력해야 1/4(분수)로 표기된다.

통화 표시인 ₩ 나 $은 숫자 앞에 쓴다.

숫자를 계산이 필요 없는 문자로 인식시키려면 숫자 앞에 '(홑 따옴표)를 붙인다.

❖ 문자 데이터 입력

한 셀 안에 긴 내용의 텍스트를 모두 넣으려면 [자동 줄 바꿈] 기능을 이용한다.

❖ 셀 서식 이용

엑셀에서 사용하는 숫자가 모두 계산을 위한 것은 아니다. 일련 번호나 학번, 전화번호 등과 같은 숫자의 경우 다른 용도의 포맷으로 사용하기 위해서는 셀 서식을 이용하여 셀 안의 데이터의 표시 형식을 적절하게 지정해 주어야 한다.

문자 뒤에 특정 문자를 입력하려면 @"회원"이라고 입력한다.

숫자 뒤에 특정 문자를 입력하려면 #"회원"이라고 입력한다.

❖ 자동 채우기 핸들

'자동 채우기 핸들'을 이용하여 반복되는 문자나 숫자 또는 증가하는 숫자를 자동으로 입력할 수 있다.

**연습
문제**

1. 엑셀에서 하나의 셀이 아니라 여러 개의 셀의 영역을 한 번에 지칭할 수 있는 방법은
   무엇인가?

   ① 상대 참조   ② 절대 참조

   ③ 이름 상자   ④ 통합 문서

2. 다음 중 엑셀에 다음과 같은 데이터를 입력하려고 한다. 표기가 잘못된 것은 무엇인
   가?

   ① 통화(100달러) : 100$ ② 분수(1/4) : 0 1/4

   ③ 날짜(05월 08일) : 5/8   ④ 문자(영업) : 영업

3. "A01"이란 문자를 자동 채우기 핸들로 아래로 드래그해서 반복 문자를 만들 때 결과
   에 대한 설명이 바른 것은 무엇인가?

   ① A01, A01, A01이 반복되어 나타난다.

   ② A01, B01, C01으로 앞에 문자가 증가하면서 나타난다.

   ③ A01, A02, A03으로 문자는 그대로 있고 숫자만 증가하면서 나타난다.

   ④ A01, B02, C03으로 앞에 문자와 숫자가 증가하면서 나타난다.

4. 워크시트에서 셀을 관리하는 방법에 대한 설명이 바르지 않은 것은 무엇인가?

   ① 연속된 여러 개의 셀을 선택할 때는 Shift 키를 누르면서 셀들을 선택한다.

   ② 비 연속된 여러 개의 셀을 선택할 때는 Ctrl 키를 누르면서 셀들을 선택한다.

   ③ 한 행 전체를 선택하려면 행 문자를 선택한다.

   ④ 셀 주소는 열, 행의 순서대로 읽고 쓴다.

| 해설 | 한 행 전체를 선택하려면 행 번호를 선택해야 한다.

5. 엑셀에서 데이터 '자동 채우기'를 할 때 가능한 방법이 아닌 것은 무엇인가?

① 반복되는 문자나 숫자를 자동 채우기 핸들로 입력할 수 있다.

② 증가하는 숫자를 자동으로 입력할 수 있다.

③ 요일의 경우 평일로만 채우기를 진행할 수 있다.

④ 1,3,5,7처럼 숫자를 증가시키려면 먼저 1과 2를 입력한 후 두 개의 셀을 블록 잡고 자동 채우기 한다.

| 해설 | 숫자간 갭이 2이므로 1과 3을 입력한 후 자동 채우기를 해야 한다.

6. 다음 중 셀 참조 방식이 다른 하나는 무엇인가?

① A5

② A$5

③ $A5

④ $A$5

| 해설 | 1번만 상대 참조이고 나머지는 모두 절대 참조 방식이 들어있다.

7. 한 셀 안에 긴 내용의 텍스트를 모두 넣기 위해서 사용할 수 있는 기능은 무엇인가?

① [자동 줄 바꿈] 기능을 이용한다.

② 병합하고 가운데 맞춤을 이용한다.

③ 텍스트 나누기를 이용한다.

④ 자동 채우기 핸들을 이용한다.

8. 아래 이미지처럼 숫자 뒤에 특정 문자인 '순위'라는 텍스트를 넣기 위해 [셀 서식] 대화상자에서 [사용자 지정]을 선택한 후 [형식] 란에 (   )이라고 입력해야 한다. 괄호 안에 들어갈 맞는 형식은 무엇인가?

1	1순위
2	2순위
3 →	3순위
4	4순위
5	5순위
6	6순위
7	7순위

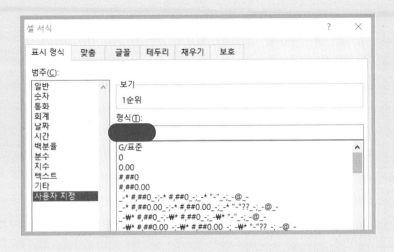

① #"순위"　　　　　　　　　　② @"순위"

③ #@@　　　　　　　　　　　④ @**

9. 엑셀에서 숫자 데이터를 활용하는 사용법이 틀린 것은 무엇인가?

① 숫자는 셀 안에서 오른쪽 정렬로 입력된다.

② 숫자를 텍스트 타입으로 변환하여 사용할 수 있다.

③ 통화 표시는 반드시 숫자 앞에 써야 한다.

④ 숫자를 계산이 필요 없는 문자로 인식시켜 오른쪽 정렬로 하려면 숫자 앞에 '&'를 붙인다.

10. 다음 중 숫자 '10'을 셀서식에서 서식을 바꾸었을 때 서식 표현이 잘못된 것은 무엇인가?

보기	숫자	셀서식 지정 서식	서식이 적용된 표기
①	10	일반	10
②	10	숫자	10
③	10	텍스트	10
④	10	소수점 2 째자리	10.00

엑셀의 조건부 서식 및 자동 합계

학습목표

- 조건부 서식을 이용하여 조건에 맞는 데이터를 표시하는 방법을 학습할 수 있다.
- 자동 합계 기능을 이용하여 간편한 수식 계산을 할 수 있다.
- 셀 주소의 상대 참조 방식과 절대 참조 방식을 이해할 수 있다.

① 조건부 서식

사용자가 조건을 지정하고 지정한 조건에 따라 데이터 서식의 형태를 다르게 표현하여 데이터 분석을 쉽게 해준다.

데이터 막대, 색조, 아이콘 집합을 사용하여 주요 셀이나 데이터를 강조할 수도 있다.

[홈] – [스타일] – [조건부 서식]에서 설정한다.

1) 셀 강조 규칙

조건에 맞는 데이터에 적용할 서식을 지정한다.

보다 큼, 보다 작음, 다음 값의 사이에 있음, 같음, 텍스트 포함… 등의 조건을 지정할 수 있다.

예제 10-1) 각 업체별로 매출액이 20,000,000원 초과인 제품 지정하기

❶ 서식을 지정할 매출액 셀들을 모두 선택한다.

❷ [홈] – [스타일] – [조건부 서식] – [셀 강조 규칙] – [보다 큼]을 클릭한다.

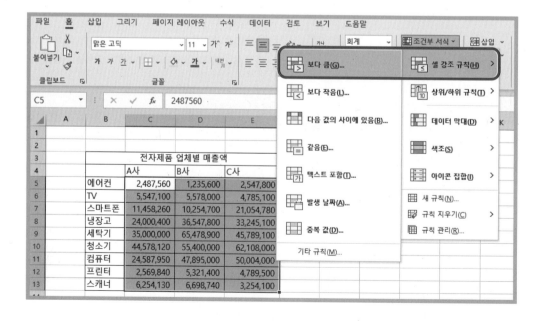

❸ [보다 큼] 서식 지정 창에서

[다음 값보다 큰 셀의 서식 지정] 칸에 '20,000,000'

[적용할 서식]에 "진한 녹색 텍스트가 있는 연한 녹색 채우기" 서식을 다음과 같이 지정한다.

❹ 매출액이 20,000,000 초과인 데이터에만 "진한 녹색 텍스트가 있는 녹색 채우기" 서식이 지정되었다.

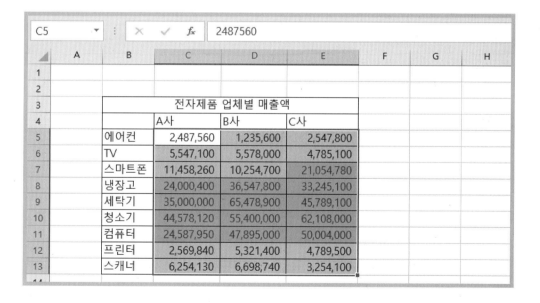

2) 상위/하위 규칙

상위 10%, 하위 10%, 평균 초과, 평균 미만 … 등의 조건을 지정하여 표시할 수 있다.

🖱️ **예제 10-2) 매출액이 [하위 20%]에 해당하는 데이터 서식 지정하기**

❶ 서식을 지정할 매출액 셀들을 모두 선택한다.

❷ [홈] – [스타일] – [조건부 서식] – [상위/하위 규칙] – [하위 10%]를 클릭한다.

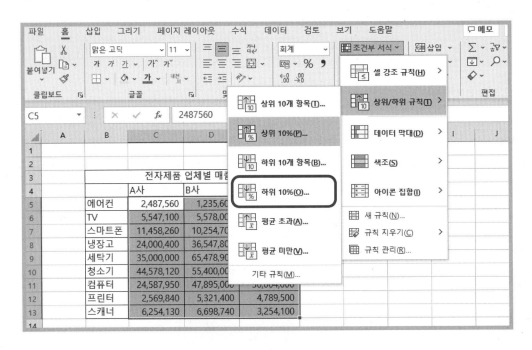

❸ [하위 10%] 서식 지정 창에서 '20%'라 입력하고 "진한 빨강 텍스트가 있는 연한 빨강 채우기" 서식을 지정한다.

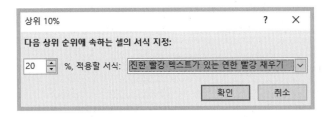

❹ 매출액이 20% 하위인 데이터에만 "진한 빨강 텍스트가 있는 연한 빨강 채우기" 서식
이 지정되었다.

C5	▼	:	×	✓	fx	2487560		

	A	B	C	D	E	F	G	H
1								
2								
3			전자제품 업체별 매출액					
4			A사	B사	C사			
5		에어컨	2,487,560	1,235,600	2,547,800			
6		TV	5,547,100	5,578,000	4,785,100			
7		스마트폰	11,458,260	10,254,700	21,054,780			
8		냉장고	24,000,400	36,547,800	33,245,100			
9		세탁기	35,000,000	65,478,900	45,789,100			
10		청소기	44,578,120	55,400,000	62,108,000			
11		컴퓨터	24,587,950	47,895,000	50,004,000			
12		프린터	2,569,840	5,321,400	4,789,500			
13		스캐너	6,254,130	6,698,740	3,254,100			
14								

엑셀에서는 자동으로 데이터를 계산해 준다. 이때 엑셀이 인식하는 데이터는 사용자가 블록으로
지정하는 방식이다. 따라서 데이터를 블록으로 지정하는 작업을 아주 신중히 정확히 해야 한다.

3) 데이터 막대

데이터 막대는 특정한 조건을 주지 않는다.

조건 없이 데이터들 간의 상대적 비교를 하기 위함이다.

가장 높은 값을 100%로 정하여 데이터 막대의 길이가 길수록 데이터의 크기가 큰 것이다.

[홈] - [스타일] - [조건부 서식] - [데이터 막대]에서 '그라데이션 채우기' 또는 '단색 채
우기' 등을 이용해 색상으로 데이터의 크기를 상대 비교한다.

[데이터 막대 서식]은 특별한 조건을 주지 않아도 숫자의 크기를 자동으로 인식하므로 클
릭 한 번으로 서식이 지정된다.

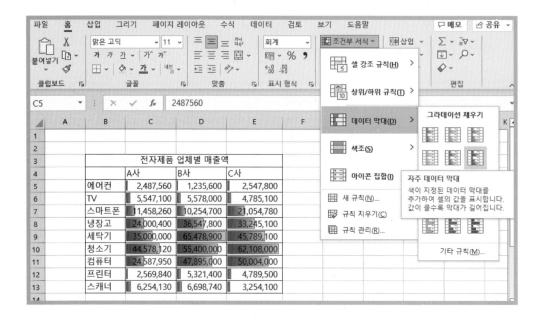

● 조건부 서식 삭제하기

지정된 조건부 서식을 삭제하려면 서식이 지정된 셀들을 모두 블록으로 지정한 후 [조건부 서식] – [규칙 지우기] – [선택한 셀의 규칙 지우기]를 선택한다.

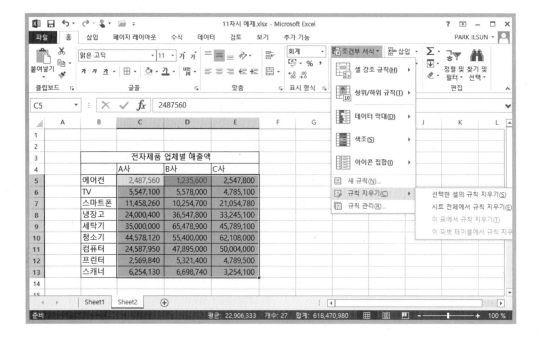

4) 새 규칙 만들기

내가 직접 규칙을 만들어 서식을 지정할 수 있다.

1 서식을 지정할 매출액 셀들을 모두 선택한다.

2 [홈] − [스타일] − [조건부 서식] − [새 규칙]을 클릭한다.

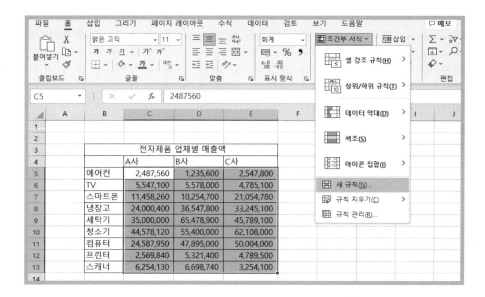

3 [새 서식 규칙] 대화상자 − 규칙 유형에서 [다음을 포함하는 셀만 서식 지정]을 선택한다.

[서식 지정]에서 셀 값 <= 10,00,000로 지정한다.

[서식]을 클릭한다.

❹ [셀 서식] – [채우기]에서 원하는 색을 지정한다.

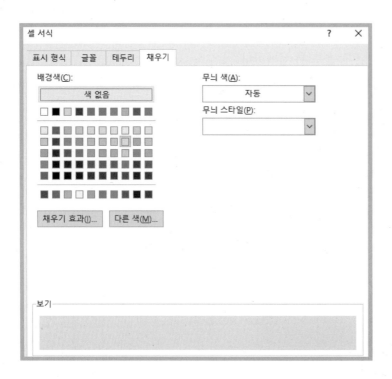

❺ 셀 값이 10,000,000 이하인 셀들만 서식이 표시되었다.

	A	B	C	D	E	F	G	H
1								
2								
3			전자제품 업체별 매출액					
4			A사	B사	C사			
5		에어컨	2,487,560	1,235,600	2,547,800			
6		TV	5,547,100	5,578,000	4,785,100			
7		스마트폰	11,458,260	10,254,700	21,054,780			
8		냉장고	24,000,400	36,547,800	33,245,100			
9		세탁기	35,000,000	65,478,900	45,789,100			
10		청소기	44,578,120	55,400,000	62,108,000			
11		컴퓨터	24,587,950	47,895,000	50,004,000			
12		프린터	2,569,840	5,321,400	4,789,500			
13		스캐너	6,254,130	6,698,740	3,254,100			
14								

② 수식 복사와 셀 주소 활용

수식을 입력할 때에는 셀 또는 수식 입력 줄에서 "="을 입력한 후에 수식을 입력하면 된다.

엑셀과 계산기와 다른 점은 엑셀은 계산할 때 직접 숫자를 입력하지 않고 숫자가 있는 셀의 주소를 참조하는 방식으로 입력한다. 그래야 셀 안의 값이 바뀌어도 결과는 바뀐 셀 값을 기준으로 다시 계산을 하기 때문에 데이터가 바뀌었다고 해서 매번 수식을 번복하지 않아도 된다.

1) 수식 복사

행과 열을 맞추어 데이터를 일관되게 작성한 후 한번 입력된 수식을 복사해서 사용한다.

수식 복사를 사용하면 대량의 데이터를 한 번의 복사로 계산이 가능하다.

먼저 에어컨의 A, B, C 사의 매출액의 합계를 낸다.

수식 입력 줄에 SUM(C5:E5)라고 나타닌다.

합계 셀의 자동 채우기 핸들을 아래로 드래그한다.

F5	▼	⋮	×	✓	f_x	=SUM(C5:E5)	
◢	A	B	C	D	E	F	G
1							
2							
3			전자제품 업체별 매출액				
4			A사	B사	C사	(A+B+C)사 매출합계	
5		에어컨	2,487,560	1,235,600	2,547,800	6,270,960	
6		TV	5,547,100	5,578,000	4,785,100		
7		스마트폰	11,458,260	10,254,700	21,054,780		
8		냉장고	24,000,400	36,547,800	33,245,100		
9		세탁기	35,000,000	65,478,900	45,789,100		
10		청소기	44,578,120	55,400,000	62,108,000		
11		컴퓨터	24,587,950	47,895,000	50,004,000		
12		프린터	2,569,840	5,321,400	4,789,500		
13		스캐너	6,254,130	6,698,740	3,254,100		
14							

합계 셀 아래로 합계 수식이 복사되어 합계가 표시되었다.

F6 셀에 커서를 놓으면 수식 입력 줄에 SUM(C6:E6)가 나타나는 것을 볼 수 있다.

수식 복사가 될 때 참조 셀의 주소가 결과 셀이 하나 아래로 내려오는 것과 맞추어서 참조 셀들도 아래로 하나씩 내려와 C5 → C6, E5 → E6로 변경되었다.

F6		× ✓ fx	=SUM(C6:E6)			
	A	B	C	D	E	F	G
1							
2							
3			전자제품 업체별 매출액				
4			A사	B사	C사	(A+B+C)사 매출합계	
5		에어컨	2,487,560	1,235,600	2,547,800	6,270,960	
6		TV	5,547,100	5,578,000	4,785,100	15,910,200	
7		스마트폰	11,458,260	10,254,700	21,054,780	42,767,740	
8		냉장고	24,000,400	36,547,800	33,245,100	93,793,300	
9		세탁기	35,000,000	65,478,900	45,789,100	146,268,000	
10		청소기	44,578,120	55,400,000	62,108,000	162,086,120	
11		컴퓨터	24,587,950	47,895,000	50,004,000	122,486,950	
12		프린터	2,569,840	5,321,400	4,789,500	12,680,740	
13		스캐너	6,254,130	6,698,740	3,254,100	16,206,970	
14							

수식이 복사된 합계 셀들의 수식을 보면 아래와 같다.

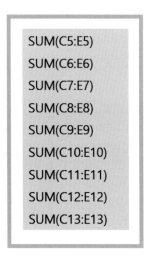

SUM(C5:E5)
SUM(C6:E6)
SUM(C7:E7)
SUM(C8:E8)
SUM(C9:E9)
SUM(C10:E10)
SUM(C11:E11)
SUM(C12:E12)
SUM(C13:E13)

G3	▼	:	×	✓	ƒx	복사된 수식 표기		

▲	A	B	C	D	E	F	G	H
1								
2								
3			전자제품 업체별 매출액				복사된 수식 표기	
4			A사	B사	C사	(A+B+C)사 매출합계		
5		에어컨	2,487,560	1,235,600	2,547,800	6,270,960	SUM(C5:E5)	
6		TV	5,547,100	5,578,000	4,785,100	15,910,200	SUM(C6:E6)	
7		스마트폰	11,458,260	10,254,700	21,054,780	42,767,740	SUM(C7:E7)	
8		냉장고	24,000,400	36,547,800	33,245,100	93,793,300	SUM(C8:E8)	
9		세탁기	35,000,000	65,478,900	45,789,100	146,268,000	SUM(C9:E9)	
10		청소기	44,578,120	55,400,000	62,108,000	162,086,120	SUM(C10:E10)	
11		컴퓨터	24,587,950	47,895,000	50,004,000	122,486,950	SUM(C11:E11)	
12		프린터	2,569,840	5,321,400	4,789,500	12,680,740	SUM(C12:E12)	
13		스캐너	6,254,130	6,698,740	3,254,100	16,206,970	SUM(C13:E13)	
14								

2) 셀 참조 방식의 종류

셀 참조 방식에 따라 상대, 절대, 혼합 참조 방식이 있다.

상대 참조 표기 – A3

절대 참조 표기 – $A$3(행과 열 주소 앞에 각각 "$"을 삽입한다)

혼합 참조 표기 – A$3, $A3(행이나 열, 둘 중의 하나에만 "$"을 삽입한다.

　　　　　　　　행 주소만 또는 열 주소만 절대 참조 방식을 사용한다.)

● 상대 참조 방식

상대 참조 방식으로 수식이 구성된 경우에는 자동 채우기 핸들로 수식을 복사했을 때 결과 셀의 위치가 바뀌면 자동으로 참조하는 셀의 위치도 상대적으로 바뀐다.

위에서 수식을 복사했을 때 참조한 셀 주소가 상대 참조 방식이다.

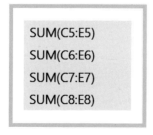

결과적으로 수식을 사용할 때 상대 참조 방식을 쓰게 되면 수식 복사를 했을 때 상대 참조 주소들이 자동으로 변경된다는 것이다.

● 절대 참조 방식

절대 참조 방식으로 수식이 구성된 경우에는 자동 채우기 핸들로 수식 복사를 했을 때 결과 셀의 위치가 바뀌어도 참조하는 셀의 위치는 바뀌지 않는다.

절대 참조 주소 방식은 불변의 고정적인 데이터를 참조하는 경우에 사용한다.

절대 참조 주소 방식 표기는 셀 주소 앞에 $ 표시를 한다.

가령, 각각의 합계를 구할 때 가산점 값(G3)을 더해주게 되면 합계를 구하는 식은 다음과 같다.

B4+C4+$G$3

D4	▼	⋮	× ✓	*fx*	=B4+C4+$G$3				
	A	B	C	D	E	F	G	H	I
1									
2							가산점		
3		A	B	총점(가산점합산)			20		
4		30	25	75					
5		56	43	119					
6		77	65	162					
7		48	62	130					
8									

자동 채우기 핸들로 수식을 복사하게 되더라도 나머지 셀들은 상대 참조 방식이라 셀들의 참조 위치가 자동으로 변경된 반면, 절대 참조인 ($G$3)은 변경되지 않는다.

즉,

(B4+C4+$G$3)

(B5+C5+$G$3)

(B6+C6+$G$3)

이런 식으로 수식 복사가 된다.

엑셀 프로그램에서는 계산에서 자주 사용하는 합계, 평균, 숫자 개수, 최댓값, 최솟값 등과 같은 기본 함수 계산을 '자동 합계'라는 메뉴로 제공한다.

자동 합계에 있는 함수를 사용하면 함수나 인수에 대한 기초 지식이 없어도 원 클릭으로 함수 계산을 쉽게 할 수 있다.

1) 자동 합계

예제 10-3) 전자제품 3 사의 총 매출액을 구하시오.

1단계) 에어컨 A 사의 매출액 합계 구하기

❶ 자동 합계 기능을 사용하기 위해 A 회사의 에어컨부터 스캐너까지의 매출액을 아래로 드래그하여 블록을 잡는다.

❷ [홈] – [편집] – [자동 합계] – [합계]를 클릭한다.

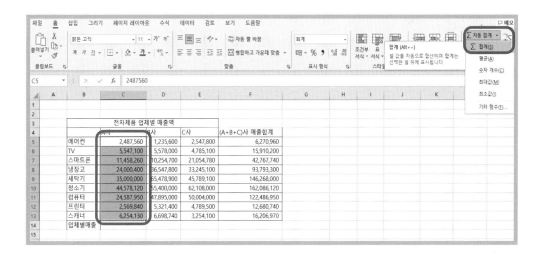

❸ 자동 합계는 셀 값을 자동으로 합산하여 선택한 셀 바로 뒤에 표시된다.

합계 셀을 선택하면 수식 입력 줄에 SUM(C5:C13)이 나타난다. 에어컨부터 스캐너까지의 A 사 매출액의 합계이다.

2단계) 채우기 핸들로 수식 복사하기

나머지 회사의 전자제품의 매출액의 합계를 구하기 위해서 자동 채우기 핸들을 이용한다.

계산된 A 사의 매출액 합계를 클릭한 후 자동 채우기 핸들로 C 사 셀까지 오른쪽으로 드래그하면 처음 A 사의 총 매출액에 입력된 수식 (SUM(C5:E13))이 복사되어 나머지 셀들에 합계가 채워진다.

2) 평균 구하기

자동 합계 기능을 이용해 평균을 구할 수 있다.

✎ **예제 10-4) [자동 합계] - [평균] 기능을 이용한 평균 구하기**

이번에는 자동 합계 사용 방식의 순서를 바꾸어 평균을 구할 수 있다.

❶ 강경실 평균이 구해질 셀(G4)에 커서를 놓는다.

❷ [홈] - [편집] - [자동 합계] - [평균]을 클릭한다.

❸ 강경실의 C언어, IT융합, 소프트웨어 외에도 '총점'이 포함되어 "AVERAGE(C4:F4)"
수식이 평균 셀에 나타난다.

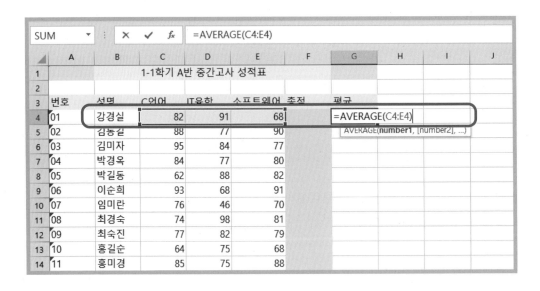

❹ 필요 없는 총점 셀을 제외시키기 위해서 총점 오른쪽 상단 모서리에 커서를 놓고 왼쪽으로 드래그한다.

이때 만일 원하는 셀 영역(총점)이 포함되어 있지 않으면 다시 평균을 구하기를 원하는 셀 영역을 처음부터 마우스로 드래그하면 셀 영역이 다시 선택된다.

❺ 수식이 맞았으면 [enter]를 누르고 평균이 계산된다.

수식 입력 줄에 "AVERAGE(C4:E4)"이 나타나고 함수가 제대로 입력된 것을 확인할 수 있다.

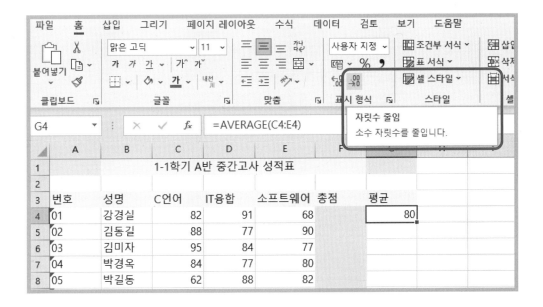

❻ 소수점을 없애고 정수로 표시하기 위해 [홈] – [표시 형식] – [자릿수 줄임]을 눌러 구해진 평균 셀의 소수점을 없앤다.

❼ 평균 수식을 복사하기 위해 자동 채우기 핸들을 아래로 드래그하여 나머지 학생들의
평균을 구한다.

	A	B	C	D	E	F	G	H
1			1-1학기 A반 중간고사 성적표					
2								
3	번호	성명	C언어	IT융합	소프트웨어	총점	평균	
4	01	강경실	82	91	68		80	
5	02	김동길	88	77	90		85	
6	03	김미자	95	84	77		85	
7	04	박경옥	84	77	80		80	
8	05	박길동	62	88	82		77	
9	06	이순희	93	68	91		84	
10	07	임미란	76	46	70		64	
11	08	최경숙	74	98	81		84	
12	09	최숙진	77	82	79		79	
13	10	홍길순	64	75	68		69	
14	11	홍미경	85	75	88		83	
15								

● **최댓값 구하기**

🖱 예제 10-5) C언어 과목 최고 점수 구하기

❶ 'C언어' 과목의 최고 점수를 알기 위해 최댓값을 구한다.

최댓값을 표시하고자 하는 셀에 커서를 놓는다.

❷ [홈] – [편집] – [자동 합계] – [최댓값]을 클릭한다.

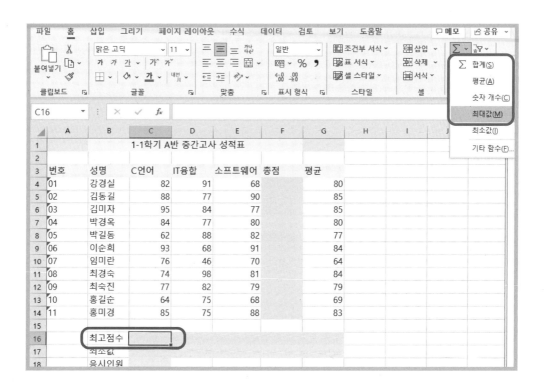

❸ 최댓값을 구하고자 하는 셀의 영역을 정확히 드래그한 후 [enter]를 누른다.
수식은 MAX(C4:C14)와 같다.

예제 10-6) IT융합, 소프트웨어 과목 최고 점수 구하기

구해진 C언어의 최댓값 셀을 선택한 후 자동 채우기 핸들로 오른쪽으로 드래그하면 나머지 IT융합, 소프트웨어 과목 등의 최댓값을 수식 복사 방식으로 구할 수 있다.

(결과 보기)

	C16 ▼	fx	=MAX(C4:C14)

	A	B	C	D	E	F	G	H	I
1			1-1학기 A반 중간고사 성적표						
2									
3	번호	성명	C언어	IT융합	소프트웨어	총점	평균		
4	01	강경실	82	91	68		80		
5	02	김동길	88	77	90		85		
6	03	김미자	95	84	77		85		
7	04	박경옥	84	77	80		80		
8	05	박길동	62	88	82		77		
9	06	이순희	93	68	91		84		
10	07	임미란	76	46	70		64		
11	08	최경숙	74	98	81		84		
12	09	최숙진	77	82	79		79		
13	10	홍길순	64	75	68		69		
14	11	홍미경	85	75	88		83		
15									
16		최고점수	95	98	91				
17		최소값							
18		응시인원							

**학습
정리**

❖ 조건부 서식

사용자가 조건을 지정하고 지정한 조건에 따라 데이터 서식의 형태를 다르게 표현하여 데이터 분석을 쉽게 해준다.

데이터 막대, 색조, 아이콘 집합을 사용하여 주요 셀이나 데이터를 강조할 수도 있다.

1. 셀 강조 규칙

보다 큼, 보다 작음, 다음 값의 사이에 있음, 같음, 텍스트 포함… 등의 조건을 지정할 수 있다.

2. 상위/하위 규칙

상위 10%, 하위 10%, 평균 초과, 평균 미만 … 등의 조건을 지정하여 표시할 수 있다.

3. 데이터 막대

데이터 막대는 특정한 조건을 주지 않고 조건 없이 데이터들 간의 상대적 비교를 하기 위함이다.

❖ 수식 복사

행과 열을 맞추어 데이터를 일관되게 작성한 후 한번 입력된 수식을 복사해서 사용한다.

수식 복사를 사용하면 대량의 데이터를 한 번의 복사로 계산이 가능하다.

셀 참조 방식의 종류

상대 참조 – A3

절대 참조 – $A$3(행과 열 주소 앞에 각각 "$"을 삽입한다)

혼합 참조 – A$3, $A3(행이나 열, 둘 중의 하나에만 "$"을 삽입한다.

연습 문제

1. 중간고사 점수 데이터에서 평균을 초과한 데이터에 '진한 녹색 텍스트가 있는 녹색 채우기' 서식을 지정하려고 한다. 어떤 메뉴를 사용해야 하는가?

① 자동 필터   ② 자동 정렬

③ 셀 서식   ④ 조건부 서식

2. [자동 합계] 메뉴를 이용하여 구한 결과 값이 83.33333으로 나왔다. 이 숫자의 표시 형식을 정수로 바꾸고자 한다. 알맞은 표시 형식은 무엇인가?

① 백분율   ② 지수

③ 자릿수 줄임   ④ 천 단위 구분 기호

3. 결과 셀의 수식이 다음과 같을 때 이를 수직 방향으로 수식 복사를 했다면 그 아래 셀에 입력되는 수식은 무엇인가?

(B3+C3+$I$3)

① B3+C3+$I$3   ② B4+C4+$I$3

③ C3+D3+$J$3   ④ C4+D4+$J$4

4. 엑셀에서 수식 복사를 하여도 변하지 않는 주소 방식은 무엇인가?

① 상대 참조   ② 절대 참조

③ 이름 상자   ④ 통합 문서

5. 자동 채우기 핸들을 이용하여 날짜 자동 채우기를 했을 때 사용할 수 없는 옵션은 무엇인가?

① 연속 데이터 채우기   ② 일 단위 채우기

③ 월 단위 채우기   ④ 토요일 채우기

6. 조건부 서식을 이용하는 방법이 잘못된 것은 무엇인가?

① 사용자가 조건을 지정하고 지정한 조건에 따라 데이터 서식의 형태를 다르게 표현하여 데이터 분석을 쉽게 해준다.

② 데이터 막대, 색조, 아이콘 집합을 사용하여 주요 셀이나 데이터를 강조할 수도 있다.

③ 보다 큼, 보다 작음, 다음 값의 사이에 있음, 같음, 텍스트 포함 ⋯ 등의 조건을 지정할 수 있다.

④ 데이터 막대는 상위 10%, 하위 10%, 평균 초과, 평균 미만 ⋯ 등의 조건을 지정하여 표시할 수 있다.

7. 조건부 서식의 "새 규칙 만들기"를 이용하여 포인트 점수가 200점 이상인 데이터에 "녹색 기울림꼴" 텍스트를 지정하기 위해서 빈칸에 입력되어야 할 값은 무엇인가?

① 셀 값 >= 200

② 내용 있는 셀 >= 200

③ 특정 텍스트 >= 200

④ 빈 셀 >= 200

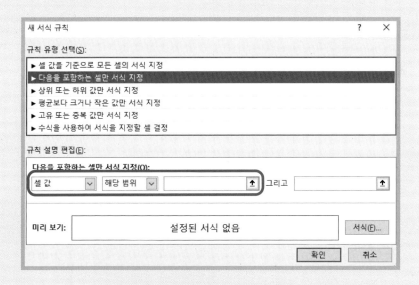

8. 아래 (A) 이미지에서처럼 평균을 [자동 합계] 기능을 이용하여 산출한 후 (B) 이미지에
서처럼 나머지 데이터의 평균도 구하였다. 산출 방법에 대한 설명이 바르지 않은 것은
무엇인가?

(A)

SUM		✕ ✓ fx	=AVERAGE(C4:E4)						
	A	B	C	D	E	F	G	H	I	J
1			1-1학기 A반 중간고사 성적표						
2									
3	번호	성명	C언어	IT융합	소프트웨어	총점	평균		
4	01	강경실	82	91	68		=AVERAGE(C4:E4)		
5	02	김동길	88	77	90		AVERAGE(**number1**, [number2], ...)		
6	03	김미자	95	84	77				
7	04	박경옥	84	77	80				
8	05	박길동	62	88	82				
9	06	이순희	93	68	91				
10	07	임미란	76	46	70				
11	08	최경숙	74	98	81				
12	09	최숙진	77	82	79				
13	10	홍길순	64	75	68				
14	11	홍미경	85	75	88				

(B)

	A	B	C	D	E	F	G	H
1			1-1학기 A반 중간고사 성적표					
2								
3	번호	성명	C언어	IT융합	소프트웨어	총점	평균	
4	01	강경실	82	91	68		80	
5	02	김동길	88	77	90		85	
6	03	김미자	95	84	77		85	
7	04	박경옥	84	77	80		80	
8	05	박길동	62	88	82		77	
9	06	이순희	93	68	91		84	
10	07	임미란	76	46	70		64	
11	08	최경숙	74	98	81		84	
12	09	최숙진	77	82	79		79	
13	10	홍길순	64	75	68		69	
14	11	홍미경	85	75	88		83	
15								

① 자동채우기 핸들을 이용하여 평균 수식을 복사하였다.

② B8 데이터의 평균식은 "AVERAGE(C4:E4)"이다.

③ 평균은 함수식을 이용하였다.

④ 상대 참조 방식을 이용하였다.

9. 조건부 서식을 지정할 때 유일하게 조건을 따지지 않는 서식은 무엇인가?

① 보다 큰 규칙

② 상위 10개 항목

③ 데이터 막대

④ 평균 초과

CHAPTER **11**

엑셀의 데이터 다루기

학습목표

- 많은 양의 데이터를 일정 기준으로 정렬한 후 데이터를 일괄적으로 보거나 찾기 쉽게 할 수 있다.
- 자동 필터 기능을 이용해서 필요한 데이터만 추출할 수 있다.
- 연산자를 활용하여 중복된 기준으로 데이터를 추출할 수 있다.
- 부분합 기능을 이용하여 특정 필드에서 유사한 레코드끼리 묶어 계산할 수 있다.

① 데이터 가져오기

엑셀에서는 다양한 데이터를 삽입하거나 연결하여 작업할 수 있다.

엑셀 데이터뿐 아니라 데이터베이스, pdf, 텍스트, xml, 사진 등에서 데이터를 불러올 수 있다.

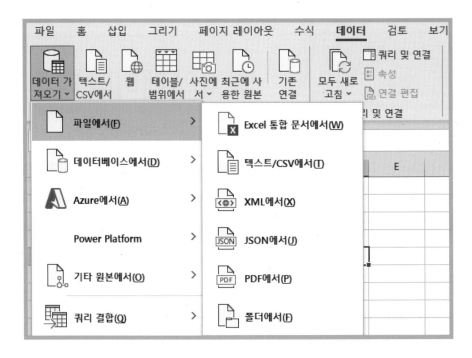

1) 텍스트 파일에서 데이터 가져오기

❶ [데이터] – [데이터 가져오기 변환] – [텍스트/CSV에서] 클릭한다.

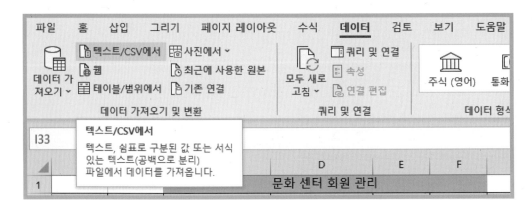

❷ '엑셀데이터.txt' 파일을 선택한 후 [가져오기]를 클릭한다.

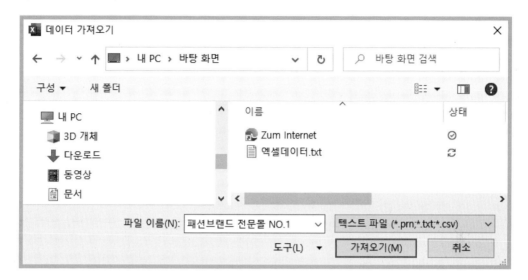

❸ txt 파일에서 데이터는 텍스트와 쉼표 또는 공백으로 분리되어 있다.

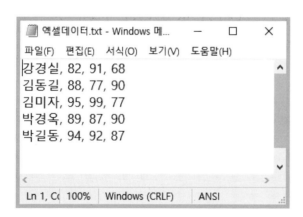

엑셀데이터.txt 에 있는 텍스트가 표로 만들어지고 [로드]를 클릭한다.

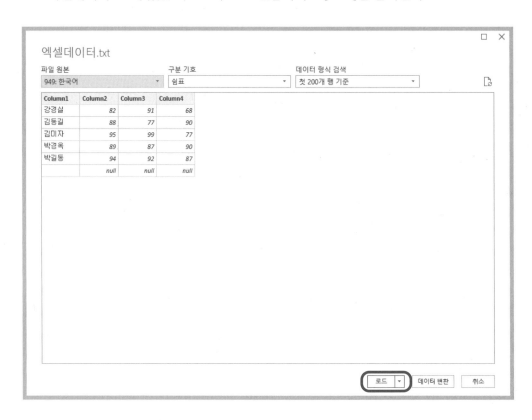

④ 새로운 시트가 하나 생성하고 바로 표로 삽입된다.

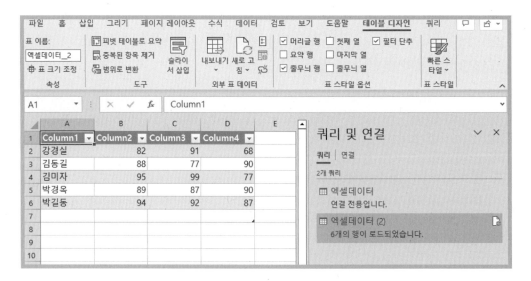

② 레코드 정렬

많은 데이터가 모여서 데이터베이스를 이루고 이러한 많은 양의 데이터를 보기 쉽고 찾기
쉽게 순서대로 정렬할 수 있다.

레코드 정렬 방식에는 데이터 레코드의 특정 필드 열 값을 기준으로 레코드 행의 순서를
'오름차순' 또는 '내림차순'으로 재배열하는 방식과 '사용자 지정 정렬 방식'이 있다.

정렬은 기준이 되는 해당 열만을 정렬하는 것이 아니고 관계되는 같은 행의 데이터 전체
(이를 "레코드"라 한다.)를 정렬한다.

1) 자동 오름차순/내림차순 정렬

숫자 데이터는 낮은 숫자에서 높은 숫자 순서가 오름차순이다.

문자 데이터는 ㄱ,ㄴ,ㄷ ~ ㅎ 순으로 오름차순이다.

영문 알파벳은 a,b,c ~ z 순으로 오름차순이다.

예제 11-1) 회원명을 기준으로 오름차순으로 정렬한다.

❶ '회원명' 열에 있는 셀 하나를 선택한다.

❷ [데이터] – [정렬 및 필터] – [오름차순]을 클릭한다.

[오름차순] 메뉴는 선택한 데이터가 텍스트면 "텍스트 오름차순"이 되고 선택한 데이
터가 숫자이면 "숫자 오름차순", 날짜를 선택하면 "날짜/시간 오름차순"으로 자동으
로 바뀐다.

	A	B	C	D	E	F	G	H
1				문화 센터 회원 관				포인트 점수
2	번호	회원명	가입 날짜	탈퇴 날짜	지역	성별	회원등급	포인트 점수
3	A01	홍문성	2011-02-23	2020-07-12	강서	여	준회원	335
4	A02	김미자	2017-05-14	2021-07-29	강남	여	실버회원	225
5	A03	홍길동	2019-05-05	2021-04-18	강북	남	골드회원	155
6	A04	지영훈	2020-06-05	2023-03-17	강북	남	골드회원	170
7	A05	최철수	2017-09-10	2020-04-04	강서	남	실버회원	247
8	A06	안미정	2013-04-11	2015-07-14	강남	여	준회원	198
9	A07	박수길	2018-08-20	2021-08-12	강동	남	실버회원	321
10	A08	최미란	2019-09-15	2022-05-22	강동	여	일반회원	249
11	A09	김동익	2021-09-25	2023-02-16	강서	남	일반회원	265
12	A10	이선미	2016-04-30	2019-09-12	강북	여	실버회원	301

❸ 레코드 전체가 회원 명이 오름차순으로 정렬될 때 같이 정렬된 것을 볼 수 있다.

	A	B	C	D	E	F	G	H
1				문화 센터 회원 관리				
2	번호	회원명	가입 날짜	탈퇴 날짜	지역	성별	회원등급	포인트 점수
3	A09	김동익	2021-09-25	2023-02-16	강서	남	일반회원	265
4	A02	김미자	2017-05-14	2021-07-29	강남	여	실버회원	225
5	A07	박수길	2018-08-20	2021-08-12	강동	남	실버회원	321
6	A06	안미정	2013-04-11	2015-07-14	강남	여	준회원	198
7	A10	이선미	2016-04-30	2019-09-12	강북	여	실버회원	301
8	A04	지영훈	2020-06-05	2023-03-17	강북	남	골드회원	170
9	A08	최미란	2019-09-15	2022-05-22	강동	여	일반회원	249
10	A05	최철수	2017-09-10	2020-04-04	강서	남	실버회원	247
11	A03	홍길동	2019-05-05	2021-04-18	강북	남	골드회원	155
12	A01	홍문성	2011-02-23	2020-07-12	강서	여	준회원	335

레코드가 정렬된 후에는 '되돌리기' 기능으로 한 번은 원래대로 돌아올 수 있으나 여러 번에 걸쳐 정렬이 되면 원래 데이터로 돌아오기가 어려우므로 정렬을 할 때는 원본 데이터의 복사본을 만들어 놓고 작업을 하는 것이 좋다.

또는, 회원 명 앞에 번호를 붙여 여러 번 정렬을 해서 데이터의 순서가 바뀌었어도 다시 번호로 정렬을 하면 원래 데이터로 돌아올 수 있다.

2) 고급 정렬_두 가지 이상의 기준 정렬

한 가지 기준이 아니라 두 가지 이상의 기준으로 정렬할 수 있다.

자동 정렬을 이용할 경우에는 정렬 기준을 먼저 선택해서 정확히 기준 열을 지정해야 하지만 정렬 대화상자를 이용할 경우에는 기준을 대화상자 안에서 정하기 때문에 데이터 영역 아무 곳이나 선택하면 된다.

> 예제 11-2) 문화 센터 회원 명단을 '성별'기준으로 정렬한 후 '회원명'기준으로 정렬하시오.

❶ 데이터 영역 임의의 셀을 선택한다.

❷ [데이터] – [정렬 및 필터] 그룹 – [정렬]을 선택하여 [정렬] 대화상자를 연다.

대화상자를 열게 되면 자동으로 데이터 전체 영역이 블록으로 지정된다.

❸ 첫 번째 정렬 기준은 '성별', '셀 값', 정렬은 '오름차순'으로 선택한다.

[기준 추가]를 선택하여 두 번째 [다음 기준]에서 '회원명'을 선택한다.

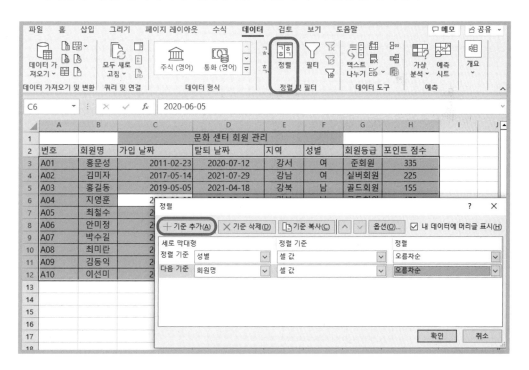

❹ '성별' 오름차순 기준으로 [남, 여] 순으로 1차 정렬되었고 이 상태에서 '회원명' 오름차순 기준으로 다시 정렬되었다.

C6		▼	:	×	✓	*fx*	2017-09-10			

	A	B	C	D	E	F	G	H
1			문화 센터 회원 관리					
2	번호	회원명	가입 날짜	탈퇴 날짜	지역	성별	회원등급	포인트 점수
3	A09	김동익	2021-09-25	2023-02-16	강서	남	일반회원	265
4	A07	박수길	2018-08-20	2021-08-12	강동	남	실버회원	321
5	A04	지영훈	2020-06-05	2023-03-17	강북	남	골드회원	170
6	A05	최철수	2017-09-10	2020-04-04	강서	남	실버회원	247
7	A03	홍길동	2019-05-05	2021-04-18	강북	남	골드회원	155
8	A02	김미자	2017-05-14	2021-07-29	강남	여	실버회원	225
9	A06	안미정	2013-04-11	2015-07-14	강남	여	준회원	198
10	A10	이선미	2016-04-30	2019-09-12	강북	여	실버회원	301
11	A08	최미란	2019-09-15	2022-05-22	강동	여	일반회원	249
12	A01	홍문성	2011-02-23	2020-07-12	강서	여	준회원	335

3) 사용자 지정 정렬

한글, 숫자, 영문자 같은 일반적인 오름차순/내림차순 외에 직위나 지역 등 사용자가 원하는 대로 기준을 만들어서 그 기준 순서에 의해 데이터를 정렬할 수 있다.

🖱 예제 11-3) 준회원, 일반회원, 실버회원, 골드회원 순서로 사용자 지정 목록 만들기

❶ [데이터] – [정렬 및 필터] 그룹 – [정렬]을 클릭하여 정렬 대화상자를 연다.

정렬의 콤보 박스에서 사용자 지정 목록을 클릭한다.

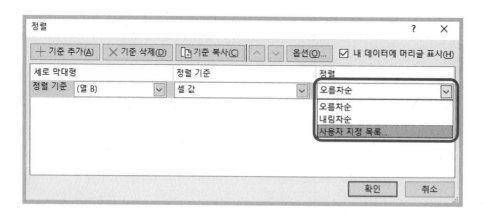

❷ 목록 항목에 원하는 기준(준회원, 일반회원, 실버회원, 골드회원)을 입력한 후 [추가]
버튼을 클릭한다.

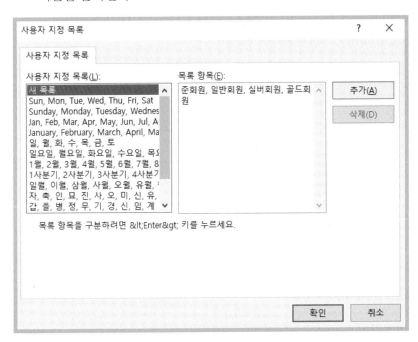

❸ 사용자 지정 목록에 (준회원, 일반회원, 실버회원, 골드회원)기준이 생성된 것을 볼
수 있다.

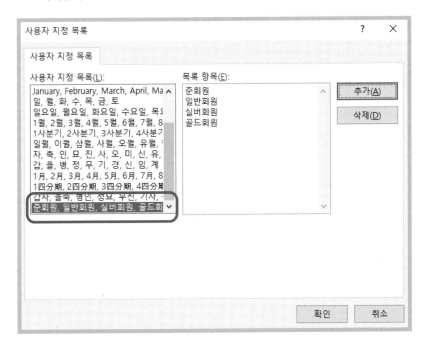

예제 11-4) 준회원, 일반회원, 실버회원, 골드회원 순서로 데이터 정렬하기

① 정렬될 데이터 영역에 커서를 위치시킨다.

② [데이터] – [정렬 및 필터] – [정렬]을 클릭한다.

③ 정렬 기준에 '회원등급', '셀값', '준회원, 일반회원, 실버회원, 골드회원'을 클릭한 후 [확인]을 클릭한다.

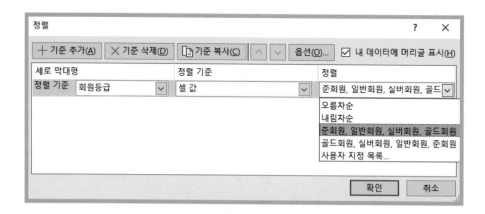

④ 회원 등급별로 데이터가 정렬되었다.

번호	회원명	가입 날짜	탈퇴 날짜	지역	성별	회원등급	포인트 점수
			문화 센터 회원 관리				
A01	홍문성	2011-02-23	2020-07-12	강서	여	준회원	335
A06	안미정	2013-04-11	2015-07-14	강남	여	준회원	198
A08	최미란	2019-09-15	2022-05-22	강동	여	일반회원	249
A09	김동익	2021-09-25	2023-02-16	강서	남	일반회원	265
A02	김미자	2017-05-14	2021-07-29	강남	여	실버회원	225
A05	최철수	2017-09-10	2020-04-04	강서	남	실버회원	247
A07	박수길	2018-08-20	2021-08-12	강동	남	실버회원	321
A10	이선미	2016-04-30	2019-09-12	강북	여	실버회원	301
A03	홍길동	2019-05-05	2021-04-18	강북	남	골드회원	155
A04	지영훈	2020-06-05	2023-03-17	강북	남	골드회원	170

③ 데이터 자동 필터

필터 기능이란 테이블을 구성하고 있는 복잡하고 많은 데이터 중 보고자 하는 데이터만 표시되도록 추출하는 기능을 의미한다.

원하는 데이터를 추출하는 방법은 '자동 필터'와 '고급 필터'를 이용하는 두 가지 방법이 있다.

1) 자동 필터 사용하기

자동 필터는 버튼 클릭 한 번으로 필터 버튼을 생성시켜 손쉽게 필터 메뉴를 이용하면서 데이터를 추출하는 것이다.

자동 필터는 데이터를 추출한 후 언제든지 다시 원래의 데이터 상태로 되돌릴 수 있다.

❶ 데이터를 추출하고자 하는 데이터 테이블 안에 마우스 커서를 옮겨 놓는다.

[데이터] – [정렬 및 필터] 그룹 – [필터]를 클릭한다.

❷ 필드에 자동 필터 버튼이 생긴다.

번호	회원명	가입 날짜	탈퇴 날짜	지역	성별	회원등급	포인트 점수
A01	홍문성	2011-02-23	2020-07-12	강서	여	준회원	335
A06	안미정	2013-04-11	2015-07-14	강남	여	준회원	198
A08	최미란	2019-09-15	2022-05-22	강동	여	일반회원	249
A09	김동익	2021-09-25	2023-02-16	강서	남	일반회원	265
A02	김미자	2017-05-14	2021-07-29	강남	여	실버회원	225
A05	최철수	2017-09-10	2020-04-04	강서	남	실버회원	247
A07	박수길	2018-08-20	2021-08-12	강동	남	실버회원	321
A10	이선미	2016-04-30	2019-09-12	강북	여	실버회원	301
A03	홍길동	2019-05-05	2021-04-18	강북	남	골드회원	155
A04	지영훈	2020-06-05	2023-03-17	강북	남	골드회원	170

예제 11-5) 성별이 '여'인 데이터만 추출하시오.

❶ 데이터를 추출하고자 하는 데이터 테이블 안에 마우스 커서를 옮겨 놓는다.

[데이터] – [정렬 및 필터] 그룹 – [필터]를 클릭한다.

❷ 추출하고자 하는 기준 필드(성별) 필터 버튼을 클릭한다.

❸ 추출하기를 원하는 필터 조건 (여)만을 선택한다.

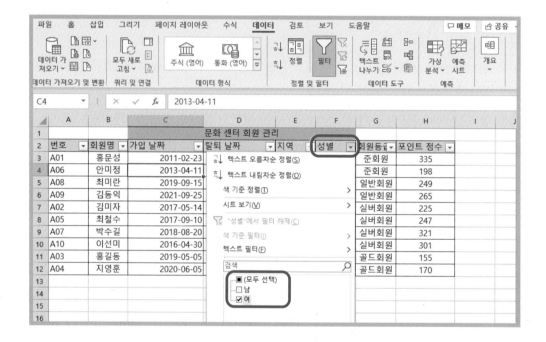

❸ 성별이 '여' 인 데이터만 필터링이 되었다.

지역 필드 필터 버튼을 자세히 보면 버튼 모양이 다른 것과는 달리 깔때기 모양으로 바뀌어 있는 것을 볼 수 있다.

버튼 모양이 깔때기 모양으로 바뀐 필드에서 필터링이 되었다는 표시이다.

④ 데이터를 원래대로 환원시키고 싶으면 이 깔때기 버튼을 다시 한번 더 클릭해서 '성별에서 필터 해제'를 클릭한다.

필터를 해제하려면 [데이터] – [정렬 및 필터] 그룹 – [필터] 버튼을 다시 한번 누른다.

2) 자동 필터 조건

자동 필터는 데이터의 유형에 따라서 필터링 기준을 다르게 제시한다. 데이터가 문자인 경우, 숫자인 경우, 그리고 날짜인 경우에 따라 자동으로 기준이 바뀌어 나타난다.

● 텍스트 필터

텍스트 필터를 이용하여 같은 문자, 특정 문자로 시작하는 데이터, 특정 문자로 끝나는 데이터, 특정 문자를 포함하는 데이터 등을 간단하게 조건만 입력한 후 필터링할 수 있다.

예제 11-6) 회원명에서 성이 '김' 씨와 '이' 씨인 사람만 추출하기

❶ 데이터를 추출하고자 하는 데이터 테이블 안에 마우스 커서를 옮겨 놓는다.

[데이터] – [정렬 및 필터] 그룹 – [필터]를 클릭한다.

❷ 회원명 필터 버튼을 클릭한다.

❸ [텍스트 필터] – [시작 문자]를 클릭한다.

❶ [사용자 지정 자동 필터] 대화상자에서 [시작 문자]에 "김" '또는' [시작문자]에 "이" 라고만 입력한 후 '확인' 버튼을 클릭한다.

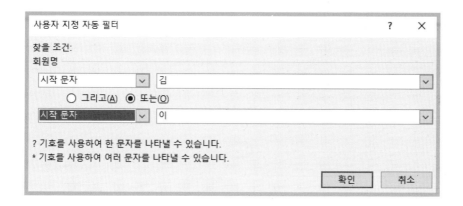

❷ 데이터에서 '김미자', '김동익', '이선미' 등이 추출되었다.

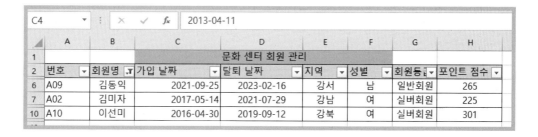

● 숫자 데이터의 경우 자동 필터

특정 숫자 값과 같거나, 크거나, 작거나 등의 기준으로 필터링할 수 있다.

예제 11-7) 포인트 점수가 200 이상인 회원을 추출하시오.

❶ 데이터 영역에 커서를 옮기고 [데이터] – [정렬 및 필터] 그룹 – [필터]를 클릭한다.

❷ 포인트 점수 필드에 있는 필터 버튼을 클릭한다.

❸ [숫자 필터] – [크거나 같음]을 선택한다.

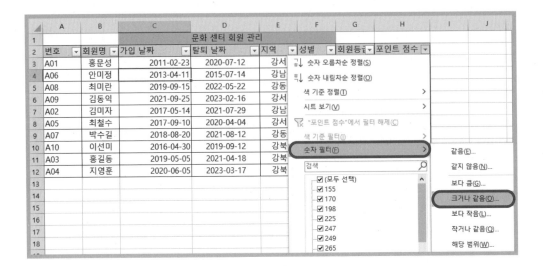

❹ [포인트 점수] 왼쪽 조건에는 이미 ">=" 식이 선택되어 있고 오른쪽 값 항목에 '200'을
입력한다.

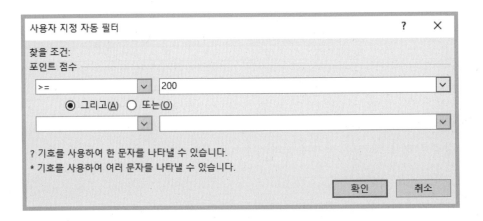

❺ 포인트 점수에 필터가 깔때기 모양으로 바뀌었고 데이터는 포인트 점수가 200 이상
인 데이터만 추출되었다.

	A	B	C	D	E	F	G	H
1				문화 센터 회원 관리				
2	번호	회원명	가입 날짜	탈퇴 날짜	지역	성별	회원등급	포인트 점수
3	A01	홍문성	2011-02-23	2020-07-12	강서	여	준회원	335
5	A08	최미란	2019-09-15	2022-05-22	강동	여	일반회원	249
6	A09	김동익	2021-09-25	2023-02-16	강서	남	일반회원	265
7	A02	김미자	2017-05-14	2021-07-29	강남	여	실버회원	225
8	A05	최철수	2017-09-10	2020-04-04	강서	남	실버회원	247
9	A07	박수길	2018-08-20	2021-08-12	강동	남	실버회원	321
10	A10	이선미	2016-04-30	2019-09-12	강북	여	실버회원	301

④ 고급 필터

고급 필터를 이용하면 데이터를 추출하는 조건식을 직접 작성할 수 있고 추출한 결과를 원본에 나타낼 수도 있다.

추출 결과를 다른 장소를 지정하여 원하는 워크시트의 셀의 임의의 위치에 나타낼 수도 있다.

1) 조건 식_AND 조건

AND 조건은 두 조건이 동시에 만족했을 때를 의미한다. 가령, 지역이 '강동'이면서 동시에 회원 등급이 '실버회원'인 데이터만 추출하려면 AND 조건을 사용해야 한다.

AND 조건은 같은 행에 두 조건을 나란히 입력해야 한다.

예) 지역이 '강동'이면서 회원 등급이 '실버회원'인 데이터를 추출하려면, 여백의 빈 셀에 아래와 같이 나란히 같은 행에 조건 식을 입력한다.

	A	B	C	D	E	F	G	H	I	J	K
1				문화 센터 회원 관리							
2	번호	회원명	가입 날짜	탈퇴 날짜	지역	성별	회원등급	포인트 점수			
3	A01	홍문성	2011-02-23	2020-07-12	강서	여	준회원	335		AND연산식	
4	A06	안미정	2013-04-11	2015-07-14	강남	여	준회원	198		지역	회원등급
5	A08	최미란	2019-09-15	2022-05-22	강동	여	일반회원	249		강동	실버회원
6	A09	김동익	2021-09-25	2023-02-16	강서	남	일반회원	265			
7	A02	김미자	2017-05-14	2021-07-29	강남	여	실버회원	225			
8	A05	최철수	2017-09-10	2020-04-04	강서	남	실버회원	247			
9	A07	박수길	2018-08-20	2021-08-12	강동	남	실버회원	321			
10	A10	이선미	2016-04-30	2019-09-12	강북	여	실버회원	301			
11	A03	홍길동	2019-05-05	2021-04-18	강북	남	골드회원	155			
12	A04	지영훈	2020-06-05	2023-03-17	강북	남	골드회원	170			

2) 조건 식_OR 조건

OR 조건은 두 조건 중에서 하나 이상이 만족할 때 사용한다.

OR 조건은 서로 다른 행에 두 조건을 입력해야 한다.

예) 지역이 '강북'이거나 회원 등급이 '골드회원'인 데이터를 추출하려면, 여백의 빈 셀에 다음과 같이 서로 다른 행에 조건 식을 입력한다.

	A	B	C	D	E	F	G	H	I	J	K
1				문화 센터 회원 관리							
2	번호	회원명	가입 날짜	탈퇴 날짜	지역	성별	회원등급	포인트 점수			
3	A01	홍문성	2011-02-23	2020-07-12	강서	여	준회원	335		AND연산식	
4	A06	안미정	2013-04-11	2015-07-14	강남	여	준회원	198		지역	회원등급
5	A08	최미란	2019-09-15	2022-05-22	강동	여	일반회원	249		강동	실버회원
6	A09	김동익	2021-09-25	2023-02-16	강서	남	일반회원	265			
7	A02	김미자	2017-05-14	2021-07-29	강남	여	실버회원	225			
8	A05	최철수	2017-09-10	2020-04-04	강서	남	실버회원	247		OR연산식	
9	A07	박수길	2018-08-20	2021-08-12	강동	남	실버회원	321		지역	회원등급
10	A10	이선미	2016-04-30	2019-09-12	강북	여	실버회원	301		강북	
11	A03	홍길동	2019-05-05	2021-04-18	강북	남	골드회원	155			골드회원
12	A04	지영훈	2020-06-05	2023-03-17	강북	남	골드회원	170			

🖱️ **예제 11-8) 지역이 '강북'이면서 '포인트점수'가 300 이상인 데이터를 A14 셀에 추출하기**

❶ 필터 연산식을 작성한다.

'포인트 점수'에 >=300, '성별'에 '여'를 같은 행에 입력한다.

❷ 커서를 임의의 데이터 영역에 놓는다.

❸ [데이터] – [정렬 및 필터] – [고급]을 클릭하여 고급 필터 대화상자를 연다.

❹ [결과]에 "다른 장소에 복사"를 선택한다.

현재 장소에 필터를 선택하면 데이터 원본이 손상되기 때문에 고급 필터를 사용하는 경우에는 "다른 장소에 복사"를 선택해서 원본을 그대로 보존한다.

[목록 범위]에는 자동으로 "$A$2:$H$12"라는 주소가 입력되었다. 이것은 고급 필터 메뉴를 사용하기 전에 데이터 영역 안에 커서를 위치시켰고 이를 엑셀이 인식하고 자동으로 목록 범위의 셀 주소를 입력해 준 것이다. (셀의 주소 앞에 붙는 "$"는 절대 참

조 주소의 의미로 결과 값의 셀이 변경되더라도 참조 주소는 절대 변하지 않을 때 사용한다.)

그러나, 만일 본인이 원하는 데이터 영역이 아닐 경우에는 다시 데이터 원본에서 원하는 데이터 영역만큼 마우스로 드래그하면 드래그한 주소로 다시 목록 범위 주소가 자동으로 입력된다.

❺ [조건 범위]에는 미리 입력해 놓은 조건식을 마우스로 드래그해서 선택하면 주소가 자동으로 입력된다.

❻ [복사 위치]에는 결과 값을 표시할 셀의 주소 ($A$14)를 입력한 후 (셀을 클릭해도 자동으로 셀 주소가 입력된다.) [확인] 버튼을 클릭한다.

주소에 찍힌 '12_1'은 시트명이 자동으로 입력된 것이다.

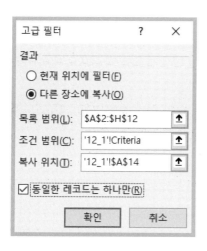

❼ A14 셀에 추출한 결과 값이 표시되었다.

	A	B	C	D	E	F	G	H	I	J	k
1				문화 센터 회원 관리							
2	번호	회원명	가입 날짜	탈퇴 날짜	지역	성별	회원등급	포인트 점수			
3	A01	홍문성	2011-02-23	2020-07-12	강서	여	준회원	335			
4	A06	안미정	2013-04-11	2015-07-14	강남	여	준회원	198		필터 연산식	
5	A08	최미란	2019-09-15	2022-05-22	강동	여	일반회원	249		포인트 점수	성별
6	A09	김동익	2021-09-25	2023-02-16	강서	남	일반회원	265		>=300	여
7	A02	김미자	2017-05-14	2021-07-29	강남	여	실버회원	225			
8	A05	최철수	2017-09-10	2020-04-04	강서	남	실버회원	247			
9	A07	박수길	2018-08-20	2021-08-12	강동	남	실버회원	321			
10	A10	이선미	2016-04-30	2019-09-12	강북	여	실버회원	301			
11	A03	홍길동	2019-05-05	2021-04-18	강북	남	골드회원	155			
12	A04	지영훈	2020-06-05	2023-03-17	강북	남	골드회원	170			
13											
14	번호	회원명	가입 날짜	탈퇴 날짜	지역	성별	회원등급	포인트 점수			
15	A01	홍문성	2011-02-23	2020-07-12	강서	여	준회원	335			
16	A10	이선미	2016-04-30	2019-09-12	강북	여	실버회원	301			

● **셀 주소 입력 팁**

엑셀에서 수식을 입력하거나 조건을 입력할 때 사용하는 대부분의 셀 주소는 직접 입력할 수도 있지만 가급적 해당 셀을 클릭하거나 드래그해서 영역을 알려주면 엑셀이 자동으로 주소를 인식해서 자동 입력되므로 사용자의 실수를 줄일 수 있다.

⑤ 부분합

데이터의 특정 필드에서 유사한 레코드끼리 묶어서 합계, 평균, 개수, 최댓값, 최솟값 등을 계산하는 기능이다.

1) 부분합 실행하기

부분합을 하기 위해서는 제일 먼저 부분합을 하고자 하는 특정 필드를 기준으로 데이터를 정렬해야 한다.

부분합 할 영역을 지정할 때에는 반드시 머리글까지 포함해야 한다.

예제 11-9) 보험회사의 보험종류별 판매 실적의 합계 요약하기

❶ [보험종류] 필드의 임의의 영역에 커서를 놓는다.

❷ [데이터] – [텍스트 오름차순 정렬] 버튼을 클릭한다.

❸ 데이터가 보험종류를 기준으로 정렬되었다.

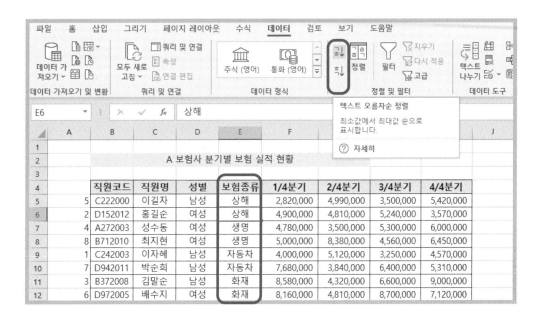

❹ 머리글을 포함해서 전체 데이터 영역을 블록으로 지정한다.

❺ [데이터] – [윤곽선] – [부분합]을 클릭하여 부분합 대화상자를 연다.

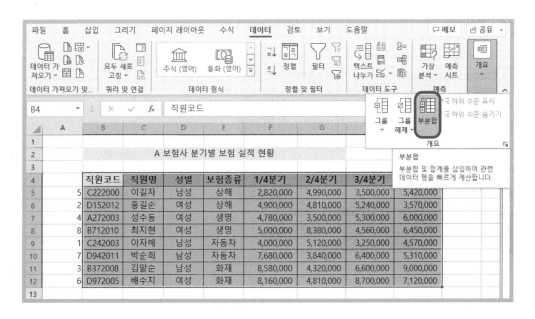

❻ [부분합] 대화상자에서,

그룹화할 항목 – "보험종류" 필드명을 선택한다.

사용할 함수 – "합계"를 선택한다.

부분합 계산 항목 – "1/4분기", "2/4분기", "3/4분기", "4/4분기"에 체크한다.

옵션에서 "새로운 값으로 대치", "데이터 아래에 요약 표시"에 체크한다.

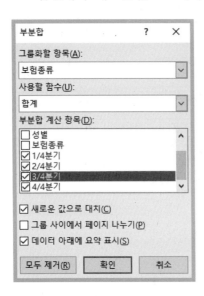

❼ 부분합 결과에서 워크시트 왼쪽에 번호가 생성되었다.

	A	B	C	D	E	F	G	H	I
1									
2		A 보험사 분기별 보험 실적 현황							
3									
4		직원코드	직원명	성별	보험종류	1/4분기	2/4분기	3/4분기	4/4분기
5	5	C222000	이길자	남성	상해	2,820,000	4,990,000	3,500,000	5,420,000
6	2	D152012	홍길순	여성	상해	4,900,000	4,810,000	5,240,000	3,570,000
7					상해 요약	7,720,000	9,800,000	8,740,000	8,990,000
8	4	A272003	성수동	여성	생명	4,780,000	3,500,000	5,300,000	6,000,000
9	8	B712010	최지현	여성	생명	5,000,000	8,380,000	4,560,000	6,450,000
10					생명 요약	9,780,000	11,880,000	9,860,000	12,450,000
11	1	C242003	이자혜	남성	자동차	4,000,000	5,120,000	3,250,000	4,570,000
12	7	D942011	박순희	남성	자동차	7,680,000	3,840,000	6,400,000	5,310,000
13					자동차 요약	11,680,000	8,960,000	9,650,000	9,880,000
14	3	B372008	김말순	남성	화재	8,580,000	4,320,000	6,600,000	9,000,000
15	6	D972005	배수지	여성	화재	8,160,000	4,810,000	8,700,000	7,120,000
16					화재 요약	16,740,000	9,130,000	15,300,000	16,120,000
17					총합계	45,920,000	39,770,000	43,550,000	47,440,000
18									

⑧ [1]번을 클릭하면 총 합계 요약만 볼 수 있다.

	A	B	C	D	E	F	G	H	I
1									
2				A 보험사 분기별 보험 실적 현황					
3									
4		직원코드	직원명	성별	보험종류	1/4분기	2/4분기	3/4분기	4/4분기
17					총합계	45,920,000	39,770,000	43,550,000	47,440,000
18									
19									
20									
21									
22									

⑨ [2]번을 클릭하면 각 보험종류의 요약만 볼 수 있다.

F19			fx						
	A	B	C	D	E	F	G	H	I
1									
2				A 보험사 분기별 보험 실적 현황					
3									
4		직원코드	직원명	성별	보험종류	1/4분기	2/4분기	3/4분기	4/4분기
7					상해 요약	7,720,000	9,800,000	8,740,000	8,990,000
10					생명 요약	9,780,000	11,880,000	9,860,000	12,450,000
13					자동차 요약	11,680,000	8,960,000	9,650,000	9,880,000
16					화재 요약	16,740,000	9,130,000	15,300,000	16,120,000
17					총합계	45,920,000	39,770,000	43,550,000	47,440,000

⑩ [+] 버튼을 클릭하면 각각 부분합으로 요약된 데이터들을 표시할 수 있다.

다시 [−] 버튼을 클릭하면 바로 이전 요약 상태로 돌아갈 수 있다.

	A	B	C	D	E	F	G	H	I
1									
2				A 보험사 분기별 보험 실적 현황					
3									
4		직원코드	직원명	성별	보험종류	1/4분기	2/4분기	3/4분기	4/4분기
7					상해 요약	7,720,000	9,800,000	8,740,000	8,990,000
10					생명 요약	9,780,000	11,880,000	9,860,000	12,450,000
11	1	C242003	이자혜	남성	자동차	4,000,000	5,120,000	3,250,000	4,570,000
12	7	D942011	박순희	남성	자동차	7,680,000	3,840,000	6,400,000	5,310,000
13					자동차 요약	11,680,000	8,960,000	9,650,000	9,880,000
16					화재 요약	16,740,000	9,130,000	15,300,000	16,120,000
17					총합계	45,920,000	39,770,000	43,550,000	47,440,000

2) 부분합 해제하기

❶ 부분합을 해제하기 위해서는 마우스 커서를 부분합이 실행된 영역 안 임의의 셀에 위치시킨다.

❷ [데이터] – [윤곽선] – [부분합]을 클릭하여 부분합 대화상자를 연다.

❸ [모두 제거] 버튼을 클릭한다.

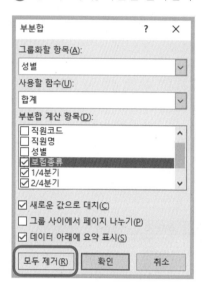

● 부분합 해제 후 정렬

부분합의 '모두 제거'를 누르면 부분합은 제거되었지만 부분합을 하기 위해서 데이터가 영업소를 기준으로 오름차순으로 정렬한 결과는 그대로 있다. 따라서 일시적으로 데이터의 요약을 위한 것이라면 데이터에 번호 등과 같은 구분할 수 있는 표식을 넣어줘서 이 번호로 다시 정렬을 하면 원래의 데이터로 되돌릴 수 있다.

	A	직원코드	직원명	성별	보험종류	1/4분기	2/4분기	3/4분기	4/4분기
1									
2			A 보험사 분기별 보험 실적 현황						
3									
4		직원코드	직원명	성별	보험종류	1/4분기	2/4분기	3/4분기	4/4분기
5	1	C242003	이자혜	남성	자동차	4,000,000	5,120,000	3,250,000	4,570,000
6	2	D152012	홍길순	여성	상해	4,900,000	4,810,000	5,240,000	3,570,000
7	3	B372008	김말순	남성	화재	8,580,000	4,320,000	6,600,000	9,000,000
8	4	A272003	성수동	여성	생명	4,780,000	3,500,000	5,300,000	6,000,000
9	5	C222000	이길자	남성	상해	2,820,000	4,990,000	3,500,000	5,420,000
10	6	D972005	배수지	여성	화재	8,160,000	4,810,000	8,700,000	7,120,000
11	7	D942011	박순희	남성	자동차	7,680,000	3,840,000	6,400,000	5,310,000
12	8	B712010	최지현	여성	생명	5,000,000	8,380,000	4,560,000	6,450,000

**학습
정리**

❖ **데이터 정렬**

레코드 정렬 방식에는 데이터 레코드의 특정 필드 열 값을 기준으로 레코드 행의 순서를 '오름차순' 또는 '내림차순'으로 재배열하는 방식이 있다.

한글, 숫자, 영문자 같은 일반적인 오름차순/내림차순 외에 직위나 지역 등 사용자가 원하는 대로 기준을 만들어서 그 기준 순서에 의해 데이터를 정렬할 수 있다.

❖ **데이터 자동 필터**

필터 기능이란 테이블을 구성하고 있는 복잡하고 많은 데이터 중 보고자 하는 데이터만 표시되도록 추출하는 기능을 의미한다.

❖ **자동 필터**

버튼 클릭 한 번으로 필터 버튼을 생성시켜 손쉽게 필터 메뉴를 이용하면서 데이터를 추출하는 것이다. 데이터를 추출한 후 언제든지 다시 원래의 데이터 상태로 되돌릴 수 있다.

❖ **텍스트 필터**

같은 문자, 특정 문자로 시작하는 데이터, 특정 문자로 끝나는 데이터, 특정 문자를 포함하는 데이터 등을 간단하게 조건만 입력한 후 필터링할 수 있다.

❖ **숫자 데이터**

특정 숫자 값과 같거나, 크거나, 작거나 등의 기준으로 필터링할 수 있다.

❖ **고급 필터**

데이터를 추출하는 조건식을 직접 작성할 수 있고 추출한 결과를 원본에 나타낼 수도 있다.

추출 결과를 다른 장소를 지정하여 원하는 워크시트의 셀의 임의의 위치에 나타낼 수도 있다.

❖ **부분합**

데이터의 특정 필드에서 유사한 레코드끼리 묶어서 합계, 평균, 개수, 최댓값, 최솟값 등을 계산하는 기능이다.

연습 문제

1. 다음 중 엑셀의 고급 필터를 사용하는 방법이 잘못된 것은 무엇인가?

① 고급 필터로 추출된 결과는 다른 장소에 추출할 수 있다.

② 두 조건을 동시에 만족하는 데이터를 추출할 때는 AND 연산을 사용한다.

③ 고급 필터의 옵션에서 조건 범위는 반드시 절대 참조 방식을 사용한다.

④ 추출된 결과의 복사 위치는 반드시 워크시트 이름부터 입력해야 한다.

2. 다음 중 데이터를 필터링하는 방법이 다른 하나는 무엇인가?

① 필드명에 깔때기 모양으로 버튼이 생성된다.

② 필터링한 결과를 다른 장소를 지정하여 나타낼 수 있다.

③ 필터링 후 원래의 데이터 상태로 되돌릴 수 있다.

④ 텍스트 필터를 이용하면 특정 문자로 시작하는 데이터를 필터링할 수 있다.

3. 필터링 연산식이 다음과 같을 때 필터링에 대한 설명이 잘된 것은 무엇인가?

연산식	
지역	회원 등급
강북	골드 회원

① 연산식을 이용하면 자동 필터링을 할 수 있다.

② 지역이 강북이면서 회원 등급이 골드 회원인 데이터를 필터링한다.

③ 회원 등급이 골드 회원이 아니어도 지역이 강북이면 필터링된다.

④ 지역이 강북이 아니라도 회원 등급이 골드 회원이면 필터링된다.

4. 같은 문자, 특정 문자로 시작하는 데이터, 특정 문자로 끝나는 데이터, 특정 문자를 포함하는 데이터 등을 간단하게 조건만 입력한 후 필터링을 하려고 한다 알맞은 메뉴는 무엇인가?

① 고급 필터   ② 텍스트 필터

③ 텍스트 나누기   ④ 데이터 가져오기

5. 엑셀에서 데이터를 정렬하는 방법이 잘못된 것은?

① 데이터 레코드의 특정 필드 행 값을 기준으로 정렬한다.

② '오름차순' 또는 '내림차순'으로 재배열하는 방식이 있다.

③ 한글, 숫자, 영문자들도 오름차순/내림차순으로 정렬할 수 있다.

④ 직위나 지역 등 사용자가 원하는 대로 기준을 만들어서 그 기준 순서에 의해 데이터를 정렬할 수 있다.

6. 고급 필터의 사용법에 대한 설명이 바르지 않은 것은?

① 데이터를 추출하는 조건식을 직접 작성할 수 있다.

② 추출한 결과를 원본에 나타낼 수도 있다.

③ 추출 결과를 다른 장소를 지정하여 원하는 워크시트의 셀의 임의의 위치에 나타낼 수도 있다.

④ 버튼 클릭 한 번으로 필터 버튼을 생성시켜 손쉽게 필터 메뉴를 이용하면서 데이터를 추출한다.

7. 아래 이미지는 어떤 메뉴의 실행 결과인가?

	A	B	C	D	E	F	G	H	I
1				문화 센터 회원 관리					
2	번호 ▼	회원명 ▼	가입 날짜 ▼	탈퇴 날짜 ▼	지역 ▼	성별 ▼	회원등급 ▼	포인트 점수 ▼	
3	A01	홍문성	2011-02-23	2020-07-12	강서	여	준회원	335	
4	A06	안미정	2013-04-11	2015-07-14	강남	여	준회원	198	
5	A08	최미란	2019-09-15	2022-05-22	강동	여	일반회원	249	
6	A09	김동익	2021-09-25	2023-02-16	강서	남	일반회원	265	
7	A02	김미자	2017-05-14	2021-07-29	강남	여	실버회원	225	
8	A05	최철수	2017-09-10	2020-04-04	강서	남	실버회원	247	
9	A07	박수길	2018-08-20	2021-08-12	강동	남	실버회원	321	
10	A10	이선미	2016-04-30	2019-09-12	강북	여	실버회원	301	

8. 아래 (1)번의 결과를 내기 위해서 (2)번 사용자 지정 필터에 들어가야 할 문자는 무엇인가?

(1)

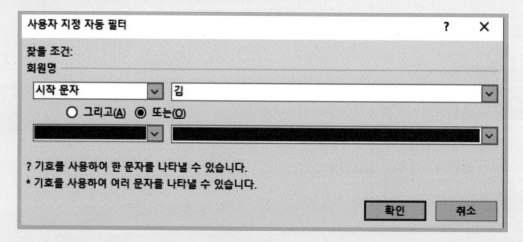

	A	B	C	D	E	F	G	H
1				문화 센터 회원 관리				
2	번호	회원명	가입 날짜	탈퇴 날짜	지역	성별	회원등급	포인트 점수
6	A09	김동익	2021-09-25	2023-02-16	강서	남	일반회원	265
7	A02	김미자	2017-05-14	2021-07-29	강남	여	실버회원	225
0	A10	이선미	2016-04-30	2019-09-12	강북	여	실버회원	301

(2)

사용자 지정 자동 필터   ? ✕

찾을 조건:
회원명

| 시작 문자 | ▼ | 김 | ▼ |

○ 그리고(A) ● 또는(O)

? 기호를 사용하여 한 문자를 나타낼 수 있습니다.
* 기호를 사용하여 여러 문자를 나타낼 수 있습니다.

확인   취소

① 포함 문자, 이

② 시작 문자, 이

③ 포함 문자, 김

④ 시작 문자, 김

9. 부분합을 하기 위해서 제일 먼저 해야 하는 일은 무엇인가?

① 부분합을 하고자 하는 특정 필드를 기준으로 데이터를 정렬해야 한다.

② 머리글을 먼저 포함해야 한다.

③ 특정 필드의 계산을 먼저 해야 한다.

④ 데이터 특정 필드를 기준으로 필터링해야 한다.

10. 아래 이미지의 엑셀 작업에 대한 설명이 바르지 않은 것은?

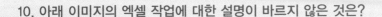

	A	B	C	D	E	F	G	H	I	J
1										
2		A 보험사 분기별 보험 실적 현황								
3										
4		직원코드	직원명	성별	보험종류	1/4분기	2/4분기	3/4분기	4/4분기	
5	5	C222000	이길자	남성	상해	2,820,000	4,990,000	3,500,000	5,420,000	
6	2	D152012	홍길순	여성	상해	4,900,000	4,810,000	5,240,000	3,570,000	
7					상해 요약	7,720,000	9,800,000	8,740,000	8,990,000	
8	4	A272003	성수동	여성	생명	4,780,000	3,500,000	5,300,000	6,000,000	
9	8	B712010	최지현	여성	생명	5,000,000	8,380,000	4,560,000	6,450,000	
10					생명 요약	9,780,000	11,880,000	9,860,000	12,450,000	
11	1	C242003	이자혜	남성	자동차	4,000,000	5,120,000	3,250,000	4,570,000	
12	7	D942011	박순희	남성	자동차	7,680,000	3,840,000	6,400,000	5,310,000	
13					자동차 요약	11,680,000	8,960,000	9,650,000	9,880,000	
14	3	B372008	김말순	남성	화재	8,580,000	4,320,000	6,600,000	9,000,000	
15	6	D972005	배수지	여성	화재	8,160,000	4,810,000	8,700,000	7,120,000	
16					화재 요약	16,740,000	9,130,000	15,300,000	16,120,000	
17					총합계	45,920,000	39,770,000	43,550,000	47,440,000	
18										

① 왼쪽 상단의 (1)번 버튼을 클릭하면 총 합계를 볼 수 있다.

② 왼쪽 상단의 (2)번 버튼을 클릭하면 보험종류별 총 합계를 볼 수 있다.

③ 왼쪽 상단의 (3)번 버튼을 클릭하면 원본을 볼 수 있다.

④ 각 [+] 버튼을 클릭하면 각각 부분합으로 요약된 데이터들을 표시할 수 있다.

정답 ___ 1. ④　2. ②　3. ②　4. ②　5. ①　6. ④　7. 자동 필터　8. ②　9. ①　10. ③

엑셀의 함수 활용

학습목표

- IF 함수를 이용하여 조건에 맞는 데이터를 추출할 수 있다.
- RANK.EQ 함수를 이용하여 데이터의 상대적 순위를 매길 수 있다.
- 조건에 맞는 셀의 개수, 조건에 맞는 셀의 합계 등을 구할 수 있다.
- 조건이 두 개 이상인 경우에 사용할 수 있는 함수를 익힐 수 있다.

① 기본 함수 사용

1) 함수의 의미

함수를 수식으로 표현하면 'Y = F(x)'이다.

함수식에서 'x'는 인수라 하고 'F'는 'x'라는 인수 값에 따라 특정한 값을 도출해 내는 Function(함수)이다.

가령, F가 SUM(합계를 구하는 기능)이고 x 값에 55, 24 두 인수가 있다면 'F'는 그 두 개의 인수 값의 합계를 구하게 된다.

따라서 F가 어떤 연산식을 갖고 있느냐에 따라 같은 인수라도 다른 결과를 갖게 된다.

② 기본 함수의 종류

기본 함수는 [홈] – [편집] – [자동 합계] 메뉴에서 함수식을 직접 입력하지 않고도 원 클릭으로 이용할 수 있다.

SUM 함수

의미   지정한 인수들의 합을 구한다.

형식   SUM(인수1, 인수2,…), SUM(인수1:인수5)

인수   합계를 구하고 싶은 인수 값을 쉼표로 구분하여 나열하거나 연속된 여러 개의 인수는 콜론을 사용한다.

AVERAGE 함수

의미   지정한 인수들의 평균을 구한다.

형식   AVERAGE (인수1, 인수2,…), AVERAGE (인수1:인수5)

인수   평균을 구하고 싶은 인수 값을 쉼표로 구분하여 나열하거나 연속된 여러 개의 인수는 콜론을 사용한다.

MAX(MIN) 함수

의미   범위 안에서 가장 큰 값(MAX), 또는 가장 작은 값(MIN)을 구한다.

형식   MIN (인수1, 인수2,…), MIN (인수1 : 인수5)

인수   최댓값을 구하고 싶은 범위를 쉼표로 구분하여 나열하거나 연속된 여러 개의 인수는 콜론을 사용한다.

COUNT 함수

의미   범위 안에서 숫자가 든 셀의 개수만 센다.

형식   COUNT (인수1, 인수2,…) or COUNT (인수1 : 인수5)

인수   범위를 쉼표로 나열하거나 또는 범위가 연속적일 때는 시작과 끝을 콜론(:)으로 구분하여 나열한다.

COUNTA 함수

의미   범위 안에서 값을 포함하고 있는 셀의 개수를 모두 센다. (셀 안의 값이 숫자가 아니어도 된다)

형식   COUNT (인수1, 인수2,…) or COUNT (인수1 : 인수5)

인수   범위를 쉼표로 나열하거나 또는 범위가 연속적일 때는 시작과 끝을 콜론(:)으로 구분하여 나열한다.

예제 12-1) '영어자격고시 응시 현황'에서 count 함수를 이용하여 '총 인원'과 '응시 인원'을 구하시오.

❶ "응시 인원" 결과 셀에 커서를 놓는다. 미응시 셀은 count 함수가 세지 않는다.

❷ 수식 줄에 " =count"라고 입력하면 count와 근접한 이름의 함수가 나타난다.

    COUNT 함수를 클릭한다.

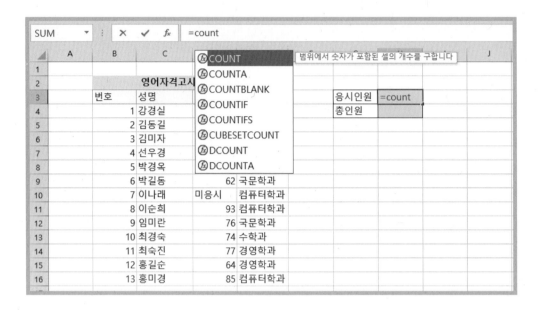

❸ 인수 범위 (D4:D16)를 드래그해서 지정한 후 [Enter]를 클릭한다.

❹ 응시 인원에 '11'이라고 결과가 나온다.

H4				fx					
	A	B	C	D	E	F	G	H	I	J
1									
2			영어자격고시 응시 현황						
3		번호	성명	퀴즈	비고		응시인원	11	
4		1	강경실		82	경영학과		총인원	
5		2	김동길		88	수학과			
6		3	김미자		95	국문학과			
7		4	선우경	미응시		컴퓨터학과			
8		5	박경옥		84	수학과			
9		6	박길동		62	국문학과			
10		7	이나래	미응시		컴퓨터학과			
11		8	이순희		93	컴퓨터학과			
12		9	임미란		76	국문학과			
13		10	최경숙		74	수학과			
14		11	최숙진		77	경영학과			
15		12	홍길순		64	경영학과			
16		13	홍미경		85	컴퓨터학과			

❺ "총 인원" 결과 셀에 커서를 놓고 수식 줄에 "=COUNTA"를 입력한다.

COUNTA 함수를 클릭한다.

SUM				fx	=counta				
	A	B	C	D	E	F	G	H	I	J
1				COUNTA	범위에서 비어 있지 않은 셀의 개수를 구합니다			
2			영어자격고시 응시 인원	DCOUNTA					
3		번호	성명	퀴즈	비고		응시인원	11	
4		1	강경실		82	경영학과		총인원	=counta
5		2	김동길		88	수학과			
6		3	김미자		95	국문학과			
7		4	선우경	미응시		컴퓨터학과			
8		5	박경옥		84	수학과			
9		6	박길동		62	국문학과			
10		7	이나래	미응시		컴퓨터학과			
11		8	이순희		93	컴퓨터학과			
12		9	임미란		76	국문학과			
13		10	최경숙		74	수학과			
14		11	최숙진		77	경영학과			
15		12	홍길순		64	경영학과			
16		13	홍미경		85	컴퓨터학과			

❻ 인수 범위 (D4:D16)를 드래그해서 지정한 후 [Enter]를 클릭한다.

❼ 총 인원에 '13'이라고 결과가 나왔다.

COUNT 함수는 숫자가 들어간 셀만 세어서 결과 값을 돌려준다. (미응시 셀은 개수에서 제외한다.)

COUNTA 함수는 셀에 문자이든 숫자이든 비어있지 않은 셀들의 개수를 구한다.

③ RANK.EQ 함수

수 목록 내에서 지정한 수의 크기 순위를 구하는 함수이다.

즉, 목록 내에서 다른 값에 대한 상대적인 크기를 구하는 함수이다.

함수식 :	RANK.EQ(number, ref, [order])

number	순위를 구하려는 수, 필수 요소
ref	참조할 숫자 목록의 배열, 필수 요소
order	순위 결정 방법을 지정하는 수, 선택 요소

예제 12-2) 문화센터 회원 포인트별 순위 매기기

❶ 순위를 표시할 셀(I3)에 커서를 놓는다.

수식 입력 줄의 [함수 마법사]를 클릭 − [함수 검색] 란에 "RANK.EQ"라 입력한다.

함수 선택에서 RANK.EQ를 선택한다.

❷ [함수 인수] 대화상자에서 인수를 입력한다.

Number – 순위를 구하고 싶은 숫자의 셀 주소(H3–홍문성의 포인트 점수가 있는 셀)를 입력한다. (해당 셀을 클릭해도 된다.)

이때 셀 주소는 **상대 참조 방식** 셀 주소를 사용한다.

Ref – 홍문성의 포인트 점수와 상대적인 크기를 비교할 대상 영역을 지정하는 것으로 전체 인원의 포인트 점수 셀들을 모두 드래그한다.

참조할 영역은 매번 같은 주소를 참조하기 때문에 절대 참조 방식으로 사용해야 한다.

셀 주소를 **절대 참조 방식**으로 바꾸려면 'F4'를 누른다.

입력되는 주소는 $H$3:$H$12이다.

Order – 등수이기 때문에 내림차순으로 순위를 매기기 위해 "0" 또는 생략한다.

함수 인수   ?   ✕

RANK.EQ

Number	H3	↑	= 335
Ref	$H$3:$H$12	↑	= $H$3:$H$12
Order		↑	= 논리

= 1

수 목록 내에서 지정한 수의 크기 순위를 구합니다. 목록 내에서 다른 값에 대한 상대적인 크기를 말합니다. 둘 이상의 값이 순위가 같으면 해당 값 집합에서 가장 높은 순위가 반환됩니다.

Ref 은(는) 수 목록의 배열 또는 셀 주소입니다. 수 이외의 값은 제외됩니다.

수식 결과= 1

도움말(H)   확인   취소

● 절대 참조 주소 입력 방법

상대 참조 셀 주소를 입력한 후 <F4>를 누르면 모든 주소가 절대 참조 셀 주소로 바뀐다.

<F4>를 계속 한 번씩 누를 때마다 절대 참조 주소가 행과 열 단위로 하나씩 바뀐다.

$I$4:$I$13 – I$4:I$13 – $I4:$I13 – I4:I13

❸ 결과 셀에 "1"이 표시되었다.

'홍문성'의 순위 셀을 자동 채우기 핸들로 드래그해서 수식 복사를 한다.

I3		▼	:	×	✓	*fx*	=RANK.EQ(H3,$H$3:$H$12)		
▲	A	B	C	D	E	F	G	H	I
1				문화 센터 회원 관리					
2	번호	회원명	가입 날짜	탈퇴 날짜	지역	성별	회원등급	포인트 점수	순위
3	A01	홍문성	2011-02-23	2020-07-12	강서	여	준회원	335	1
4	A06	안미정	2013-04-11	2015-07-14	강남	여	준회원	198	8
5	A08	최미란	2019-09-15	2022-05-22	강동	여	일반회원	249	5
6	A09	김동익	2021-09-25	2023-02-16	강서	남	일반회원	265	4
7	A02	김미자	2017-05-14	2021-07-29	강남	여	실버회원	225	7
8	A05	최철수	2017-09-10	2020-04-04	강서	남	실버회원	247	6
9	A07	박수길	2018-08-20	2021-08-12	강동	남	실버회원	321	2
10	A10	이선미	2016-04-30	2019-09-12	강북	여	실버회원	301	3
11	A03	홍길동	2019-05-05	2021-04-18	강북	남	골드회원	155	10
12	A04	지영훈	2020-06-05	2023-03-17	강북	남	골드회원	170	9
13									

④ IF 관련 함수

IF 함수는 엑셀에서 가장 많이 이용하는 함수로 조건에 따라 다른 결과 값을 나타낼 때 사용하는 함수이다.

1) IF 함수

함수식	IF(Logical_test, Value_if_true , Value_if_false)

: 조건식의 논리 검사를 해서 결과가 '참'이면 Value_if_true 에 해당하는 값을, '거짓'이면 Value_if_false에 해당하는 값을 표시한다.

Logical_test

IF 조건식을 입력하는 곳으로 논리검사를 수행한 후 'true' 또는 'false' 값을 반환한다.

Value_if_true

Logical test의 결과 값이 true일 때 표시할 값이다.

Value_if_false

Logical test의 결과 값이 false일 때 표시할 값이다.

예제 12-3) '헬스 센터 회원 관리'에서 포인트점수가 200 이상이면 우수 회원, 그렇지 못하면 일반 회원으로 선별하기

❶ 마우스 커서를 결과 값을 표시하고자 하는 셀 위치(E3)에 놓고 Fx를 클릭한다.

함수 마법사 창에서 'IF' 함수를 선택한다.

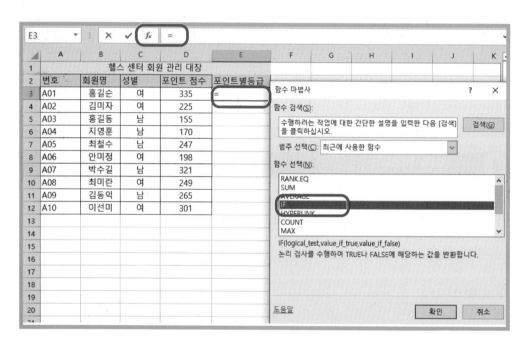

❷ 함수 인수 대화상자를 열고 인수를 입력한다.

Logical_test – "D3 ≧ 200"라고 입력

   (의미 : 첫 번째 회원의 포인트 점수가 200 이상이면)

Value_if_true – "우수회원"이라고 입력

   (의미 : 포인트 점수가 200 이상이면 "우수회원"이라고 표시하라.)

Value_if_false – "일반회원"이라고 입력

   (의미 : 포인트 점수가 200 이상이면 "일반회원"이라고 표시하라.)

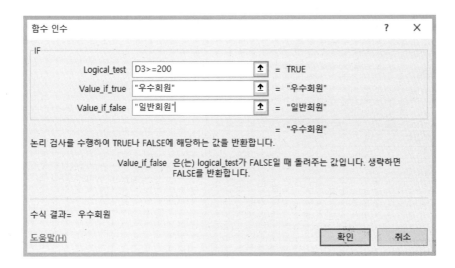

❸ 첫 번째 회원인 홍길순의 포인트별 등급에 "우수회원"이라고 표시되었다.

수식 입력 줄에는 "IF(D3)=200,"우수회원","일반회원")"라고 입력되어 있다.

❹ 나머지 회원의 셀은 자동 채우기 핸들로 수식 복사를 해서 채운다.

E3	▼ :	× ✓	fx	=IF(D3>=200,"우수회원","일반회원")		
◢	A	B	C	D	E	F	G
1			헬스 센터 회원 관리 대장				
2	번호	회원명	성별	포인트 점수	포인트별등급		
3	A01	홍길순	여	335	우수회원		
4	A02	김미자	여	225	우수회원		
5	A03	홍길동	남	155	일반회원		
6	A04	지영훈	남	170	일반회원		
7	A05	최철수	남	247	우수회원		
8	A06	안미정	여	198	일반회원		
9	A07	박수길	남	321	우수회원		
10	A08	최미란	여	249	우수회원		
11	A09	김동익	남	265	우수회원		
12	A10	이선미	여	301	우수회원		
13							
14							

2) COUNTIF 함수

지정한 범위 내에서 조건 식을 이용하여 조건에 맞는 셀의 개수를 구할 수 있다.

조건이 여러 개일 때에는 COUNTIFS 함수를 이용한다.

함수식	COUNTIF(Range, Criteria)

Range   조건 검사를 할 범위

Criteria   조건식

🔍 예제 12-4) '헬스 센터 회원' 포인트별 등급이 '일반회원'인 직원 수 구하기

❶ 결과 값을 표시할 셀에 마우스 커서를 놓는다.

❷ 함수 마법사를 클릭한 후 함수 마법사 대화상자에서 'COUNTIF'라 쓰고 [검색]을 눌러 선택한다.

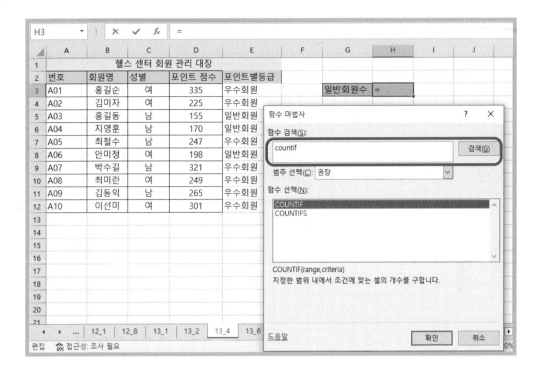

③ COUNTIF 함수 인수 대화상자에서 인수 값을 입력한다.

Range – 포인트별 등급 데이터 영역을 마우스로 드래그하면 범위 주소 "(E3:E12)"가 자동
으로 입력된다.

Criteria – "일반회원"라고 입력한 후 [확인]을 누른다.

　　　　　　조건을 입력하는 곳으로 숫자, 식, 텍스트 형태로 입력이 가능하다.

❹ '일반회원' 수는 3명이고 수식 입력 줄에 COUNTIF(E3:E12,"일반회원")가 입력되었다.

H3	▼	:	×	✓	fx	=COUNTIF(E3:E12,"일반회원")			
▲	A	B	C	D	E	F	G	H	I
1	헬스 센터 회원 관리 대장								
2	번호	회원명	성별	포인트 점수	포인트별등급				
3	A01	홍길순	여	335	우수회원		일반회원수	3	
4	A02	김미자	여	225	우수회원				
5	A03	홍길동	남	155	일반회원				
6	A04	지영훈	남	170	일반회원				
7	A05	최철수	남	247	우수회원				
8	A06	안미정	여	198	일반회원				
9	A07	박수길	남	321	우수회원				
10	A08	최미란	여	249	우수회원				
11	A09	김동익	남	265	우수회원				
12	A10	이선미	여	301	우수회원				
13									

3) SUMIF 함수

지정한 범위 내에서 조건 식을 이용하여 조건에 맞는 셀의 합계를 구한다.

함수식	SUMIF(Range, Criteria , Sum_range)

예제 12-5) A 보험금융회사 상반기 보험 현황에서 1/4분기 실적이 5,000,000 이상인 직원들만의 총 매출액 합계 구하기

❶ 결과 값을 표시할 셀 C13에 마우스 커서를 놓고 Fx를 클릭해서 "SUMIF( )" 함수를 선택한다.

[함수 인수] 대화상자에서 인수들을 아래와 같이 입력한다.

Range – 조건을 검사할 셀(1/4분기)들의 영역을 마우스로 드래그하면 "D4:D11"가 자동으로 입력된다.

Criteria – 합계를 구할 셀의 조건(">=5,000,000")을 입력한다.

Sum_range – 합계를 구할 실제 셀(매출액)들의 범위를 마우스로 드래그하면 "D4:D11"이 자동으로 입력된다.

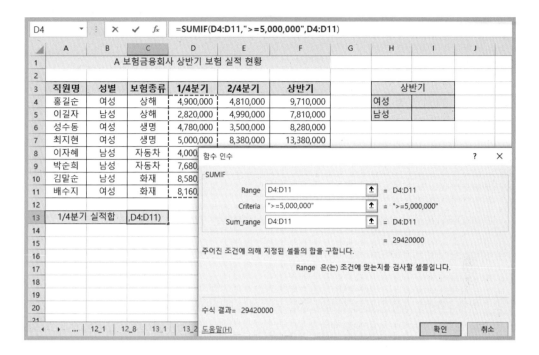

❷ 1/4분기 보험 실적합은 29,420,000가 표시되었고 수식 입력 줄에 입력되는 함수식은 다음과 같다.

SUMIF(D4:D11,">=5,000,000",D4:D11)

④ AND IF/OR IF 함수

1) AND + IF 함수

IF 함수에서 조건이 두 개 이상인 경우에 사용한다.

두 개 이상의 조건을 동시에 만족할 경우에만 참인 함수이다.

함수식은 아래와 같다.

IF(AND(제1조건식, 제2조건식...),"TRUE일 때 반환되는 값","FALSE일 때 반환되는 값")

예제 12-6) 'A사 직원 당 판매액 현황' 자료에서 매출액이 3,000,000원 이상이면서 포인트 점수가 250이 넘는 직원에게 특별 수당을 지급하려고 한다. 해당되는 셀에만 "지급"이라고 표시하시오.

① 먼저 첫 번째 직원의 결과 값을 표시할 셀을 클릭하고 함수 마법사 대화상자를 연다. 함수 마법사 창이 뜨면 'IF' 함수를 선택한다.

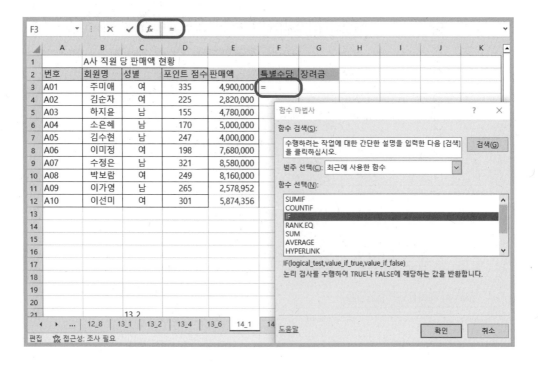

② IF [함수 인수] 대화상자에서

Value_if_true – 결과 값이 true이면 표시할 텍스트 "지급"을 입력한다.

Value_if_false – 결과 값이 false이면 표시할 텍스트 " "(빈 따옴표)를 입력한다.

Logical_test에 커서를 옮겨 놓는다. (이 부분부터 일반 'if 함수'와 다르다.)

③ 조건 식을 두 개 적기 위해서 [함수 인수] 상자를 열어 놓은 상태에서 워크시트의 [이름 상자]를 열어 [함수 추가]를 선택한다.

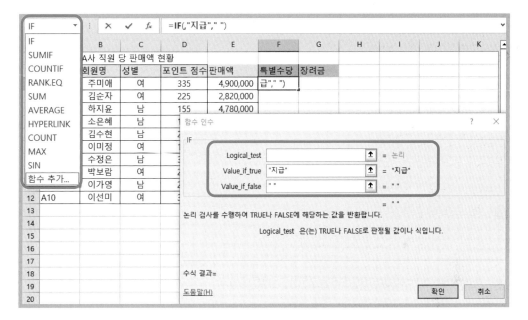

④ [함수 추가] 함수 마법사 창에서 [AND] 함수를 선택한다.

⑤ 조건 식을 여러 개 입력할 수 있도록 AND 함수 인수 창이 열린다.

Logical1 – "매출액이 3,000,000원 이상이면"의 의미로, "E3>=3,000,000"라고 입력한다.

Logical2 – "포인트(D3)가 250 이상이면"의 의미로, "D3>=250"이라고 입력한다.

함수 인수		? ×
AND		
Logical1	E3>=3000000 ↑	= TRUE
Logical2	D3>=250 ↑	= TRUE
Logical3	↑	= 논리
		= TRUE

인수가 모두 TRUE이면 TRUE를 반환합니다.

Logical2: logical1,logical2,... 은(는) TRUE 또는 FALSE 값을 가지는 조건으로 1개에서 255개까지 지정할 수 있으며 논리값, 배열, 참조가 될 수 있습니다.

수식 결과= 지급

도움말(H)   확인   취소

⑥ 결과 값이 구해졌다.

수식 입력 줄에 작성된 AND IF 함수식은 다음과 같다.

IF(AND(E3〉=3000000,D3〉=250),"지급"," ")

F3	▼ : × ✓ fx		=IF(AND(E3>=3000000,D3>=250),"지급"," ")					
	A	B	C	D	E	F	G	H	I
1		A사 직원 당 판매액 현황						
2	번호	회원명	성별	포인트 점수	판매액	특별수당		
3	A01	주미애	여	335	4,900,000	지급		
4	A02	김순자	여	225	2,820,000			
5	A03	하지윤	남	155	4,780,000			
6	A04	소은혜	남	170	5,000,000			
7	A05	김수현	남	247	4,000,000			
8	A06	이미정	여	198	7,680,000			
9	A07	수정은	남	321	8,580,000			
10	A08	박보람	여	249	8,160,000			
11	A09	이가영	남	265	2,578,952			
12	A10	이선미	여	301	5,874,356			
13								

❼ 구해진 결과 값을 마우스로 드래그하여 서식을 복사한다. 두 개의 조건이 모두 만족되는 셀에만 "지급"이 입력되었다.

F3	▼	:	×	✓	fx	=IF(AND(E3>=3000000,D3>=250),"지급"," ")		

◢	A	B	C	D	E	F	G	H
1		A사 직원 당 판매액 현황						
2	번호	회원명	성별	포인트 점수	판매액	특별수당		
3	A01	주미애	여	335	4,900,000	지급		
4	A02	김순자	여	225	2,820,000			
5	A03	하지윤	남	155	4,780,000			
6	A04	소은혜	남	170	5,000,000			
7	A05	김수현	남	247	4,000,000			
8	A06	이미정	여	198	7,680,000			
9	A07	수정은	남	321	8,580,000	지급		
10	A08	박보람	여	249	8,160,000			
11	A09	이가영	남	265	2,578,952			
12	A10	이선미	여	301	5,874,356	지급		
13								

2) OR + IF 함수

2개 이상의 조건 중 하나만 만족해도 TRUE 결과 값을 표시해주는 함수이다.

함수식은 다음과 같다.

IF(OR(제1조건식,제2조건식,...),"TRUE일 때 반환되는 값","FALSE일 때 반환되는 값")

🖱️ 예제 12-7) 판매액이 3,000,000원 이상이거나 포인트가 300 이상인 직원에게는 "장려금"이 지급되도록 조건이 만족되면 결과 셀에 "지급", 대상이 아니면 "미지급"이라 표시하시오.

❶ 결과 값을 표시할 셀을 클릭하고 함수 마법사 대화상자에서 IF 함수를 선택한다.

❷ [함수 인수] 대화상자에서,

Value_if_true – 결과 값이 true이면 표시할 텍스트 "지급"을 입력한다.

Value_if_false – 결과 값이 false이면 표시할 텍스트 "미지급"을 입력한다.

마지막으로 Logical_test에 커서를 옮겨 놓는다.

❸ 조건 식을 두 개 적기 위해서 이름 상자를 열어 "함수 추가"를 눌러 OR 함수를 선택한다. (이미 or 함수가 있는 경우는 OR 함수를 선택한다.)

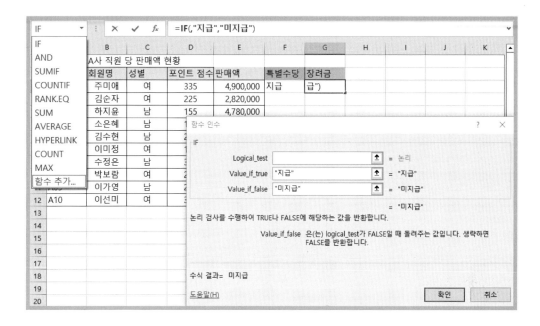

❹ 조건 식을 여러 개 입력할 수 있도록 OR 함수 대화상자가 열렸다.

Logical1 – 매출액(E5)이 3,000,000원 이상이면의 의미로, "E3>=3,000,000"이라고 입력한다.

Logical2 – 포인트(D3)가 300 이상이면의 의미로, "D3>=300"이라고 입력한다.

확인 버튼을 누른다.

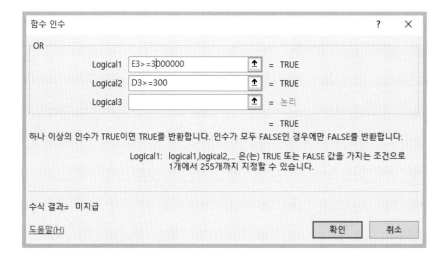

❺ 첫 번째 학생의 결과는 "지급"이다.

수식 입력 줄에 작성된 OR IF 함수식은 다음과 같다.

IF(OR(E3)=3000000,D3)=300),"지급","미지급")

구해진 결과 값을 마우스로 드래그하여 서식 복사를 한다. 두 개의 조건 중 하나만 "참"이어도 "지급"이 입력되었다.

G3	▼	:	× ✓	fx	=IF(OR(E3>=3000000,D3>=300),"지급","미지급")			
	A	B	C	D	E	F	G	H
1		A사 직원 당 판매액 현황						
2	번호	회원명	성별	포인트 점수	판매액	특별수당	장려금	
3	A01	주미애	여	335	4,900,000	지급	지급	
4	A02	김순자	여	225	2,820,000		미지급	
5	A03	하지윤	남	155	4,780,000		지급	
6	A04	소은혜	남	170	5,000,000		지급	
7	A05	김수현	남	247	4,000,000		지급	
8	A06	이미정	여	198	7,680,000		지급	
9	A07	수정은	남	321	8,580,000	지급	지급	
10	A08	박보람	여	249	8,160,000		지급	
11	A09	이가영	남	265	2,578,952		미지급	
12	A10	이선미	여	301	5,874,356	지급	지급	
13								

학습 정리

❖ SUM 함수

합계를 구하고 싶은 인수 값을 쉼표로 구분하여 나열하거나 연속된 여러 개의 인수는 콜론을 사용한다.

❖ AVERAGE 함수

평균을 구하고 싶은 인수 값을 쉼표로 구분하여 나열하거나 연속된 여러 개의 인수는 콜론을 사용한다.

❖ MAX(MIN) 함수

범위 안에서 가장 큰 값(MAX), 또는 가장 작은 값(MIN)을 구한다.

❖ COUNT 함수

범위 안에서 숫자가 든 셀의 개수만 센다.

❖ COUNTA 함수

범위 안에서 값을 포함하고 있는 셀의 개수를 모두 센다. (셀 안의 값이 숫자가 아니어도 된다.)

RANK.EQ 함수 목록 내에서 지정한 수의 크기 순위를 구하는 함수이다.

❖ IF 함수

조건식의 논리 검사를 해서 결과가 '참'이면 Value_if_true에 해당하는 값을, '거짓'이면 Value_if_false에 해당하는 값을 표시한다.

❖ COUNTIF 함수

지정한 범위 내에서 조건 식을 이용하여 조건에 맞는 셀의 개수를 구할 수 있다.

조건이 여러 개일 때에는 COUNTIFS 함수를 이용한다.

❖ AND + IF 함수

IF 함수에서 조건이 두 개 이상인 경우에 사용한다.

두 개 이상의 조건을 동시에 만족할 경우에만 참인 함수이다.

❖ OR + IF 함수

2개 이상의 조건 중 하나만 만족해도 TRUE 결과 값을 표시해주는 함수이다.

**연습
문제**

1. SUM 함수식에서 연속적인 여러 인수들의 합을 구하기 위해서 인수를 연결하는 기호는 무엇인가?

① 세미 콜론(;)　　　　　　　　② 콜론(:)

③ 쉼표(,)　　　　　　　　　　④ 하이픈(−)

2. 아래 표에서 국어 평균을 함수를 사용하여 구했다. AVERAGE(B2:B8)가 국어 평균 함수식이었다면 국어 평균 함수식을 자동 채우기로 수식 복사했다면 영어 평균을 구하는 함수식은 어떻게 되어야 하는가?

	A	B	C	D
1		국어	영어	수학
2	김동길	88	77	90
3	김미자	95	84	77
4	박경옥	84	77	80
5	박길동	62	88	82
6	이순희	93	68	91
7	임미란	76	46	70
8	최경숙	74	98	81
9				
10	평균	81.71		

3. 판매액이 3,000,000원 이상이거나 포인트가 300 이상인 직원에게는 "장려금"이 지급되도록 조건이 만족되면 결과 셀에 "지급", 대상이 아니면 "미지급"이라 표시하려고 한다. 어떤 함수를 사용해야 하는가?

① AND IF 함수

② OR IF 함수

③ VLOOKUP 함수

④ SUM IF 함수

4. 아래 함수식에 대한 설명이 바른 것은?

IF(OR(E3)=3000000,D3)=300),"지급","미지급")

① 두 조건 중 하나만 '참'이어도 '지급'이 입력된다.

② D3 셀의 값이 250이면 '미지급'이 표시된다.

③ E3 셀의 값이 2,500,000이면 '미지급'이 표시된다.

④ E3 셀이 3,500,000이고 D3이 200이면 '미지급'이 표시된다.

5. 보험 실적이 5,000,000 이상인 데이터만 골라서 합을 구하는 식이다. 밑줄친 곳에 어떤 함수를 사용해야 하는가?

_____ (D4:D11,">=5,000,000",D4:D11)

6. 아래 응시 현황에서 퀴즈 시험에 응시한 인원수를 구하기 위해 어떤 함수를 사용해야 하나?

① SUMIF   ② COUNTA

③ COUNT   ④ VLOOKUP

영어자격고시 응시 현황			
번호	성명	퀴즈	비고
1	강경실	82	경영학과
2	김동길	88	수학과
3	김미자	95	국문학과
4	선우경	미응시	컴퓨터학과
5	박경옥	84	수학과
6	박길동	62	국문학과
7	이나래	미응시	컴퓨터학과
8	이순희	93	컴퓨터학과
9	임미란	76	국문학과
10	최경숙	74	수학과
11	최숙진	77	경영학과
12	홍길순	64	경영학과
12	홍미경	95	컴퓨터학과

7. 6번 문제에서 총 인원을 구하기 위해서 어떤 함수를 사용해야 하는가?

① SUMIF   ② COUNTA

③ COUNT   ④ VLOOKUP

8. 6번 문제에서 퀴즈 점수의 순위를 매기려면 어떤 함수를 사용해야 하는가?

① RANK.EQ   ② COUNTA

③ COUNT   ④ VLOOKUP

9. P3 셀 주소를 $P$3 셀 주소로 변경하기 위해서 사용할 수 있는 단축키는 무엇인가?

① F 1   ② F 2

③ F 3   ④ F 4

10. RANK.EQ 함수 인수에 대한 설명이 바르지 않은것은?

RANK.EQ(E2,$E$2:$E$6)

① E2 셀 값의 순위를 구한다.

② 순위의 범위는 E2 셀부터 E6 셀이다.

③ 등수의 순위를 위해 마지막 인수는 생략했다.

④ 순위의 범위는 상대 참조 방식이다.

CHAPTER **13**

엑셀의 차트 및
웹용 엑셀 활용하기

학습목표

- 찾기/참조 함수를 이용하여 회사 직원 정보, 상품명 등의 입력 및 관리를 빠르고 정확하게 할 수 있다.
- 복잡한 데이터를 한 눈에 보기 쉽게 다양한 차트로 작성할 수 있다.
- 스파크라인으로 데이터의 흐름을 비교 분석할 수 있다.

① 찾기 참조 함수

찾기 참조 함수에서 가장 많이 사용하는 LOOKUP 함수들은 다른 영역의 셀을 참조하여 특정한 조건에 맞는 셀의 값을 빠르게 가져와 표시해 준다.

LOOKUP 함수에는 VLOOKUP 함수와 HLOOKUP 함수가 있다.

두 함수의 사용법은 검색할 범위가 수직인지 수평인지에 따라 다르게 사용된다.

1) VLOOKUP 함수 활용

참조 테이블의 검색할 범위가 수직인 경우에 사용한다.

VLOOKUP 시트의 "전자제품 판매 현황" 자료를 보면 상품명이나 단가 등의 단순 데이터를 직접 입력하지 않고 아래의 상품 코드 테이블에서 상품명이나 단가 등을 가져와 자동으로 입력되게 할 수 있다.

	A	B	C	D	E	F
1			전자제품 12월 총 판매 현황			
2						
3	판매 날짜	상품코드	상품명	판매수량	단가	금액
4	12월 03일	sk001		8		
5	12월 07일	sk003		9		
6	12월 08일	sk002		5		
7	12월 09일	sk001		2		
8	12월 11일	sk004		8		
9	12월 13일	sk002		5		
10	12월 15일	sk003		6		
11	12월 20일	sk004		14		
12	12월 24일	sk002		11		
13	12월 27일	sk004		10		
14						
15		상품코드 테이블				
16	상품코드	상품명	단가			
17	sk001	MP3	210,000			
18	sk002	TV	980,000			
19	sk003	스마트폰	780,000			
20	sk004	컴퓨터	870,000			

LOOKUP 함수식은 아래와 같다.

> **VLOOKUP(검색할 셀 주소, 참조 데이터 셀 절대주소, 추출할 값의 열 순서, 값의 정확도)**

예제 13-1) LOOKUP 함수를 이용하여 상품명 셀에 상품명을 자동으로 입력하시오.

참조할 상품코드 테이블에서 데이터가 수직으로 작성되어 있으므로 VLOOKUP 함수를 이용한다.

❶ 상품명을 표시하고자 하는 셀(C4)에 커서를 놓고 함수 마법사를 연다.

❷ [범주 선택]에서 "찾기/참조 영역"을 선택한 후 [함수 목록]에서 "VLOOKUP"을 선택한 후 [확인] 버튼을 클릭한다.

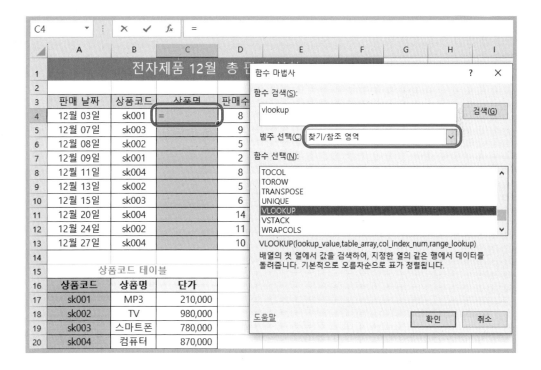

❸ VLOOKUP 함수 인수 입력란에 정확한 인수 값을 입력한 후 [확인]을 누른다.

Lookup_value – 찾으려는 상품코드 셀 주소를 클릭하여 셀 주소(B4)를 입력한다.

Table_array – 참조하고자 하는 테이블에서 상품코드가 있는 셀 주소와 상품명 셀 주소를 모두 드래그한 후 [F4] 버튼을 눌러 셀 주소 ($A$16:$C$20)가 입력되도록 한다. 이때 셀 주소는 계속 같은 곳의 데이터를 반복해서 참조해야 하므로 절대 참조 방식으로 되어야 한다.

> 이때 만일 참조 주소가 ($A$16:$B$20)로 되어도 결과 값은 똑같다. 찾아야 할 인수가 Table_array 참조 주소 안에 있기만 하면 된다.

Col_Index_num – 참조할 테이블의 첫 열(상품코드)이 "1"이므로 값을 추출할 열(상품명)은 "2"가 된다.

Range_lookup – 정확하게 일치하는 것을 찾으려면 "false"를 입력한다.

함수 인수	? ✕
VLOOKUP	
Lookup_value B4 ⬆	= "sk001"
Table_array $A$16:$C$20 ⬆	= {"상품코드","상품명","단가";"sk001",
Col_index_num 2 ⬆	= 2
Range_lookup false ⬆	= FALSE

= "MP3"

배열의 첫 열에서 값을 검색하여, 지정한 열의 같은 행에서 데이터를 돌려줍니다. 기본적으로 오름차순으로 표가 정렬됩니다.

　　　Range_lookup 은(는) 정확하게 일치하는 것을 찾으려면 FALSE를, 비슷하게 일치하는 것을 찾으려면 TRUE(또는 생략)를 지정합니다.

수식 결과= MP3

도움말(H)　　　　　　　　　　　　　　　　　　　　　　　[확인]　[취소]

❹ C4 셀에 결과가 구해지면 나머지 셀들은 자동 채우기 핸들로 수식 복사한다.

C4	▼ :	✕ ✓	fx	=VLOOKUP(B4,$A$16:$C$20,2,FALSE)		
◢	A	B	C	D	E	F
1			전자제품 12월 총 판매 현황			
2						
3	판매 날짜	상품코드	상품명	판매수량	단가	금액
4	12월 03일	sk001	MP3	8		
5	12월 07일	sk003	스마트폰	9		
6	12월 08일	sk002	TV	5		
7	12월 09일	sk001	MP3	2		
8	12월 11일	sk004	컴퓨터	8		
9	12월 13일	sk002	TV	5		
10	12월 15일	sk003	스마트폰	6		
11	12월 20일	sk004	컴퓨터	14		
12	12월 24일	sk002	TV	11		
13	12월 27일	sk004	컴퓨터	10		
14						

Sk001 상품코드에 대한 상품명 셀(C4)을 선택하면 수식 입력 줄에 아래와 같은 함수식이 나타난다.

VLOOKUP(B4,$A$16:$C$20,2,FALSE)

✔ **체크포인트** **Col_Index_num/Row_index_num의 이해**

Col_Index_num는 세로로 표시되는 목록의 번호를 의미하는 것으로 엑셀에서 이 목록 값을 행렬로 변환해서 계산을 하게 되기 때문에 그 행렬에 들어가는 위치에 따라 열 번호가 정해진다.

엑셀에서는 기본적으로 기준이 되는 상품코드가 1열로 정해져 있기 때문에 그 다음 열부터는 자연히 2열, 3열이 된다.

만일, "상품명" 값을 반환받고 싶으면 Col_index_num은 "2", "단가" 값을 반환받고 싶으면 Col_index_num은 "3"이 된다.

상품코드 테이블			
상품코드	**상품명**	**단가**	
sk001	MP3	210,000	
sk002	TV	980,000	
sk003	스마트폰	780,000	
sk004	컴퓨터	870,000	
↑	↑	↑	
1열	2열	3열	

*Row_index_num는 반대로 열이 행으로 바뀌는 것이다. (HLOOKUP 함수에서 사용된다.)

가령, 직원코드로 담당지역을 반환받으려면 Row_index_num는 4가 된다.

직원코드	A318	B254	C124	←	1열
담당자	김미자	홍길순	임미란	←	2열
전화번호	010-5474-8201	010-4578-9856	010-1365-9874	←	3열
담당지역	강서	강남	강북	←	4열

예제 13-2) LOOKUP 함수를 이용하여 단가 셀에 단가를 자동으로 입력하시오.

① 단가가 입력될 셀 E4에 커서를 놓고 함수 마법사를 클릭하여 함수 인수 창을 연다.

Lookup_value – 셀 주소 (B4)를 입력한다.

Table_array – 단가까지 드래그를 하여 ($A$16:$C$20)가 입력된다.

Col_Index_num – 참조할 테이블의 첫 열(상품코드)이 "1"이므로 값을 추출할 열(단가)는 "3"이 된다.

Range_lookup – 정확하게 일치하는 것을 찾으려면 "false"를 입력한다.

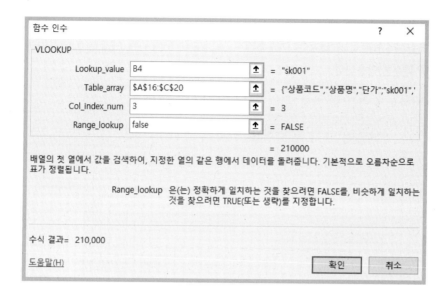

② 구해진 MP3 '단가'를 서식 복사하여 나머지 단가를 모두 구한다.

	A	B	C	D	E	F
1	전자제품 12월 총 판매 현황					
2						
3	판매 날짜	상품코드	상품명	판매수량	단가	금액
4	12월 03일	sk001	MP3	8	210,000	
5	12월 07일	sk003	스마트폰	9	780,000	
6	12월 08일	sk002	TV	5	980,000	
7	12월 09일	sk001	MP3	2	210,000	
8	12월 11일	sk004	컴퓨터	8	870,000	
9	12월 13일	sk002	TV	5	980,000	
10	12월 15일	sk003	스마트폰	6	780,000	
11	12월 20일	sk004	컴퓨터	14	870,000	
12	12월 24일	sk002	TV	11	980,000	
13	12월 27일	sk004	컴퓨터	10	870,000	
14						

2) HLOOKUP 함수

참조 테이블의 검색할 범위가 수평 목록으로 되어있는 경우에 사용한다.

> HLOOKUP(검색할 셀 주소, 참조 데이터 셀 절대 주소, **추출할 값의 행 순서**, 값의 정확도)

예제 13-3) '전자제품 직원 판매 현황' 표에서 LOOKUP 함수를 이용하여 '담당자' 이름을 자동 입력하시오. 참조할 직원코드 테이블에서 데이터가 수평으로 작성되어 있으므로 HLOOKUP 함수를 이용한다.

❶ 담당자를 표시하고자 하는 첫 번째 셀에 커서를 놓고 함수 마법사를 연다.

❷ [범주] 선택에서 "찾기/참조 영역"을 선택한 후 [함수 목록]에서 "HLOOKUP"을 선택한다.

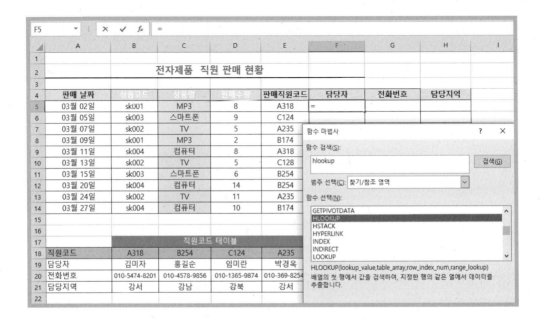

❸ HLOOKUP 함수 인수 창이 열리면 각 인수 입력란에 정확한 인수 값을 입력한다.

Lookup_value – 찾으려는 판매직원코드 셀 주소를 클릭하여 셀 주소 (E5)를 입력한다.

Table_array – 참조하고자 하는 직원코드 테이블에서 직원코드와 담당자 셀 주소를 드래그한 후 [F4] 버튼을 눌러 셀 주소 ($A$18:$G$19)가 입력되도록 한다.

Row_Index_num – 참조할 테이블의 첫 행이 "1"이므로 값을 추출할 행은 "2"가 된다.

Range_lookup – 정확하게 일치하는 것을 찾으려면 "false"를 입력한다.

❹ 첫 번째 데이터 "김미자"가 자동으로 입력되었고 나머지 셀들은 자동 채우기 핸들로
수식 복사한다.

'김미자' 셀의 수식 입력 줄에 입력된 함수식은 아래와 같다.

HLOOKUP(E5,$A$18:$G$19,2,FALSE)

예제 13-4) '예제 13-3'의 자료에서 담당자들의 '전화번호'를 HLOOKUP 함수를 이용하여 자동으로 입력하시오.

① 함수 인수 창에서 '예제 13-3'에 비해 table_array와 Row_index_num가 바뀌었다.

Lookup_value – 찾으려는 판매직원코드 셀을 클릭하면 셀 주소 (E5)이 입력된다.

Table_array – 전화번호가 포함되도록 드래그한다.

($A$18:$G$20)가 입력된다.

Row_Index_num – 참조할 테이블의 첫 행이 "1"이므로 전화번호 값을 추출할 행은 "3"이 된다.

Range_lookup – 정확하게 일치하는 것을 찾으려면 "false"를 입력한다.

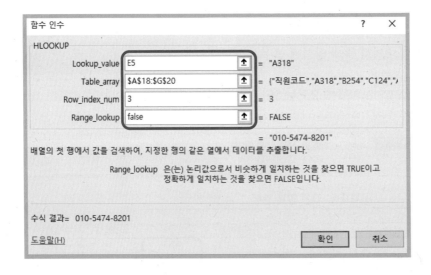

② 첫 번째 데이터 김미자의 "전화번호"가 자동으로 입력되었고 나머지 셀들은 자동 채우기 핸들로 수식 복사한다.

첫 번째 김미자 전화번호 셀의 수식 입력 줄에 입력된 함수식은 아래와 같다.

HLOOKUP(E5,$A$18:$G$20,3,FALSE)

| G5 | ▼ | : | × | ✓ | fx | =HLOOKUP(E5,$A$18:$G$20,3,FALSE) | | |

	A	B	C	D	E	F	G	
1								
2			**전자제품 직원 판매 현황**					
3								
4	**판매 날짜**	상품코드	상품명	판매수량	**판매직원코드**	**담당자**	**전화번호**	담
5	03월 02일	sk001	MP3	8	A318	김미자	010-5474-8201	
6	03월 05일	sk003	스마트폰	9	C124	임미란	010-1365-9874	
7	03월 07일	sk002	TV	5	A235	박경옥	010-369-82541	
8	03월 09일	sk001	MP3	2	B174	이순희	010-327-81235	
9	03월 11일	sk004	컴퓨터	8	A318	김미자	010-5474-8201	
10	03월 13일	sk002	TV	5	C128	강경실	010-458-73578	
11	03월 15일	sk003	스마트폰	6	B254	홍길순	010-4578-9856	
12	03월 20일	sk004	컴퓨터	14	B254	홍길순	010-4578-9856	
13	03월 24일	sk002	TV	11	A235	박경옥	010-369-82541	
14	03월 27일	sk004	컴퓨터	10	B174	이순희	010-327-81235	
15								

예제 13-5) '예제 13-4'와 같은 방식으로 '담당지역'을 HLOOKUP 함수를 이용하여 자동 입력하시오.

❶ 함수 인수 창에서 '예제_13_4'에 비해 table_array 값이 좀 더 확장되어 ($A$18:$G$20) 에서($A$18:$G$21)로 변경되었다.

❷ Row_index_num는 '4'가 된다.

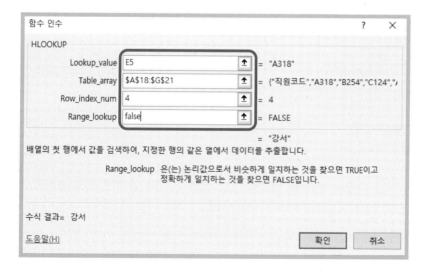

❸ 첫 번째 데이터 "김미자"의 담당지역이 자동으로 입력되었고 나머지 셀들은 자동 채우기 핸들로 수식 복사한다.

수식 입력 줄에 입력된 함수식은 아래와 같다.

HLOOKUP(E5,$A$18:$G$21,4,FALSE)

| H5 | ▼ : × ✓ *fx* | =HLOOKUP(E5,$A$18:$G$21,4,FALSE) |

	A	B	C	D	E	F	G	H
1								
2			전자제품 직원 판매 현황					
3								
4	판매 날짜	상품코드	상품명	판매수량	판매직원코드	담당자	전화번호	담당지역
5	03월 02일	sk001	MP3	8	A318	김미자	010-5474-8201	강서
6	03월 05일	sk003	스마트폰	9	C124	임미란	010-1365-9874	강북
7	03월 07일	sk002	TV	5	A235	박경옥	010-369-82541	강서
8	03월 09일	sk001	MP3	2	B174	이순희	010-327-81235	강남
9	03월 11일	sk004	컴퓨터	8	A318	김미자	010-5474-8201	강서
10	03월 13일	sk002	TV	5	C128	강경실	010-458-73578	강동
11	03월 15일	sk003	스마트폰	6	B254	홍길순	010-4578-9856	강남
12	03월 20일	sk004	컴퓨터	14	B254	홍길순	010-4578-9856	강남
13	03월 24일	sk002	TV	11	A235	박경옥	010-369-82541	강서
14	03월 27일	sk004	컴퓨터	10	B174	이순희	010-327-81235	강남
15								

✔ 체크포인트 수직 데이터와 수평 데이터의 구별

수직 데이터는 여러 개의 상품코드(sk001, sk002,…)별 정보가 여러 행에 걸쳐서 수직으로 나열되어 있다. 이런 경우 VLOOKUP 함수를 이용한다.

상품코드 테이블		
상품코드	상품명	단가
sk001	MP3	210,000
sk002	TV	980,000
sk003	스마트폰	780,000
sk004	컴퓨터	870,000

〈수직 데이터〉

수평 데이터는 여러 개의 직원코드(A318, B254,…)별 정보가 여러 열에 걸쳐서 수평으로 나열되어 있다. 이런 경우 HLOOKUP 함수를 이용한다.

직원코드 테이블						
직원코드	A318	B254	C124	A235	B174	C128
담당자	김미자	홍길순	임미란	박경옥	이순희	강경실
전화번호	010-5474-8201	010-4578-9856	010-1365-9874	010-369-82541	010-327-81235	010-458-73578
담당지역	강서	강남	강북	강서	강남	강동

〈수평 데이터〉

② 차트 활용

1) 차트의 기본 구성 요소

● **가로축**

가로축에는 주로 항목 이름, 제품 명칭, 날짜 분기 등이 표시된다.

가로축의 항목이 너무 많아 차트 안에 이름이 잘 표시되지 않을 때에는 가로축 영역을 선택한 후 텍스트 크기를 줄인다.

● **세로축**

세로축에는 주로 값들이 표현된다. 표현되는 값의 단위는 셀 서식에서 표현되는 모든 단위(%, $,\,시간⋯.)를 표현할 수 있다.

● **범례**

가로축에 여러 개의 계열 항목이 나올 경우에는 각 계열의 이름을 따로 표시할 수 있다.

범례의 위치는 상, 하, 좌, 우로 변경이 가능하다.

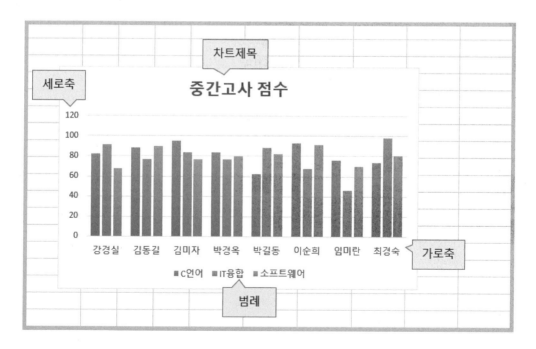

2) 차트 만들기

❶ 차트를 만들고자 하는 데이터 영역만을 마우스로 드래그하여 선택한다.

❷ [삽입] – [차트]에서 원하는 차트 종류를 선택한다. 차트의 종류가 미리 보기 형태로 보여진다.

차트 모양을 확인한 후 선택한다.

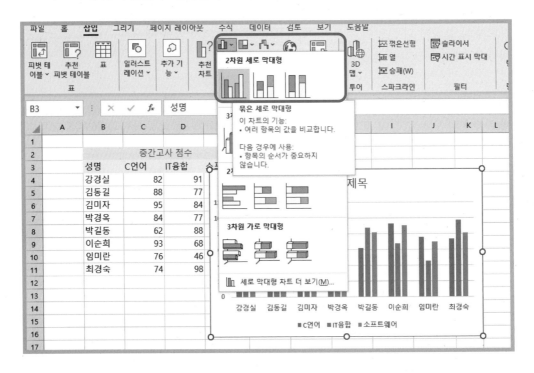

❸ '2차원 묶은 세로 막대형' 차트가 선택되었다.

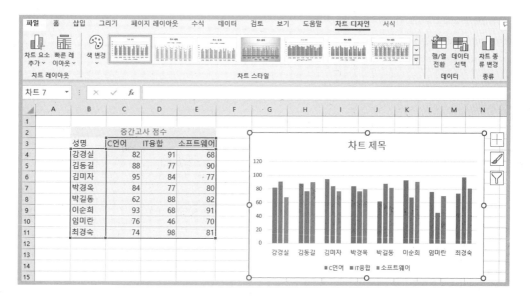

3) 세로축 값 변경

세로축의 값들은 최솟값과 최댓값 보조 단위 등을 사용자가 별도로 변경할 수 있다.

❶ 세로축 영역을 선택한 후 더블 클릭하거나 마우스 오른쪽 버튼을 클릭해서 [축 서식] 대화상자를 연다.

[축 서식] – [축 옵션]에서 바꾸고자 하는 값을 선택한 후 원하는 값을 주면 된다.

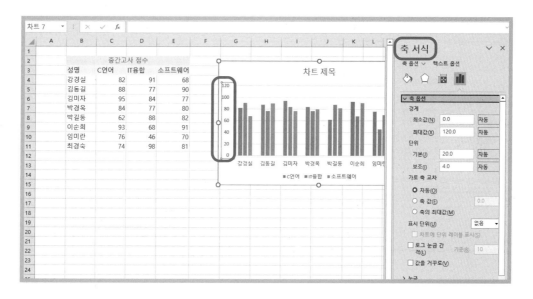

❷ 최댓값을 "100"으로, 기본 단위를 "20"으로 변경하였다.

자동으로 차트가 생성될 때는 작은 화면에 축의 값이 너무 촘촘히 나와 보기 힘든 반면 기본 단위를 20으로 바꾸니 축 서식이 여유로워졌다.

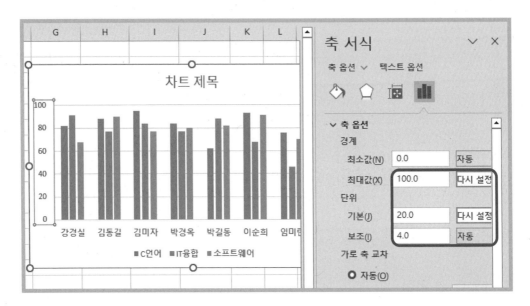

4) 범례 위치 변경

범례를 선택한 후 오른쪽 [범례 서식]에서 위치를 '왼쪽'으로 선택한다.

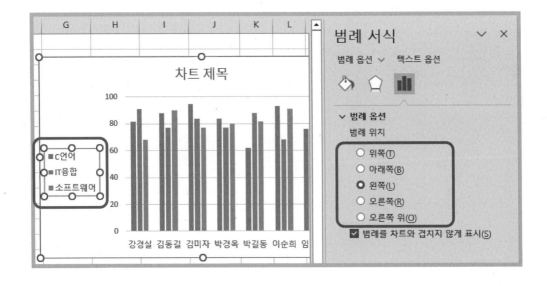

5) 데이터 계열 서식 변경

데이터 계열은 'C언어', 'IT융합', '소프트웨어' 등을 의미한다.

'C언어' 계열을 선택한 후 오른쪽 마우스 버튼을 클릭해 팝업 메뉴에서 [데이터 계열 서식]을 클릭한다.

[채우기] – [패턴 채우기]를 선택한다.

하나의 계열을 선택하면 같은 계열은 동시에 선택이 된다.

이때 만일, 계열 중 하나의 자료만 선택하고 싶으면 전체 계열이 선택된 상태에서 한번 더 해당 계열을 선택하면 하나의 계열만 선택이 된다.

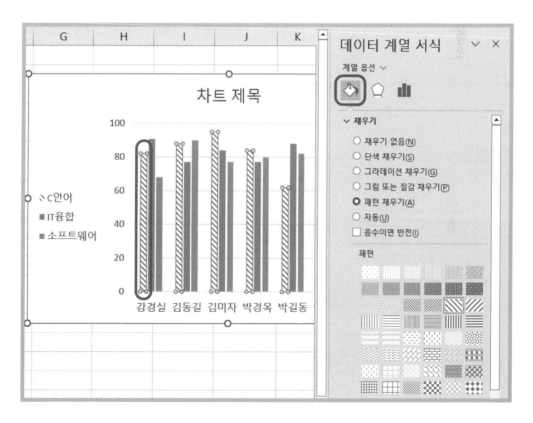

6) 그림 영역 변경하기

차트 내부의 그림 영역을 선택한 후 오른쪽 마우스 버튼을 클릭해 팝업 메뉴를 열고 [그림 영역 서식]을 클릭한다.

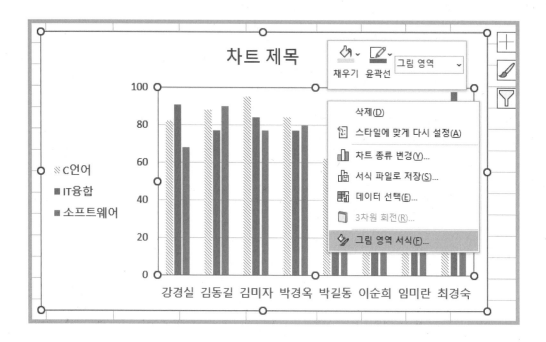

또는 [서식] – [그림 영역] – [선택 영역 서식]를 선택하면 오른쪽에 [그림 영역 서식] 창이 활성화된다.

그림 또는 질감 채우기에서 적당한 질감을 선택한다.

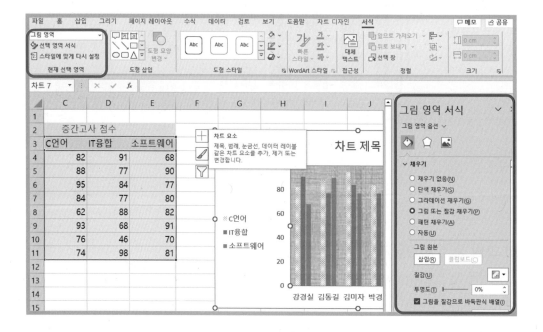

예제 13-6) '중간고사 점수' 차트에서 'C언어'와 'IT융합' 과목만 포함한 차트로 변경하기

① 만들어진 차트를 선택하면 데이터 영역에 박스가 생성된다.

② 이 박스 끝 선을 왼쪽으로 드래그하여 '소프트웨어' 과목을 제외시킨다.

③ 차트의 범례를 보면 '소프트웨어'가 빠져 있는 것을 확인할 수 있다.

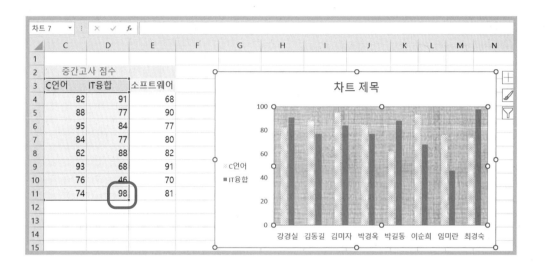

예제 13-7) '중간고사 성적표'에서 'C언어'와 '소프트웨어' 과목만 포함한 차트 만들기

① 연속되지 않은 데이터 영역을 선택하려면 'Ctrl' 키를 선택하면서 원하는 데이터 영역만 드래그한다.

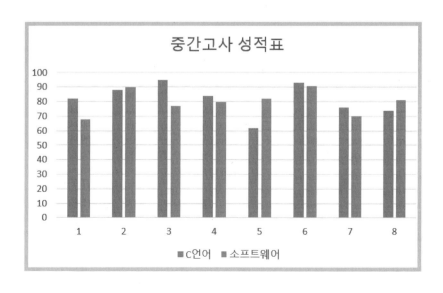

7) 차트 종류 변경하기

❶ 차트를 선택하면 리본 메뉴에 [차트 도구] 메뉴가 활성화되어 나타난다.

❷ [차트 디자인] – [종류] – [차트 종류 변경]에서 원하는 차트 종류로 변경한다.

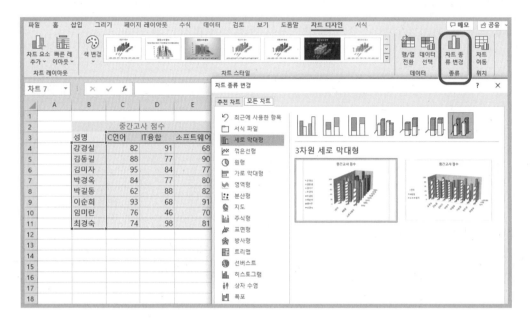

❸ '3차원 묶은 세로 막대형'으로 차트를 변경하였다.

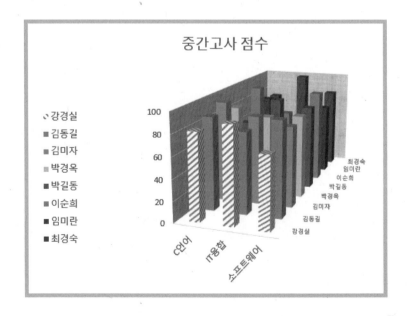

8) 차트 요소 추가

차트 요소에는 축 제목, 차트 제목, 데이터 레이블, 데이터 표, 범례, 추세선 등이 있다.

이 차트 요소는 차트 종류에 따라 다른 이름의 요소들이 생성된다.

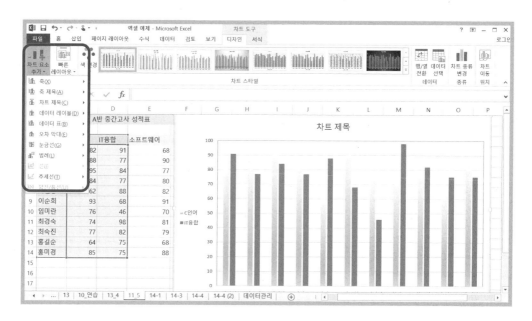

● [데이터 레이블] - [데이터 설명선] 추가

계열에 데이터에 대한 설명 텍스트를 추가하였다.

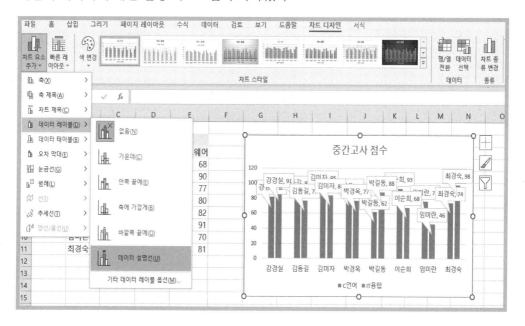

● **[데이터 테이블] – [범례 표지 포함] 추가**

차트 아래에 데이터 표를 함께 표시했다.

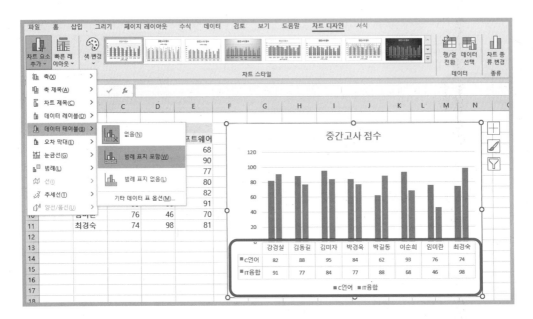

9) 차트 스타일 변경

[차트 디자인] – [차트 스타일]에서 원하는 스타일을 선택한다.

차트 스타일은 차트의 종류가 변하는 것이 아니고 외형적 스타일만 변경한다.

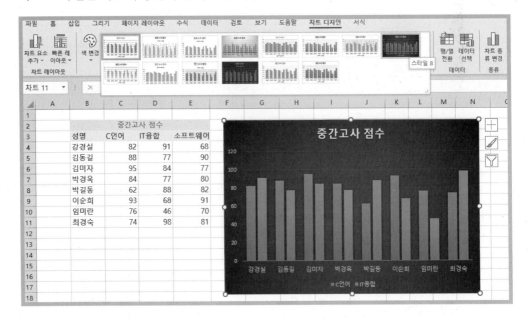

10) 스파크라인 삽입하기

스파크라인은 셀 하나에 표시되는 작은 차트의 일종이다.

복잡한 데이터의 흐름을 한눈에 알아볼 수 있도록 시각적으로 표현하여 데이터의 흐름을 비교 분석할 수 있는 기능이다.

예제 13-8) 'A사 분기별 보험 실적 현황' 표에서 총 4/4분기 동안의 매출액의 흐름을 [스파크라인]을 이용해 한눈에 비교해 본다.

❶ '홍길순'의 1/4분기부터 4/4분기까지 데이터를 드래그하여 블록으로 선택한 후 나타나는 팝업 메뉴인 [빠른 분석] 버튼을 클릭한다.

❷ [스파크라인] 탭 – [선]을 클릭한다.

❸ 셀에 스파크라인이 생성되었다.

자동 채우기 핸들로 아래로 드래드하면 스파크라인 식이 복사되어 나머지 셀에도 스파크라인이 생성된다.

❹ '스파크라인'을 삭제하려면 [스파크라인] – [그룹] – [지우기] – [선택한 스파크라인 지우기]에서 지울 수 있다.

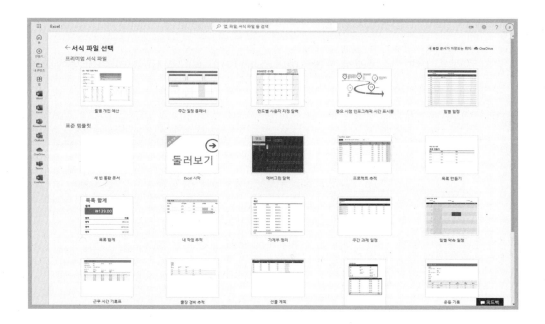

③ 웹용 엑셀 활용하기

❶ 웹용 엑셀은 웹용 Word에서와 같이 반드시 Microsoft에 계정이 있어야 한다. 모바일에서도 PC에서 하던 문서 편집 작업을 이어서 할 수 있다.

❷ 웹용 엑셀에는 다양한 종류의 서식 파일을 활용할 수 있다.

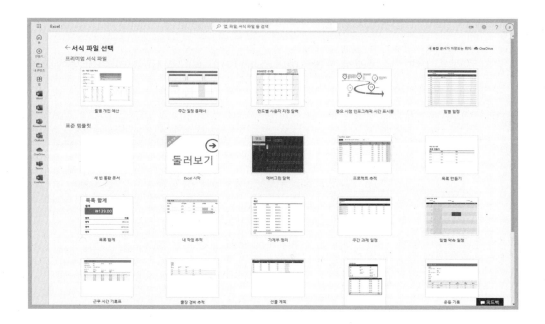

❸ 웹용 엑셀에서도 데스크톱에서 사용하던 M365 엑셀과 메뉴가 크게 다르지 않다.

통합문서는 OneDrive에 자동 저장된다.

공유가 가능하고 변경 내용 표시도 가능하다.

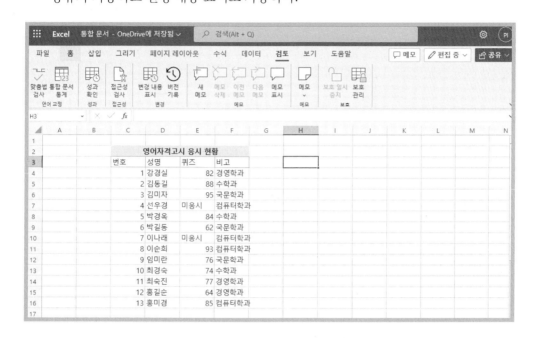

학습 정리

❖ 차트의 기본 구성 요소

가로축에는 주로 항목 이름, 제품 명칭, 날짜 분기 등이 표시된다.

세로축에는 주로 값들이 표현된다. 표현되는 값의 단위는 셀 서식에서 표현되는 모든 단위(%, $,\,시간…)를 표현할 수 있다.

가로축에 여러 개의 계열 항목이 나올 경우에는 각 계열의 이름을 따로 표시할 수 있다. 범례의 위치는 상, 하, 좌, 우로 변경이 가능하다.

❖ 차트 요소 추가

차트 요소에는 축 제목, 차트 제목, 데이터 레이블, 데이터 표, 범례, 추세선 등이 있다.

차트 요소는 차트 종류에 따라 다른 이름의 요소들이 생성된다.

❖ 스파크라인 삽입하기

스파크라인은 셀 하나에 표시되는 작은 차트의 일종이다. 복잡한 데이터의 흐름을 한눈에 알아볼 수 있도록 시각적으로 표현하여 데이터의 흐름을 비교 분석할 수 있는 기능이다.

❖ LOOKUP 함수

다른 영역의 셀을 참조하여 특정한 조건에 맞는 셀의 값을 빠르게 가져와 표시해 준다.

LOOKUP 함수에는 VLOOKUP 함수와 HLOOKUP 함수가 있다.

두 함수의 사용법은 검색할 범위가 수직인지 수평인지에 따라 다르게 사용된다.

**연습
문제**

1. 예제 (13-3)에서 "단가"를 VLOOKUP 함수를 이용하여 자동 입력하려고 한다. 다음
   함수 인수 창에 들어갈 알맞은 인수는 무엇인가?

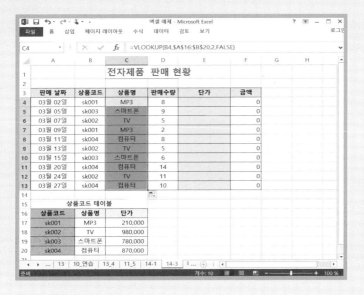

2. 1번 문제에서 첫 번째 함수식을 구한 후 구해진 첫 번째 결과 값을 수식 복사하여 나머
   지 단가를 구한다. 두 번째 sk003 코드의 단가를 구하는 함수식은 무엇인가?

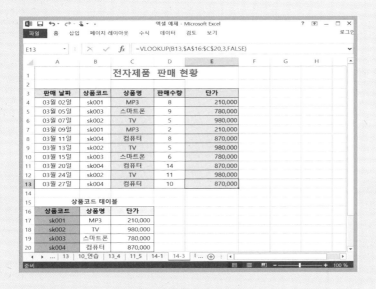

① VLOOKUP(B4,$A$16:$C$20,3,FALSE)

② VLOOKUP(B4,$A$16:$C$20, 2, TRUE)

③ VLOOKUP(B5,$A$16:$C$20, 3, FALSE)

④ VLOOKUP(B4,$A$16:$C$20,3, TRUE)

3. 근속연수가 20년 이상인 사람에게 보너스를 지급하려고 한다. 조건에 만족하는 셀에
   는 '지급'이라 표시하고 조건을 만족시키지 못하는 셀은 '미지급'으로 표시하려고 한다.
   (나머지 데이터들은 수식 복사를 할 것이다.)

   아래 표를 보고 다음 IF 함수식의 인수에 들어갈 단어를 각각 채우시오.

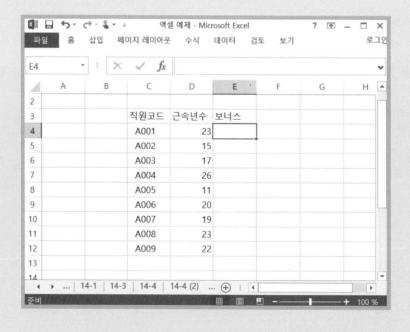

4. 보기의 함수에서 조건식이 두 개 이상이 필요한 함수는 무엇인가?

① SUMIF   ② IF

③ MAX   ④ AND IF

5. 아래 차트처럼 박스친 부분에서 차트 막대마다 끝 부분에 '이름'을 표시하려고 한다. 무슨 작업을 해야 하는가?

① 축 제목   ② 눈금선

③ 데이터 표   ④ 데이터 레이블

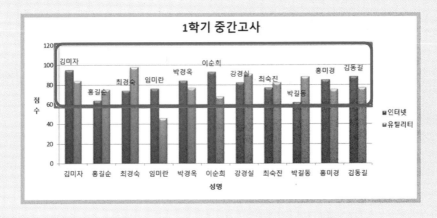

6. 아래 차트에서 왼쪽의 세로축 값을 변경하려고 한다. 설명이 바르지 않은 것은?

① 축 서식 메뉴를 이용한다.

② 최댓값 120을 150으로 변경할 수 있다.

③ 기본 단위를 20에서 30으로 변경할 수 있다.

④ 범례에서 변경할 수 있다.

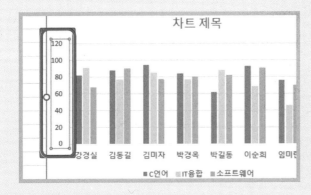

7. 가로축에 여러 개의 계열 항목이 나올 경우에는 각 계열의 이름을 따로 표시할 수 있다. 이것의 위치는 상하 좌우로 변경이 가능하다. 이것은 무엇인가?

8. 찾기 참조 함수에서 참조해야 할 데이터가 여러 행에 걸쳐서 수직으로 나열되어 있다. 이런 경우 어떤 함수를 사용해야 하는가?

9. 다음은 찾기 참조 함수에 대한 설명이다. 설명이 틀린 것은 무엇인가?

① 회사 직원 정보, 상품명 등의 입력 및 관리를 할 수 있다.

② VLOOKUP은 찾기 참조 함수 중 하나이다.

③ 스파크라인으로 데이터의 흐름을 비교 분석할 수 있다.

④ 참조할 데이터의 셀 주소는 절대 주소 방식을 이용한다.

정답 ___ 1.

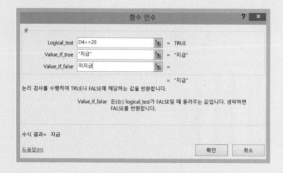

2. ③

3. Logical_test : D4)=20

    Value_if_true : "지급"

    Value_if_false : "미지급"

4. ④   5. ④   6. ④   7. 범례   8. VLOOK UP   9. ③

찾아보기